丛书编委会

主编 思 美

编委（以姓氏笔画为序）

于爱军　石惠文　付西猛　成 虎

刘海生　孙有进　李中臣　吴成刚

赵冬冰　段廉洁　费清天　徐心悦

徐建伟　徐森林　黄达鹏　章青海

梁 乐　梁海英　彭 泽　颜胤豪

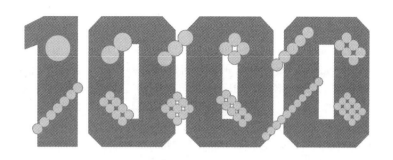

初中数学千题解

主编 思 美

反比例与最值问题

主编 孙有进 徐心悦

中国科学技术大学出版社

内容简介

《初中数学千题解》是"思美数学"团队为初中学生和数学教师量身打造的精品丛书.本分册由"反比例"和"最值"两个主题组成.前者考查反比例函数的基本结论、反比例函数图像的坐标特征、反比例函数系数的面积几何性质、反比例函数与几何变换、反比例函数与存在性问题、新定义说理探究等,系统地研究了反比例函数的代数性质和几何规律及其综合应用;后者包括几何最值问题、代数最值问题、代数与几何综合最值问题,深刻地揭示了解决最值问题所常用的方法和理论.书中题目都有详解,并设"思路点拨"栏目,使学生不仅知其然,更知其所以然.

书中题目精选自全国各地知名中学的经典考题,具有很高的实战价值,同时兼顾了重点高中的自主招生考试.个别习题难度较大,适合尖子生研习.

图书在版编目(CIP)数据

反比例与最值问题/孙有进,徐心悦主编.—合肥:中国科学技术大学出版社,2018.11(2021.10重印)

(初中数学千题解/思美主编)

ISBN 978-7-312-04582-0

Ⅰ.反… Ⅱ.①孙…②徐… Ⅲ.中学数学课—初中—题解—升学参考资料 Ⅳ.G634.605

中国版本图书馆 CIP 数据核字(2018)第 235486 号

出版	中国科学技术大学出版社 安徽省合肥市金寨路96号,230026 http://press.ustc.edu.cn https://zgkxjsdxcbs.tmall.com
印刷	安徽省瑞隆印务有限公司
发行	中国科学技术大学出版社
经销	全国新华书店
开本	787 mm×1092 mm 1/16
印张	16.75
字数	343 千
版次	2018 年 11 月第 1 版
印次	2021 年 10 月第 5 次印刷
印数	16001—20000 册
定价	48.00 元

总　　序

相遇,是多么动人的词语.茫茫人海中,我们因数学而相识,因数学而结缘.

2017年5月,我被邀请加入"浙江思美数学"微信群,里面汇聚了来自全国各地的近500位数学精英,有大咖,有职业教练,有一线数学教师,也有狂热的业余爱好者.虽然与他们未曾谋面,也与他们有着不同的背景和学历,我却特别感动,因为他们有诚挚的心,以及发自内心的对数学的痴迷和执着的追求,怀揣原创初中数学题的梦想,踏上了兢兢业业研发高端品牌教辅的创作之路.

数学之缘让一切等待不再是等待,因为这些数学爱好者选择了数学研究,一生因数学而生.他们大多数来自一线,从事过多年的数学教育培训,了解学生对数学知识的需求,掌握初中数学命题的规律,善于抓住数学教学中的重点,并巧妙攻克疑难问题.他们针对一线教学中遇到的问题,进行系统总结,摸索出一套解题方法,以题与解的形式呈现给读者.丛书定名为《初中数学千题解》,共分6册:《全等与几何综合》《反比例与最值问题》《二次函数与相似》《一次函数与四边形》《代数综合与圆》《中考压轴题》.丛书拒绝目前一些教辅图书粗制滥造的编写模式,每个题目都经过编者的精心研究,抓住中考数学难题的考查方向,以专题的形式深度剖析解题过程,从不同的角度给学生全程全方位的辅导,希望能够帮助学生从实践运用中找到突破口,寻找问题本质,发散数学思维,提升解题技能.书中的题目解法别致,精彩美妙,令人不禁感叹"高手在民间",相信它一定会给读者一种茅塞顿开之感,帮助读者从中领略到数学之美.

值此新书发行之际,我想对《初中数学千题解》说:"遇见你是广大读者的缘.祝贺浙江思美数学团队!希望你们为数学教育做出更大的努力和贡献."

2018年6月

前 言

金秋十月,丹桂飘香,恰逢国庆69周年之际,经过"思美数学"团队的不懈努力,终于迎来了《初中数学千题解》第2册《反比例与最值问题》的出版.回首第1册《全等与几何综合》的火爆发行,读者遍布全国,并给予此书高度的评价,编者深受鼓舞,倍感振奋,竭尽全力地投入新一轮的创编,力求精益求精,使其成为学生学习数学的好帮手.

本书分为4个部分,由反比例100题和最值100题及其解析组成,紧扣课程标准,突出重点,系统地研究了反比例函数的代数性质和几何规律及其综合应用,深刻地揭示了解决最值问题所常用的方法和理论.题目的选择体现了对学生信息获取的能力、知识运用的灵活性和理解的透彻性等方面的考查.

本书特别适合作为初中生中考数学、自主招生考试数学学科的教学辅导书.书中各章节知识点经过精心打磨,直剖问题本质,不仅破解了各类疑难问题,而且引导设问,循循善诱,使读者面对疑难问题能够寻根究底.

我们希望这本书可以带给广大初中学子成功的体验,帮助大家领略"波澜壮阔之势,运筹帷幄之能,对称和谐之美,茅塞顿开之境".

我们特别感谢中国科学技术大学苏淳教授对晚辈们的鼓励与支持,也非常感谢参与教研的广大数学题友.欢迎读者朋友加入QQ群731330929讨论交流.

书中不足之处在所难免,请广大读者批评指正!

编　者
2018年10月

目　　录

总序　　　　　　　　　　　　　　　　　　　　　　Ⅰ

前言　　　　　　　　　　　　　　　　　　　　　　Ⅲ

第一部分　反比例100题　　　　　　　　　　　　001

第二部分　反比例100题解析　　　　　　　　　　055

第三部分　最值100题　　　　　　　　　　　　　133

第四部分　最值100题解析　　　　　　　　　　　185

第一部分　反比例100题

1. 如图 1.1 所示，矩形 $ABCO$ 的顶点 O 与坐标原点重合，点 A 在 x 轴上，点 C 在 y 轴上，反比例函数 $y=\dfrac{k}{x}(x\neq 0)$ 的图像分别与 BC、AB 交于 E、F 两点，连接 AC.

证明：(1) $AC/\!/EF$；(2) $GE=FH$.

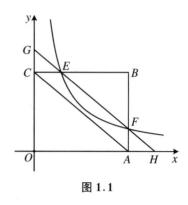

图 1.1

2. 如图 1.2 所示，矩形 $ABCO$ 的顶点 O 与坐标原点重合，点 A 在 x 轴上，点 C 在 y 轴上，反比例函数 $y=\dfrac{k}{x}(x\neq 0)$ 的图像分别与 BC、BA 的延长线交于 E、F 两点，连接 AC.

证明：(1) $AC/\!/EF$；(2) $GE=FH$.

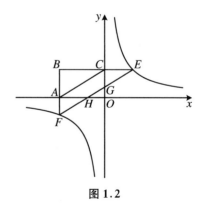

图 1.2

3. 如图 1.3 所示，A、B 是反比例函数 $y = \dfrac{k_1}{x}$ 第一象限图像上任意两点，射线 OA、OB 分别交反比例函数 $y = \dfrac{k_2}{x}$ 的图像于 C、D 两点．

证明：(1) $\dfrac{OA}{OC} = \sqrt{\dfrac{k_1}{k_2}}$；(2) $AB \parallel CD$．

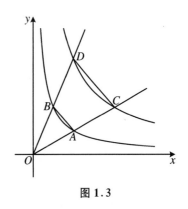

图 1.3

4. 如图 1.4 所示，平行四边形 $ABCD$ 的顶点 A、B 位于反比例函数 $y = \dfrac{k}{x}$ 第一象限的图像上，点 C、D 分别位于 x 轴正半轴和 y 轴正半轴上．

证明：$\angle 1 = \angle 2, \angle 3 = \angle 4$．

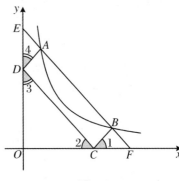

图 1.4

5. 如图1.5所示,平行四边形 $ABCD$ 的顶点 A、B 位于反比例函数 $y=\dfrac{k}{x}$ 第一象限的图像上,点 C、D 分别位于 y 轴负半轴和 x 轴负半轴上,AD 交 y 轴于点 H,BC 交 x 轴于点 G.

证明:(1) $\angle 1=\angle 2$,$\angle 3=\angle 4$;(2) 四边形 $CDHG$ 是菱形.

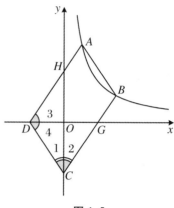

图 1.5

6. 如图1.6所示,A、B 为反比例函数 $y=\dfrac{k}{x}$ 第一象限图像上任意两点,连接 AO 并延长交反比例函数图像另一支于点 C,连接 BC 交 x 轴于点 G、交 y 轴于点 F,连接 AB 并向两侧延长分别交 x 轴于点 E、交 y 轴于点 D.

证明:$\angle 1=\angle 2$,$\angle 3=\angle 4$.

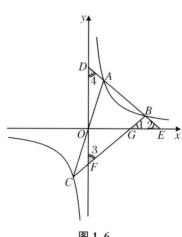

图 1.6

7. 如图 1.7 所示，在平面直角坐标系 xOy 中，点 A、B 在反比例函数 $y=\dfrac{4}{x}(x>0)$ 的图像上，延长 AB 交 x 轴于点 C，且 $\dfrac{BC}{AB}=\dfrac{1}{2}$，连接 OA 交反比例函数 $y=\dfrac{1}{x}(x>0)$ 的图像于点 D，则 $S_{\triangle ABD}=$ _____.

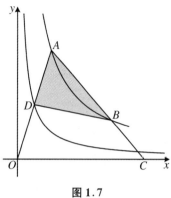

图 1.7

8. 如图 1.8 所示，双曲线 $y=\dfrac{4}{x}(x>0)$ 与直线 EF 交于点 A、B，且 $AE=AB=BF$，线段 AO、BO 分别与双曲线 $y=\dfrac{2}{x}(x>0)$ 交于点 C、D，则：

(1) AB 与 CD 的位置关系是_____；

(2) 四边形 $ABDC$ 的面积为_____.

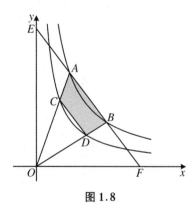

图 1.8

9. 如图1.9所示,直线 $y=-x$ 与反比例函数 $y=\dfrac{k}{x}$ 的图像交于 A、B 两点,过点 B 作 $BD\parallel x$ 轴,交 y 轴于点 D,延长 AD 交反比例函数 $y=\dfrac{k}{x}$ 的图像于另一点 C,则 $\dfrac{BC}{AC}$ 的值为_____.

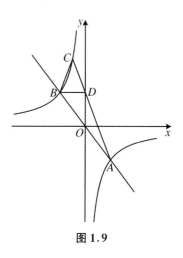

图 1.9

10. 如图1.10所示,已知四边形 $ABCD$ 是平行四边形,$BC=2AB$,A、B 两点的坐标分别是 $(-1,0)$ 和 $(0,2)$,C、D 两点在反比例函数 $y=\dfrac{k}{x}$ 的图像上,则 $k=$_____.

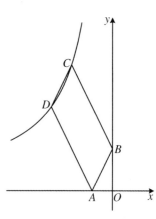

图 1.10

11. 如图1.11所示，▱$ABCD$的顶点A、B的坐标分别是$A(-1,0)$、$B(0,-2)$，顶点C、D在双曲线$y=\dfrac{k}{x}$上，边AD交y轴于点E，且四边形$BCDE$的面积是$\triangle ABE$的面积的5倍，则$k=$ _____ .

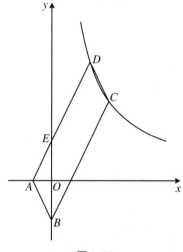

图1.11

12. 如图1.12所示，A、B为反比例函数$y=\dfrac{k}{x}$第一象限图像上任意两点，连接BO并延长交反比例函数图像另一支于点C，连接AC交x轴于点F、交y轴于点G，连接BG，连接AB并向两侧延长分别交x轴于点E、交y轴于点D. 已知$\dfrac{BE}{AB}=\dfrac{1}{2}$，$S_{\triangle OBG}=1$，则$k=$ _____ .

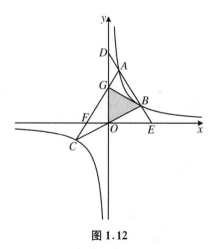

图1.12

13. 如图1.13所示,在平面直角坐标系 xOy 中,$A(1,m)$、$B(n,a)$ 在反比例函数 $y=\dfrac{k}{x}(k>0,x>0)$ 的图像上,$\angle AOB=45°$.

(1) 已知 $\angle AOB=\angle OBA$,求 k.

(2) 若 $a=\dfrac{\sqrt{6}}{3}$,求 k.

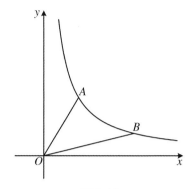

图 1.13

14. 如图1.14所示,已知点 A、B 分别在反比例函数 $y=\dfrac{1}{x}(x>0)$ 和 $y=-\dfrac{4}{x}(x>0)$ 的图像上,且 $OA\perp OB$,则 $\dfrac{OB}{OA}$ 的值为_____.

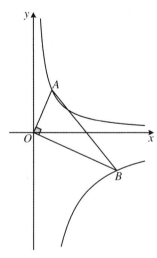

图 1.14

15. 如图1.15所示,已知点 $A(2,3)$ 和点 $B(0,2)$,点 A 在反比例函数 $y=\dfrac{k}{x}$ 的图像上. 作射线 AB,再将射线 AB 绕点 A 按逆时针方向旋转 $45°$,交反比例函数的图像于点 C,则点 C 的坐标为_____.

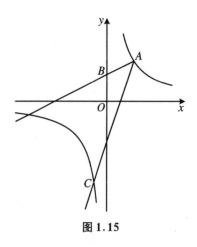

图 1.15

16. 如图1.16所示,反比例函数 $y=\dfrac{k}{x}$ 的图像经过点 $(-1,-2\sqrt{2})$,点 A 是该图像第一象限分支上的动点,连接 AO 并延长交另一分支于点 B,以 AB 为斜边作等腰直角三角形 ABC,顶点 C 在第四象限,AC 与 x 轴交于点 D,当 $\dfrac{AD}{CD}=\sqrt{2}$ 时,点 C 的坐标为_____.

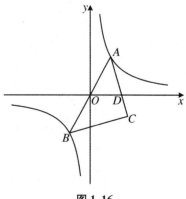

图 1.16

17. 如图1.17所示,点 P 在双曲线 $y=\dfrac{k}{x}(x>0)$ 的图像上,以点 P 为圆心的 $\odot P$ 与两坐标轴都相切,点 E 为 y 轴负半轴上的一点,过点 P 作 $PF \perp PE$ 交 x 轴于点 F,若 $OF-OE=10$,则 k 的值是_____.

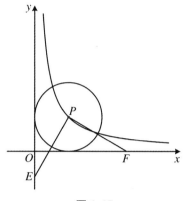

图1.17

18. 如图1.18所示,正方形 $A_1B_1P_1P_2$ 的顶点 P_1、P_2 在反比例函数 $y=\dfrac{4}{x}(x>0)$ 的图像上,顶点 A_1、B_1 分别在 x 轴和 y 轴的正半轴上,再在其右侧作正方形 $P_2P_3A_2B_2$,顶点 P_3 在反比例函数 $y=\dfrac{4}{x}(x>0)$ 的图像上,顶点 A_2 在 x 轴的正半轴上,则点 P_2 的坐标为_____,点 P_3 的坐标为_____.

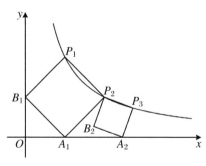

图1.18

19. 如图1.19所示,在平面直角坐标系 xOy 中,$\triangle ABC$ 为等边三角形,顶点 C 在 y 轴的负半轴上,点 $A\left(1,\dfrac{5\sqrt{3}}{2}\right)$、点 B 在第一象限,经过点 A 的反比例函数 $y=\dfrac{k}{x}(x>0)$ 的图像恰好经过顶点 B,求 $\triangle ABC$ 的边长.

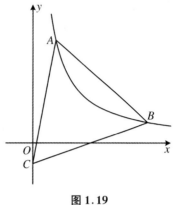

图 1.19

20. 如图1.20所示,反比例函数 $y_1=-\dfrac{1}{x}$ 的图像有一个动点 A,过点 A、O 作直线 $y_2=ax$,交图像的另一支于点 B.若在第一象限内有一点 C,满足 $AC=BC$,当点 A 运动时,点 C 始终在反比例函数 $y=\dfrac{k}{x}$ 的图像上运动,且 $\tan\angle CAB=2$,求 k 的值.

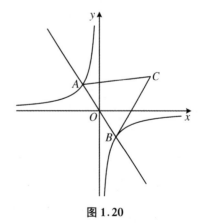

图 1.20

21. 如图 1.21 所示,点 A 是双曲线 $y=-\dfrac{9}{x}$ 第二象限分支上的一个动点,连接 AO 并延长交另一分支于点 B,以 AB 为底作等腰 $\triangle ABC$,且 $\angle ACB=120°$,点 C 在第一象限,随着点 A 的运动,点 C 的位置也不断变化,但点 C 始终在双曲线 $y=\dfrac{k}{x}$ 上运动,则 k 的值为_____.

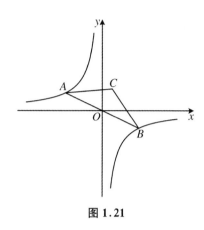

图 1.21

22. 我们将满足 $\tan\theta=\dfrac{1}{2}$ 的锐角 θ 称为千题角. 如图 1.22 所示,已知反比例函数 $y=\dfrac{12}{x}(x>0)$ 的图像上有一点 $A(4,3)$,把射线 OA 绕着坐标原点 O 逆时针旋转千题角,与反比例函数 $y=\dfrac{12}{x}(x>0)$ 的图像有一个交点 B,那么点 B 的坐标为_____.

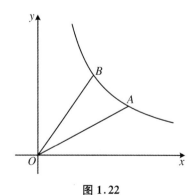

图 1.22

23. 如图1.23所示,点 A 是直线 $y=-x$ 上的一点,过点 A 作 OA 的垂线交双曲线 $y=\dfrac{k}{x}(x<0)$ 于点 B. 若 $OA^2-AB^2=18$,则 $k=$ _____.

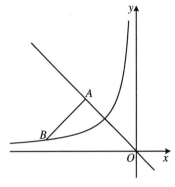

图1.23

24. 如图1.24所示,直线 $y=-x+b$ 交 y 轴于点 B,与双曲线 $y=\dfrac{k}{x}(x<0)$ 交于点 A. 若 $OA^2-OB^2=6$,则 $k=$ _____.

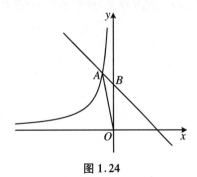

图1.24

25. 如图 1.25 所示,点 A、B 为直线 $y=x$ 上的两点,过 A、B 两点分别作 y 轴的平行线交双曲线 $y=\dfrac{1}{x}(x>0)$ 于点 C、D. 若 $BD=2AC$,则 $4OC^2-OD^2$ 的值为_____.

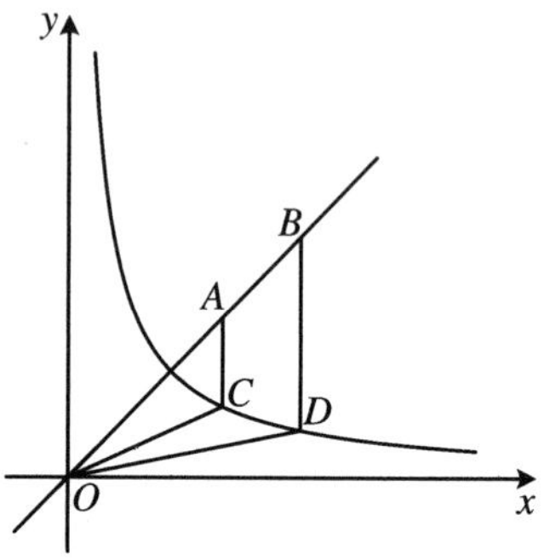

图 1.25

26. 如图 1.26 所示,点 A 在双曲线 $y=\dfrac{4}{x}$ 上,且 $OA=4$,过点 A 作 $AC\perp y$ 轴,垂足为点 C,OA 的垂直平分线交 OC 于点 B,连接 AB,则 $\triangle ABC$ 的周长为_____.

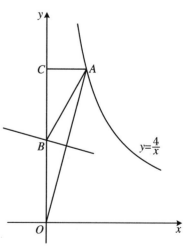

图 1.26

27. 如图1.27所示,直线 $y=2x-5$ 分别交 x 轴、y 轴于点 A、B,点 M 是反比例函数 $y=\dfrac{k}{x}(x>0)$ 的图像上位于直线上方的一点,$MC\parallel x$ 轴交 AB 于点 C,$MD\perp MC$ 交 AB 于点 D.已知 $AC\cdot BD=5$,则 k 的值为_____.

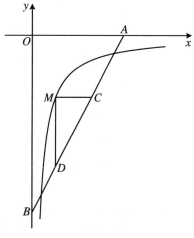

图1.27

28. 如图1.28所示,在平面直角坐标系 xOy 中,直线 $y=-2x+6$ 交坐标轴于点 A、B,点 D 在反比例函数 $y=\dfrac{k}{x}(k<0,x<0)$ 的图像上,点 C 在 x 轴的负半轴上,$CD\parallel AB$.已知 $AB=5CD$,$\angle ABD=45°$,则 $k=$_____.

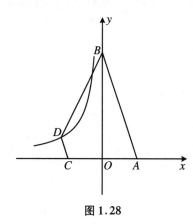

图1.28

29. 如图 1.29 所示，在矩形 $ABCD$ 中，$AB=2AD$，点 $A(0,1)$，点 C、D 在反比例函数 $y=\dfrac{k}{x}(k>0)$ 的图像上，AB 与 x 轴的正半轴相交于点 E，若点 E 为 AB 的中点，则 k 的值为 _____．

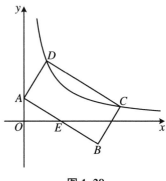

图 1.29

30. 如图 1.30 所示，在 $\triangle ABC$ 中，点 A 在 y 轴上，B、C 两点恰好在反比例函数 $y=\dfrac{k}{x}$（$k>0$）第一象限的图像上，且 $BC=\dfrac{3k}{4}$，$S_{\triangle ABC}=\dfrac{3k}{2}$，$AB \parallel x$ 轴，$CD \perp x$ 轴于点 D，作点 D 关于直线 BC 的对称点 D'．若四边形 $ABD'C$ 为平行四边形，则 $k=$ _____．

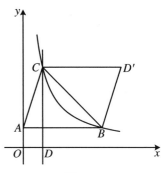

图 1.30

31. 如图 1.31 所示,点 P 为反比例函数 $y=\dfrac{k}{x}$ 在第三象限内的图像上一点,过点 P 分别作 x 轴、y 轴的垂线交一次函数 $y=-x+2\sqrt{3}$ 的图像于点 A、B,直线 AB 交 x 轴于点 M,交 y 轴于点 N.若 $\angle AOB=135°$,则 $k=$ _____.

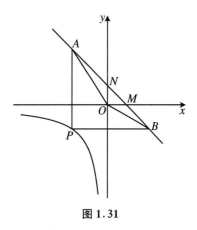

图 1.31

32. 如图 1.32 所示,矩形 $ABCD$ 的两个顶点 A、B 分别落在 x 轴和 y 轴上,顶点 C、D 位于第一象限,且 $OA=3$,$OB=2$,对角线 AC、BD 交于点 G.若曲线 $y=\dfrac{k}{x}(x>0)$ 过点 C、G,则 $k=$ _____.

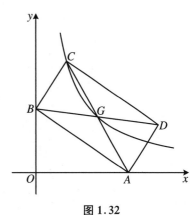

图 1.32

33. 如图 1.33 所示，A、B 分别是 x 轴和 y 轴上的点，以 AB 为直径作 $\odot M$，过点 M 作 AB 的垂线交 $\odot M$ 于点 C，点 C 在双曲线 $y = \dfrac{k}{x}(x < 0)$ 上．若 $OA - OB = 4$，则 $k = $ _____．

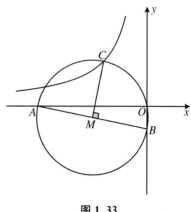

图 1.33

34. 如图 1.34 所示，在平面直角坐标系中，正方形 $OABC$ 的顶点 O 与原点重合，顶点 A、C 分别在 x 轴和 y 轴上，反比例函数 $y = \dfrac{k}{x}(k \neq 0, x > 0)$ 的图像与正方形的两边 AB、BC 分别交于点 M、N，连接 OM、ON、MN．若 $\angle MON = 45°$，$MN = 2$，则 $k = $ _____．

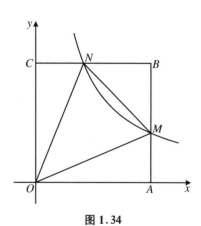

图 1.34

35. 如图 1.35 所示,在平面直角坐标系 xOy 中,点 $A(-m,m)(m>0)$ 在反比例函数 $y=\dfrac{-m^2}{x}(x<0)$ 的图像上,点 C 在反比例函数 $y=\dfrac{-2m^2}{x}(x>0)$ 的图像上,矩形 $ABCD$ 与坐标轴的交点分别为 H、E、F、G,$AB \parallel y$ 轴. 连接 AE、AF 分别交坐标轴于点 M、N,连接 MN.

(1) 求证:$\angle EAF$ 为定值.

(2) 若 M 为 OH 的中点,求 $\tan \angle ANM$.

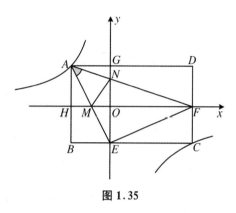

图 1.35

36. 如图 1.36 所示,点 A 是双曲线 $y=\dfrac{2\sqrt{2}}{x}$ 在第一象限的分支上的动点,连接 AO 并延长交另一分支于点 B,以 AB 为斜边作等腰直角三角形 ABC,顶点 C 在第四象限,AC 与 x 轴交于点 P,连接 BP. 在点 A 运动的过程中,当 BP 平分 $\angle ABC$ 时,点 C 的坐标是 _____.

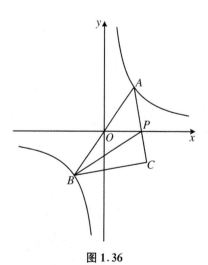

图 1.36

37. 如图 1.37 所示，等边 △OBA 和等边 △AFE 的一边都在 x 轴上，双曲线 $y=\dfrac{k}{x}(x>0)$ 经过 OB 的中点 C 和 AE 的中点 D. 已知 $OB=16$，则点 F 的坐标为_____．

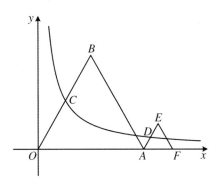

图 1.37

38. 如图 1.38 所示，在平行四边形 ABCD 中，$AB:BC=4:3$，$\angle ABC=60°$，顶点 A 在 y 轴上，点 B、C 在 x 轴上，点 D 在反比例函数 $y=\dfrac{6\sqrt{3}}{x}(x>0)$ 的图像上；在平行四边形 CEFG 中，$CE:CG=1:2$，顶点 E 在 CD 上，点 G 在 x 轴上，点 F 在反比例函数 $y=\dfrac{6\sqrt{3}}{x}$ 的图像上，则点 F 的坐标为_____．

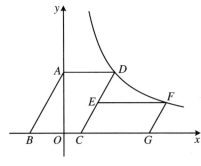

图 1.38

39. 如图1.39所示,在平面直角坐标系中,反比例函数 $y = \dfrac{2}{x}(x > 0)$ 的图像上有一动点 P,以点 P 为圆心、以一个定值 R 为半径作 $\odot P$. 在点 P 运动的过程中,若 $\odot P$ 与直线 $y = -x + 4$ 有且只有3次相切,则定值 R 为_____.

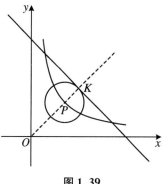

图 1.39

40. 如图1.40所示,点 A 是反比例函数 $y = \dfrac{k}{x}$ 的图像上位于第一象限的点,点 B 在 x 轴的正半轴上,过点 B 作 $BC \perp x$ 轴,与线段 OA 的延长线交于点 C,与反比例函数的图像交于点 D. 若直线 AD 恰为线段 OC 的中垂线,则 $\sin C = $_____.

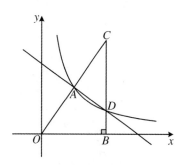

图 1.40

41. 如图1.41所示,点 A、D 在反比例函数 $y=\dfrac{m}{x}(m<0)$ 的图像上,点 B、C 在反比例函数 $y=\dfrac{n}{x}(n>0)$ 的图像上.若 $AB/\!/CD/\!/x$ 轴,$AC/\!/y$ 轴,且 $AB=4$,$AC=3$,$CD=2$,则 $n=$ ＿＿＿＿＿＿＿.

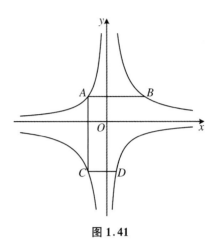

图 1.41

42. 如图1.42所示,点 A 在 x 轴的正半轴上,点 B 在反比例函数 $y=\dfrac{k}{x}(k>0,x>0)$ 的图像上,延长 AB 交该函数图像于点 C,$BC=3AB$,点 D 也在该函数的图像上,$BD=BC$,以 BC、BD 为边构造 $\square CBDE$.若点 O、B、E 在同一条直线上,且 $\square CBDE$ 的周长为 k,则 AB 的长为＿＿＿＿＿＿＿.

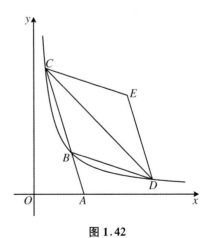

图 1.42

43. 如图 1.43 所示,点 A 在反比例函数 $y=\dfrac{k_1}{x}(x>0)$ 的图像上,点 B 在反比例函数 $y=\dfrac{k_2}{x}(x<0)$ 的图像上,$k_2=4k_1$,且直线 AB 经过坐标原点,点 C 在 y 轴的正半轴上,直线 CA 交 x 轴于点 E,直线 CB 交 x 轴于点 F.若 $\dfrac{AC}{AE}=3$,则 $\dfrac{BF}{CF}=$ _____.

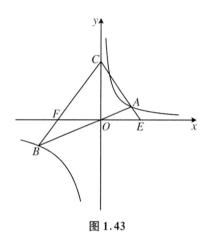

图 1.43

44. 如图 1.44 所示,已知等边三角形 OAB 与反比例函数 $y=\dfrac{k}{x}(k>0,x>0)$ 的图像交于 A、B 两点,将 $\triangle OAB$ 沿直线 OB 翻折得到 $\triangle OCB$,点 A 的对应点为 C,线段 CB 交 x 轴于点 D,则 $\dfrac{BD}{CD}$ 的值为 _____ $\left(\text{已知}\sin 15°=\dfrac{\sqrt{6}-\sqrt{2}}{4}\right)$.

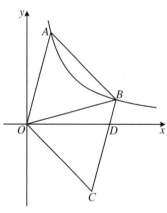

图 1.44

45. 如图1.45所示,双曲线 $y=\dfrac{4}{x}$ 与直线 $y=\dfrac{1}{4}x$ 交于 A、B 两点(点 A 在点 B 的左侧),点 P 是第一象限内双曲线上一动点,$BC\perp AP$ 于点 C,交 x 轴于点 F,PA 交 y 轴于点 E,则 $\dfrac{AE^2+BF^2}{EF^2}$ 的值是_____.

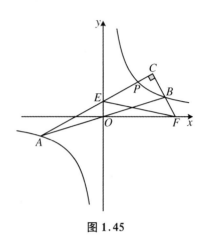

图1.45

46. 如图1.46所示,矩形 $ABCD$ 的顶点 C、D 在反比例函数 $y=\dfrac{k}{x}(k>0,x>0)$ 的图像上,顶点 A 在 y 轴上,顶点 B 在 x 轴上,连接 OD. 若 $\angle ODC=60°$,则 $\dfrac{AB}{AD}=$_____.

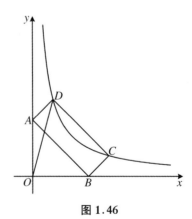

图1.46

47. 如图 1.47 所示,在平面直角坐标系中,已知点 $A(-\sqrt{2},0)$、$B(0,\sqrt{2})$、$N(0,3\sqrt{2})$,P 是反比例函数 $y=-\dfrac{1}{x}(x<0)$ 的图像上一动点.该双曲线具有如下性质:点 P 到 $F(-\sqrt{2},\sqrt{2})$ 的距离等于点 P 到直线 AB 距离的 $\sqrt{2}$ 倍.$PM/\!/x$ 轴交直线 AB 于点 M,则 $PM+PN$ 的最小值为_____.

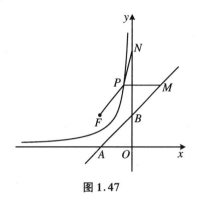

图 1.47

48. 如图 1.48 所示,在矩形 $OABC$ 中,$A(1,0)$,$C(0,2)$,双曲线 $y=\dfrac{k}{x}(0<k<2)$ 分别交 AB、BC 于点 E、F,连接 OE、OF、EF,$S_{\triangle OEF}=2S_{\triangle BEF}$,则 k 的值为_____.

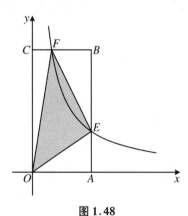

图 1.48

49. 如图1.49所示,在平面直角坐标系 xOy 中,△OAB 的顶点 A 在 x 轴的正半轴上,$BC=2AC$,点 B、C 在反比例函数 $y=\dfrac{k}{x}(x>0)$ 的图像上.若△OBC 的面积等于12,则 k 的值为_____.

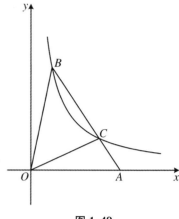

图 1.49

50. 如图1.50所示,在平面直角坐标系 xOy 中,四边形 ABCD 为矩形,与坐标轴的交点分别为 E、F、G、H,$AB \parallel y$ 轴,$A(-2,-3)$,对角线 BD 过原点,反比例函数 $y=\dfrac{k^2+2k+3}{x}(x>0)$ 过矩形的顶点 C,求 k.

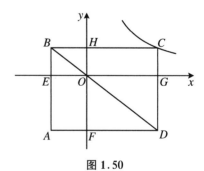

图 1.50

51. 如图 1.51 所示,在平面直角坐标系 xOy 中,等边 $\triangle AOB$ 的边长为 6,点 B 在 x 轴上,点 C、D 分别是反比例函数 $y=\dfrac{k}{x}$($k>0$,$x>0$)的图像与 AO、AB 的交点,且 $CO=3BD$,求 k.

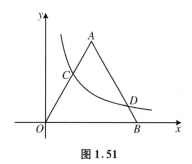

图 1.51

52. 如图 1.52 所示,在平面直角坐标系 xOy 中,$\triangle ABC$ 为等腰三角形,底边 BC 在 x 轴的正半轴上,AB 的延长线交 y 轴的负半轴于点 D,CA 的延长线交反比例函数 $y=\dfrac{k}{x}$($k>0$,$x>0$)的图像于点 E,且 $AE=AC$.若 $S_{\triangle BCD}=2$,求 k.

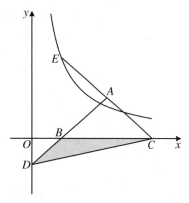

图 1.52

53. 如图 1.53 所示,在平面直角坐标系 xOy 中,点 A 在反比例函数 $y = \dfrac{k}{x}$($k>0$, $x>0$)的图像上,$AB \perp x$ 轴于点 B,$AD = 2CD$,DB 的延长线交 y 轴于点 E.若 $S_{\triangle BCE} = 4$, 求 k.

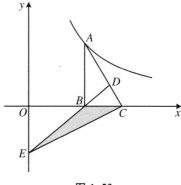

图 1.53

54. 如图 1.54 所示,在平面直角坐标系 xOy 中,直线 $y = kx - 1$ 与反比例函数 $y = \dfrac{3}{x}$ ($x>0$)的图像交于点 A,与 x 轴交于点 C,与 y 轴交于点 B,$AD \perp x$ 轴于点 D.若 $S_{\triangle ACD} = 1$, 求 k.

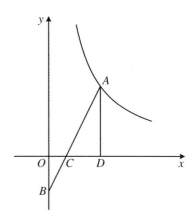

图 1.54

55. 如图 1.55 所示,在平面直角坐标系 xOy 中,梯形 $ABCO$ 的底边 AO 在 x 轴上, $BC \parallel AO$,$AB \perp AO$,过点 C 的反比例函数 $y = \dfrac{k}{x}(x>0)$ 的图像交 OB 于点 D,且 $\dfrac{OD}{DB} = \dfrac{1}{2}$. 若 $S_{\triangle OBC} = 16$,求 k.

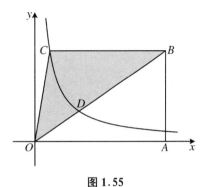

图 1.55

56. 如图 1.56 所示,在平面直角坐标系中,$\square OABC$ 的顶点 C 的坐标为 $(2,3)$,边 OA 落在 x 轴的正半轴上,P 为线段 AC 上一点,过点 P 分别作 $DE \parallel OC$,$FG \parallel OA$,分别交 $\square OABC$ 各边于点 D、E、F、G. 若反比例函数 $y = \dfrac{k}{x}$ 的图像经过点 D,四边形 $BCFG$ 的面积为 8,则 $k = $ _____.

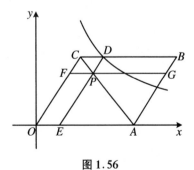

图 1.56

57. 如图1.57所示,点 B、D 分别在 x 轴的正、负半轴上,$OB=OD$,以 BD 为对角线作 $\square ABCD$,使点 A、C 分别落在反比例函数 $y=\dfrac{k}{x}$ 在第一、三象限的图像上,且 $S_{\square ABCD}=28$.AB、CD 分别交双曲线于点 E、F,连接 EF.当四边形 $BEFC$ 是平行四边形时,$k=$ _____.

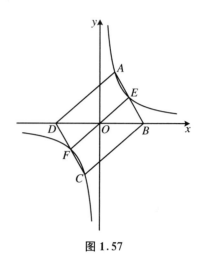

图 1.57

58. 如图1.58所示,将 $Rt\triangle ABO$ 放置于平面直角坐标系,直角顶点 A 在 x 轴的正半轴上,点 B 在第一象限,反比例函数 $y=\dfrac{10}{x}(x>0)$ 的图像交 AB 于点 C,反比例函数 $y=\dfrac{k}{x}$($x>0$)的图像交 OB 于点 D.若 $CD\parallel OA$,且 $\triangle BCD$ 的面积为 4.5,则 $k=$ _____.

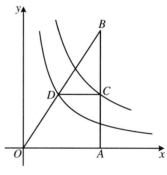

图 1.58

59. 如图 1.59 所示，P_1、P_2 是反比例函数 $y=\dfrac{4}{x}$ 的图像上任意两点，过点 P_1 作 y 轴的平行线，过点 P_2 作 x 轴的平行线，两线相交于点 N. 若点 $N(m,n)$ 恰好在另一个反比例函数 $y=\dfrac{k}{x}(k>0,x>0)$ 的图像上，且 $NP_1 \cdot NP_2 = 2$，则 $k = $ _____.

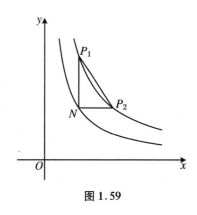

图 1.59

60. 如图 1.60 所示，在四边形 $ABCD$ 中，$AC \perp BD$ 于点 E，$BD \parallel x$ 轴，点 B 在 y 轴上，点 A、D 在函数 $y=\dfrac{k}{x}(x>0)$ 的图像上，则 $\triangle ABE$ 与 $\triangle CDE$ 的面积之比为 $4:1$. 若 $\triangle BCD$ 的面积为 6，则 $k = $ _____.

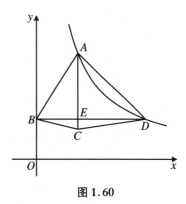

图 1.60

61. 如图 1.61 所示，在平面直角坐标系 xOy 中，菱形 $OABC$ 的边 OC 在 x 轴的正半轴上，反比例函数 $y=\dfrac{k}{x}(x>0, k>0)$ 的图像过点 A，交 BC 于点 D. 已知 $\sin\angle AOC=\dfrac{12}{13}$，$S_{\triangle ADO}=\dfrac{39}{2}$，求 k.

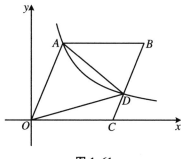

图 1.61

62. 如图 1.62 所示，双曲线 $y=\dfrac{k}{x}$ 与直线 $AB: y=mx+b$ 交于点 C、D. 若 $b=6$，且 $S_{\triangle AOB}=\sqrt{3}S_{\triangle COD}$，则 km 的值为_____.

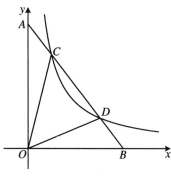

图 1.62

63. 如图 1.63 所示,双曲线 $y = \dfrac{k}{x}$(k 为正整数)上只有 A、B、C、D 四个整点,连接 AB、BC、CD、DA,且 $S_{\text{四边形}ABCD} = 16$,则 $k =$ _____.

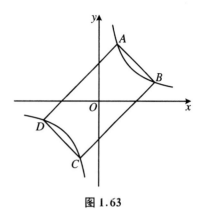

图 1.63

64. 如图 1.64 所示,反比例函数 $y = \dfrac{k_1}{x}$ 的图像在第一象限内,记为 c_1;反比例函数 $y = \dfrac{k_2}{x}$($k_1 > 0 > k_2$)的图像在第二、四象限内,记为 c_2. 设点 P 在 c_1 上,$PC \perp x$ 轴于点 M,交 c_2 于点 C;$PA \perp y$ 轴于点 N,交 c_2 于点 A. $AB \parallel PC$,$CB \parallel AP$,则四边形 $ODBE$ 的面积为 _____.

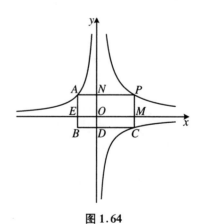

图 1.64

65. 如图1.65所示,在平面直角坐标系中,正方形 $ABCD$ 的顶点 A 的坐标为 $(-1,1)$,点 B 在 x 轴的正半轴上,点 D 在第三象限的双曲线 $y=\dfrac{6}{x}$ 上,过点 C 作 $CE\parallel x$ 轴交双曲线于点 E,连接 BE,则 $\triangle BCE$ 的面积为_____.

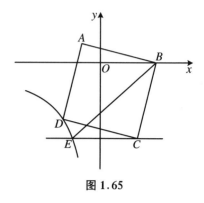

图 1.65

66. 如图1.66所示,在平面直角坐标系 xOy 中,$Rt\triangle ABC$ 的 $\angle ACB=90°$,$BC\parallel x$ 轴,顶点 A、B 均在反比例函数 $y=\dfrac{k}{x}(k>0,x>0)$ 的图像上,延长 AB 交 x 轴于点 F,过点 C 作 $DE\parallel AF$,分别交 OA、OF 于点 D、E.若 $OD=2AD$,求 $\dfrac{S_{\triangle ACD}}{S_{\text{四边形}BCEF}}$.

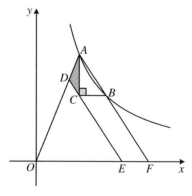

图 1.66

67. 如图1.67所示,在平面直角坐标系 xOy 中,点 A、B 在反比例函数 $y=\dfrac{k}{x}$($k<0$,$x<0$)的图像上,点 D 为 y 轴上一点,$FD \parallel x$ 轴,交 OA 的延长线于点 F,交曲线于点 E,交 OB 于点 C.若 $\dfrac{FA}{AO}=\dfrac{BC}{OC}=\dfrac{1}{2}$,求 $\dfrac{CE}{EF}$.

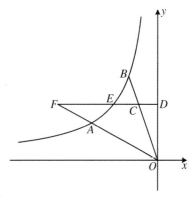

图 1.67

68. 如图1.68所示,点 A、B 在反比例函数 $y=\dfrac{k}{x}$($k>0$)的图像上,$AC \perp x$ 轴,$BD \perp x$ 轴,垂足 C、D 分别在 x 轴的正、负半轴上,且 $CD=k$. 已知 $AB=2AC$,E 是 AB 的中点,且 $\triangle BCE$ 的面积是 $\triangle ADE$ 的面积的 2 倍,则 k 的值为_____.

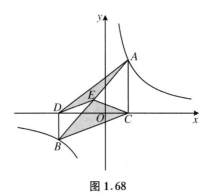

图 1.68

69. 如图 1.69 所示,点 C 在反比例函数 $y=\dfrac{1}{x}(x>0)$ 的图像上,$BC\perp x$ 轴于点 B,延长 BC 至点 A,使得 $AC=BC$,连接 AO 交反比例函数的图像于点 D,连接 BD、OC 交于点 E,随着点 C 的横坐标的增大,阴影部分的面积为_____.

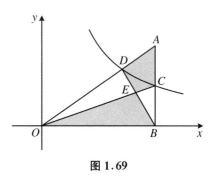

图 1.69

70. 如图 1.70 所示,动点 A 在函数 $y=\dfrac{4}{x}(x>0)$ 的图像上,$AB\perp x$ 轴于点 B,$AC\perp y$ 轴于点 C,延长 CA 至点 D,使 $AD=AB$,延长 BA 至点 E,使 $AE=AC$,直线 DE 分别交 x 轴、y 轴于点 P、Q,当 $QE:DP=1:4$ 时,阴影部分的面积等于_____.

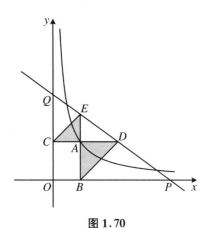

图 1.70

71. 如图 1.71 所示，△AOB 为等边三角形，点 B 的坐标为(-2,0)，过点 C(2,0)作直线 l 交 AO 于点 D，交 AB 于点 E，点 E 在反比例函数 $y=\dfrac{k}{x}(x<0)$ 的图像上．若两阴影部分的面积相等，则 k 值为_____．

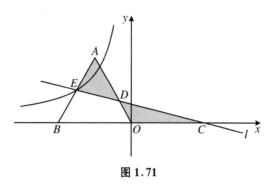

图 1.71

72. 如图 1.72 所示，函数 $y=\dfrac{k}{x}(x<0)$ 的图像与直线 $y=\dfrac{1}{2}x+m$ 相交于点 A 和点 B．过点 A 作 AE⊥x 轴于点 E，过点 B 作 BF⊥y 轴于点 F，P 为线段 AB 上的一点，连接 PE、PF．若△PAE 和△PBF 的面积相等，且 $x_P=-\dfrac{5}{2}$，$x_A-x_B=-3$，则 k 的值是_____．

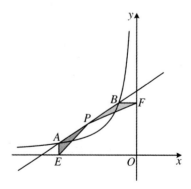

图 1.72

73. 如图1.73所示,点 A 为双曲线 $y=\dfrac{2}{x}$ ($x>0$)上一动点,直线 OA 与双曲线 $y=\dfrac{18}{x}$ ($x>0$)交于点 B,点 $C(9,0)$,连接 CB 交双曲线 $y=\dfrac{18}{x}$ ($x>0$)于点 D,连接 OD 交双曲线 $y=\dfrac{2}{x}$ ($x>0$)于点 E.若 $S_{\triangle AOC}=6S_{\triangle ACE}$,则点 A 的坐标为_____.

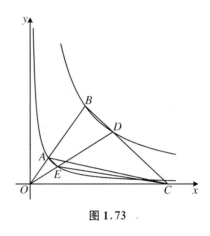

图 1.73

74. 如图1.74所示,点 A 是反比例函数 $y=\dfrac{k}{x}$ ($k>0$)在第一象限的图像上一点,过点 A 作 $AB\perp x$ 轴于点 B,以 AB 为直径的圆恰好与 y 轴相切,交反比例函数的图像于点 C,在 AB 的左侧半圆上有一动点 D,连接 CD 交 AB 于点 E.记 $\triangle BDE$ 的面积为 S_1,$\triangle ACE$ 的面积为 S_2,连接 BC,$\triangle ACB$ 是_____三角形,若 S_1-S_2 的最大值为1,则 k 的值为_____.

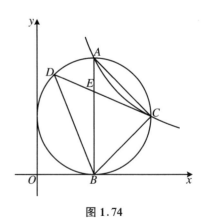

图 1.74

75. 如图1.75所示,点 P 是反比例函数 $y=\dfrac{k}{x}(x>0)$ 的图像上一动点,$AP\perp y$ 轴于点 A,以 AP 为直径的圆交反比例函数的图像于点 B,直线 AB 交 x 轴于点 D,$CA\perp AB$ 于点 A,$CB/\!/AP$,连接 CD. 在点 P 从左到右移动的过程中,$\triangle CAD$ 的面积取值范围为_____.

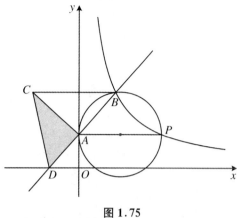

图 1.75

76. 如图1.76所示,曲线 C_2 是双曲线 $C_1:y=\dfrac{8}{x}(x>0)$ 绕坐标原点 O 逆时针旋转 $45°$ 得到的图形,P 是曲线 C_2 上任意一点,点 A 在直线 $l:y=x$ 上,且 $PA=PO$,则 $\triangle POA$ 的面积等于_____.

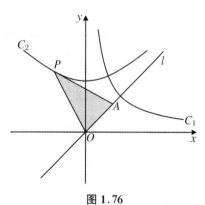

图 1.76

77. 已知双曲线 $y=\dfrac{k}{x}(k\neq 0)$ 与线段 AB 或 $\triangle ABC$ 有交点,如图 1.77 所示.

(1) 如图(a)所示,若 $A(1,3)$,$B(2,4)$,则 k 的取值范围是 _____.

(2) 如图(b)所示,若 $A(1,4)$,$B(2,3)$,则 k 的取值范围是 _____.

(3) 如图(c)所示,若 $A(1,4)$,$B(3,2)$,则 k 的取值范围是 _____.

(4) 如图(d)所示,已知 $A(1,1)$、$B(1,4)$、$C(5,1)$ 三点围成 $\triangle ABC$,则 k 的取值范围是 _____.

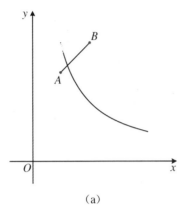

(a)

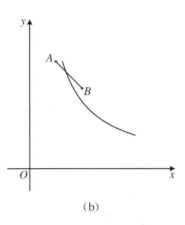

(b)

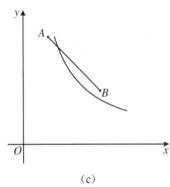

(c)

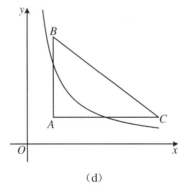

(d)

图 1.77

78. 如图 1.78 所示，正方形 ABCD 的顶点 A、B 在函数 $y=\dfrac{k}{x}(x>0)$ 的图像上，点 C、D 分别在 x 轴、y 轴的正半轴上，当 k 的值改变时，正方形 ABCD 的大小也随之改变.

（1）当 k = 2 时，正方形 $A'B'C'D'$ 的边长等于_____.

（2）当变化的正方形 ABCD 与（1）中的正方形 $A'B'C'D'$ 有重叠部分时，k 的取值范围是_____.

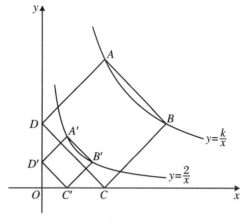

图 1.78

79. 如图 1.79 所示，直线 $y=\dfrac{2}{3}x$ 与双曲线 $y=\dfrac{k}{x}(x>0)$ 交于点 A，将直线 $y=\dfrac{2}{3}x$ 向右平移 3 个单位后，与双曲线 $y=\dfrac{k}{x}(x>0)$ 交于点 B，与 x 轴交于点 C. 若 $\dfrac{AO}{BC}=2$，则 $k=$ _____.

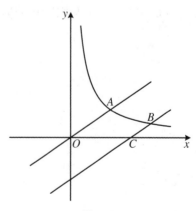

图 1.79

80. 如图1.80所示,在正六边形 $OABCDE$ 中,点 $E(-2,0)$,将该正六边形向右平移 $a(a>0)$ 个单位后,恰有两个顶点落在反比例函数 $y=\dfrac{k}{x}(k>0)$ 的图像上,则 k 的值为_____.

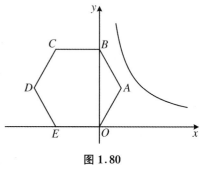

图1.80

81. 如图1.81所示,直线 $y=\dfrac{2}{3}x$ 分别与双曲线 $y=\dfrac{m}{x}(m>0,x>0)$、$y=\dfrac{n}{x}(n>0,x>0)$ 交于点 A、B,且 $\dfrac{AB}{OA}=\dfrac{2}{3}$,将直线 $y=\dfrac{2}{3}x$ 向左平移6个单位长度后,与双曲线 $y=\dfrac{n}{x}$ 交于点 C.若 $S_{\triangle ABC}=4$,则 mn 的值为_____.

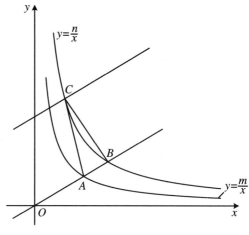

图1.81

82. 如图 1.82 所示，双曲线 $y=\dfrac{k}{x}(k>0)$ 与直线 $y=x$ 交于 A、B 两点（点 A 在第三象限），将双曲线在第一象限的一支沿射线 BA 的方向平移，使其经过点 A，将双曲线在第三象限的一支沿射线 AB 的方向平移，使其经过点 B，平移后的两条曲线相交于 P、Q 两点，此时我们称平移后两条曲线所围的部分（如图中阴影部分）为双曲线的"眸"，PQ 为双曲线的"眸径"．当双曲线 $y=\dfrac{k}{x}(k>0)$ 的眸径为 6 时，k 的值为_____．

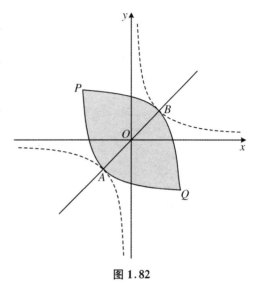

图 1.82

83. 如图 1.83 所示，在平面直角坐标系中，反比例函数 $y=\dfrac{k}{x}(x>0)$ 的图像和矩形 $ABCD$ 在第一象限，$AD \parallel x$ 轴，且 $AB=2$，$AD=4$，点 A 的坐标为 $(2,6)$．将矩形 $ABCD$ 向下平移，平移后的矩形记为 $A'B'C'D'$，在平移过程中有两个顶点恰好落在反比例函数的图像上．

(1) 求反比例函数的解析式．

(2) 若矩形以每秒一个单位的速度向下平移，矩形的两边分别与反比例函数的图像交于 E、F 两点，矩形被 E、F 两点分为上、下两部分，记下部分的面积为 S，矩形平移时间为 t，当 $1<t<5$ 时，求 S 与 t 的函数关系式．

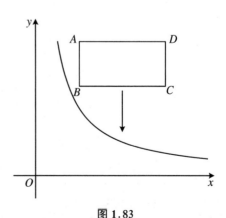

图 1.83

84. 如图1.84所示,已知点 $A(2,0)$,$B(0,1)$,O 为坐标原点,点 O 关于直线 AB 的对称点 C 恰好落在反比例函数 $y=\dfrac{k}{x}$($k>0$)的图像上,求 k 的值.

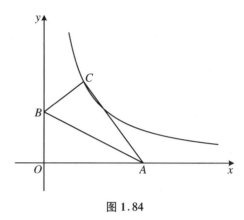

图 1.84

85. 如图1.85所示,矩形 $OABC$ 的顶点 A、C 分别在 x、y 轴的正半轴上,点 D 为对角线 OB 的中点,点 $E(4,n)$ 在边 AB 上,反比例函数 $y=\dfrac{k}{x}$($k\neq 0$)在第一象限内的图像经过点 D、E,且点 D 的横坐标是它的纵坐标的2倍.

(1) 求边 AB 的长.

(2) 求反比例函数的解析式和 n 的值.

(3) 若反比例函数的图像与矩形的边 BC 交于点 F,将矩形折叠,使点 O 与点 F 重合,折痕分别与 x、y 轴的正半轴交于点 H、G,求线段 OG 的长.

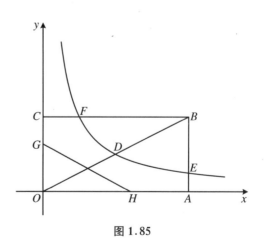

图 1.85

86. 如图1.86所示,在平面直角坐标系 xOy 中,矩形 $AOCB$ 截反比例函数 $y = \dfrac{k}{x}$ ($k>0, x>0$)的图像于点 E、F,将 $\triangle BEF$ 沿 EF 对折,点 B 恰好落在 x 轴正半轴上的点 D 处.已知 $AB = 2AO = 4$,求 k.

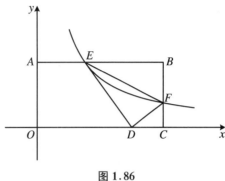

图 1.86

87. 如图1.87所示,点 P 为反比例函数 $y = \dfrac{6}{x}$ ($x>0$)的图像上一点,$\odot P$ 交 x 轴于点 O、B,连接 OP 并延长交 $\odot P$ 于点 A.连接 AB 交反比例函数于点 Q.当 $PA = QA$ 时,以 PQ 为对称轴将 $\triangle APQ$ 翻折得到 $\triangle CPQ$,则 $\triangle CPQ$ 与 $\triangle AOB$ 重叠部分 $PEFQ$ 的面积是_____.

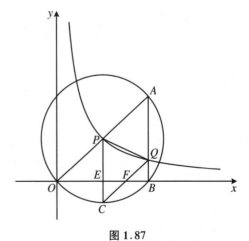

图 1.87

88. 如图1.88所示,在平面直角坐标系 xOy 中,矩形 $OEFG$ 的顶点 E 的坐标为 $(4,0)$,顶点 G 的坐标为 $(0,2)$,将矩形 $OEFG$ 绕点 O 逆时针旋转,使点 F 落在点 N 处,点 N 的横坐标为 -1,得到矩形 $OMNP$,OM 与 GF 交于点 A. 求图像经过点 A 的反比例函数的解析式.

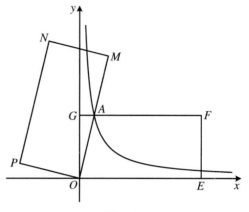

图1.88

89. 如图1.89所示,在直角坐标系中,$\mathrm{Rt}\triangle ABC$ 的边在 x 轴上,$\angle CAB=90°$,$\tan\angle ACB=\dfrac{1}{3}$,将 $\mathrm{Rt}\triangle ABC$ 沿直线 BC 翻折得 $\mathrm{Rt}\triangle DBC$,再将 $\mathrm{Rt}\triangle DBC$ 绕点 B 逆时针旋转,正好点 C 与坐标原点 O 重合,点 D 的对应点 E 落在反比例函数 $y=\dfrac{12}{x}(x>0)$ 的图像上,此时线段 AC 交双曲线于点 F,则 $S_{\triangle CFE}=$ _____.

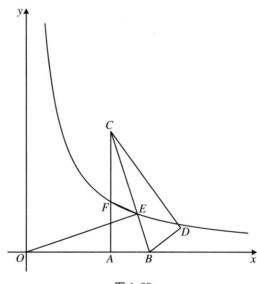

图1.89

90. 如图 1.90 所示,点 $A(m,m+1)$、$B(m+3,m-1)$ 都在反比例函数 $y=\dfrac{k}{x}$ 的图像上. 如果 M 为 x 轴上一点, N 为 y 轴上一点,以点 A、B、M、N 为顶点的四边形是平行四边形,求点 M、N 的坐标.

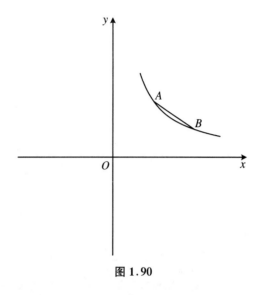

图 1.90

91. 如图 1.91 所示,在平面直角坐标系中, $\square OABC$ 的一个顶点与坐标原点重合, OA 边落在 x 轴上,且 $OA=4$, $OC=2\sqrt{2}$, $\angle COA=45°$. 反比例函数 $y=\dfrac{k}{x}$ ($k>0$, $x>0$) 的图像经过点 C,与 AB 交于点 D,连接 AC、CD.

(1) 试求反比例函数的解析式.

(2) 求证: CD 平分 $\angle ACB$.

(3) 连接 OD,在反比例函数的图像上是否存在点 P 使得 $S_{\triangle POC}=\dfrac{1}{2}S_{\triangle COD}$?如果存在,请写出点 P 的坐标;如果不存在,请说明理由.

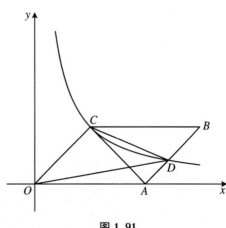

图 1.91

92. 如图 1.92 所示,一次函数 $y = ax + b$(a、b 为常数,$a \neq 0$)的图像与 x 轴、y 轴分别交于点 A、B,且与反比例函数 $y = \dfrac{k}{x}$(k 为常数,$k \neq 0$)的图像在第二象限内交于点 C,作 $CD \perp x$ 轴于点 D.若 $OA = OD = \dfrac{3}{4}OB = 3$,在 y 轴上是否存在点 P 使得 $\triangle PBC$ 是以 BC 为一腰的等腰三角形?如果存在,请求出点 P 的坐标;如果不存在,请简要说明理由.

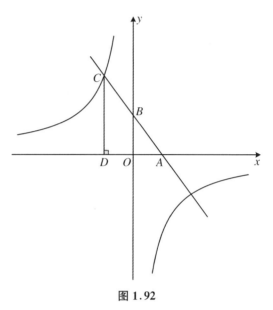

图 1.92

93. 如图 1.93 所示,直线 $y = kx + b$ 与反比例函数 $y = \dfrac{k'}{x}$($x < 0$)的图像相交于点 A、B,与 x 轴交于点 C,其中点 A 的坐标为 $(-2, 4)$,点 B 的横坐标为 -4.点 M 是 x 轴上的一个动点,点 N 是平面直角坐标系中的一点,是否存在以 A、B、M、N 四点为顶点的四边形是菱形的情况?若存在,请求出点 M、N 的坐标;若不存在,请说明理由.

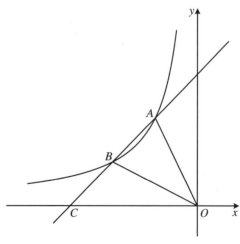

图 1.93

94. 如图 1.94 所示，反比例函数 $y = \dfrac{k}{x}$（$x > 0$）的图像与直线 $y = x$ 交于点 M，$\angle AMB = 90°$，其两边分别与两坐标轴的正半轴交于点 A、B，四边形 $OAMB$ 的面积为 6.

(1) 求 k 的值.

(2) 点 P 在反比例函数 $y = \dfrac{k}{x}$（$x > 0$）的图像上，若点 P 的横坐标为 3，$\angle EPF = 90°$，其两边分别与 x 轴的正半轴、直线 $y = x$ 交于点 E、F，问是否存在点 E，使得 $PE = PF$？若存在，求出点 E 的坐标；若不存在，请说明理由.

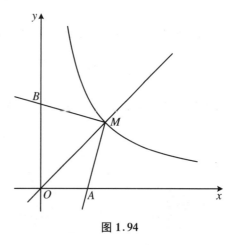

图 1.94

95. 如图 1.95 所示，在直角坐标系中，矩形 $OABC$ 的边 OA、OC 分别在 x 轴、y 轴上，$A(1,0)$，$C(0,2)$，点 D 是射线 CB 上一动点，已知反比例函数 $y = \dfrac{k}{x}$（$x > 0$）的图像经过点 D 且与射线 AB 交于点 E，连接 DE. 点 D 运动到线段 BC 上时，是否存在点 D 和 y 轴上点 F，使得以点 D、E、F 为顶点的三角形与 $\triangle BDE$ 全等？若存在，请写出点 D 的坐标；若不存在，请说明理由.

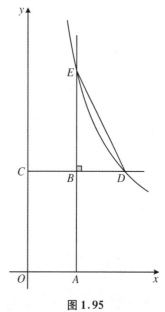

图 1.95

96. 在平面直角坐标系 xOy 中,对于双曲线 $y=\dfrac{m}{x}(m>0)$ 和双曲线 $y=\dfrac{n}{x}(n>0)$,如果 $m=2n$,则称它们为"倍半双曲线",双曲线 $y=\dfrac{m}{x}(m>0)$ 是双曲线 $y=\dfrac{n}{x}(n>0)$ 的"倍双曲线",双曲线 $y=\dfrac{n}{x}(n>0)$ 是双曲线 $y=\dfrac{m}{x}(m>0)$ 的"半双曲线".

(1) 请写出双曲线 $y=\dfrac{3}{x}$ 的"倍双曲线"是_____;双曲线 $y=\dfrac{8}{x}$ 的"半双曲线"是_____.

(2) 如图 1.96 所示,已知点 M 是双曲线 $y=\dfrac{2k}{x}(k>0)$ 在第一象限内任意一点,过点 M 与 y 轴平行的直线交双曲线 $y=\dfrac{2k}{x}$ 的"半双曲线"于点 N,过点 M 与 x 轴平行的直线交双曲线 $y=\dfrac{2k}{x}$ 的"半双曲线"于点 P. 若 $\triangle MNP$ 的面积记为 $S_{\triangle MNP}$,且 $1 \leqslant S_{\triangle MNP} \leqslant 2$,求 k 的取值范围.

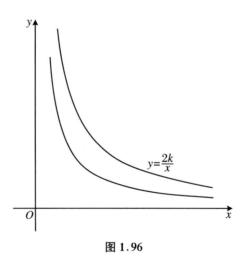

图 1.96

97. 如图1.97所示,在平面直角坐标系 xOy 中,点 A、B 分别在函数 $y_1 = \dfrac{3}{x}(x>0)$ 与 $y_2 = -\dfrac{3}{x}(x<0)$ 的图像上,且点 A、B 的横坐标分别为 a、b.

(1) 若 $AB \parallel x$ 轴,求 $\triangle OAB$ 的面积.

(2) 若 $\triangle OAB$ 是以 AB 为底边的等腰三角形,且 $a+b \neq 0$,求 ab 的值.

(3) 作边长为2的正方形 $ACDE$,使 $AC \parallel x$ 轴,点 D 在点 A 的左上方,那么,对大于或等于3的任意实数 a,边 CD 与函数 $y_1 = \dfrac{3}{x}(x>0)$ 的图像都有交点,请说明理由.

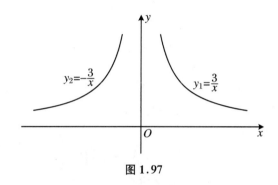

图1.97

98. 有一边是另一边的 $\sqrt{2}$ 倍的三角形称为智慧三角形,这两边中较长边称为智慧边,这两边的夹角称为智慧角.如图1.98所示,$\triangle ABC$ 是智慧三角形,BC 为智慧边,$\angle B$ 为智慧角,$A(3,0)$,点 B、C 在函数 $y = \dfrac{k}{x}(x>0)$ 的图像上,点 C 在点 B 的上方,且点 B 的纵坐标为 $\sqrt{2}$.当 $\triangle ABC$ 是直角三角形时,求 k 的值.

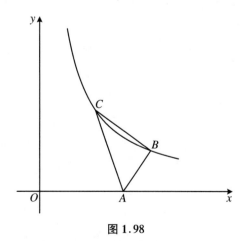

图1.98

99. 定义：点 P 是 $\triangle ABC$ 内部或边上的点（顶点除外），在 $\triangle PAB$、$\triangle PBC$、$\triangle PCA$ 中，若至少有一个三角形与 $\triangle ABC$ 相似，则称点 P 是 $\triangle ABC$ 的自相似点．

例如：如图 1.99(a)所示，点 P 在 $\triangle ABC$ 的内部，$\angle PBC = \angle A$，$\angle BCP = \angle ABC$，则 $\triangle BCP \backsim \triangle ABC$，故点 P 是 $\triangle ABC$ 的自相似点．

请你运用所学知识，结合上述材料，解决下列问题：

在平面直角坐标系中，点 M 是曲线 $y = \dfrac{3\sqrt{3}}{x}$ $(x>0)$ 上的任意一点，点 N 是 x 轴正半轴上的任意一点．

(1) 如图 1.99(b)所示，点 P 是 OM 上一点，$\angle ONP = \angle M$，试说明点 P 是 $\triangle MON$ 的自相似点；当点 M 的坐标是 $(\sqrt{3},3)$，点 N 的坐标是 $(\sqrt{3},0)$ 时，求点 P 的坐标．

(2) 如图 1.99(c)所示，当点 M 的坐标是 $(3,\sqrt{3})$，点 N 的坐标是 $(2,0)$ 时，求 $\triangle MON$ 的自相似点的坐标．

(3) 是否存在点 M 和点 N，使 $\triangle MON$ 无自相似点？若存在，请直接写出这两点的坐标；若不存在，请说明理由．

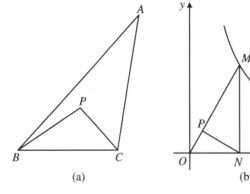
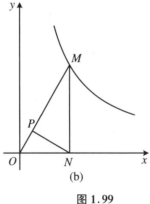
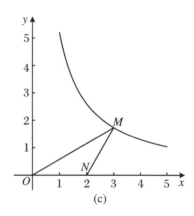

图 1.99

100. 有这样一个问题:探究同一平面直角坐标系中系数互为倒数的正、反比例函数 $y=\dfrac{1}{k}x$ 与 $y=\dfrac{k}{x}(k\neq 0)$ 的图像性质.

小芊根据学习函数的经验,对函数 $y=\dfrac{1}{k}x$ 与 $y=\dfrac{k}{x}(k>0)$ 的图像性质进行了探究.

下面是小芊的探究过程:

(1) 如图 1.100 所示,设函数 $y=\dfrac{1}{k}x$ 与 $y=\dfrac{k}{x}$ 的图像相交于点 A、B,已知点 A 的坐标为 $(-k,-1)$,则点 B 的坐标为_____.

(2) 已知点 P 为第一象限内双曲线上不同于点 B 的任意一点.

① 设直线 PA 交 x 轴于点 M,直线 PB 交 x 轴于点 N. 求证: $PM=PN$.

② 当点 P 的坐标为 $(1,k)(k\neq 1)$ 时,判断 $\triangle PAB$ 的形状,并用 k 表示 $\triangle PAB$ 的面积.

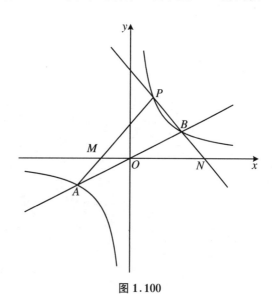

图 1.100

第二部分　反比例100题解析

1. 证 (1) 设 $E\left(m,\dfrac{k}{m}\right)$，$F\left(n,\dfrac{k}{n}\right)$，则 $B\left(n,\dfrac{k}{m}\right)$，如图 2.1 所示，

∴ $CE=m$，$AF=\dfrac{k}{n}$，$BC=n$，$AB=\dfrac{k}{m}$，

∴ $\dfrac{CE}{BC}=\dfrac{m}{n}$，$\dfrac{AF}{AB}=\dfrac{\dfrac{k}{n}}{\dfrac{k}{m}}=\dfrac{m}{n}$，

∴ $\dfrac{CE}{BC}=\dfrac{AF}{AB}$，

∴ $AC\ /\!/\ EF$.

(2) 由(1)得 $EF\ /\!/\ AC$，

又 $AB\ /\!/\ y$ 轴，$BC\ /\!/\ x$ 轴，

∴ 四边形 $GCAF$、$ECAH$ 都是平行四边形，

∴ $GF=AC=EH$.

∵ $GE=GF-EF$，$FH=EH-EF$，

∴ $GE=FH$.

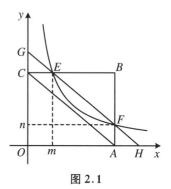

图 2.1

> **思路点拨**
>
> (1) 要证明 $\dfrac{CE}{BC}=\dfrac{AF}{AB}$，考虑到点 E、F 在反比例函数图像上，可对其进行设参，然后表示 CE、CB、AF、AB，从而得到比例关系，所以 $AC\ /\!/\ EF$.
>
> (2) 注意到 $AB\ /\!/\ y$ 轴，$BC\ /\!/\ x$ 轴，结合(1)的结论，得出四边形 $GCAF$、$ECAH$ 都是平行四边形，从而得到 $GF=AC=EH$，进一步可得 $GE=FH$.

2. 证 (1) 设 $E\left(m,\dfrac{k}{m}\right)$，$F\left(n,\dfrac{k}{n}\right)$，则 $B\left(n,\dfrac{k}{m}\right)$，如图 2.2 所示，

∴ $CE=m$，$AF=-\dfrac{k}{n}$，$BC=-n$，$AB=\dfrac{k}{m}$，

∴ $\dfrac{CE}{BC}=-\dfrac{m}{n}$，$\dfrac{AF}{AB}=\dfrac{-\dfrac{k}{n}}{\dfrac{k}{m}}=-\dfrac{m}{n}$，

∴ $\dfrac{CE}{BC}=\dfrac{AF}{AB}$，

∴ $AC\ /\!/\ EF$.

(2) 由(1)得 $AC\ /\!/\ EF$，

又 $AB\ /\!/\ y$ 轴，$BC\ /\!/\ x$ 轴，

∴ 四边形 $GCAF$、$ECAH$ 都是平行四边形，

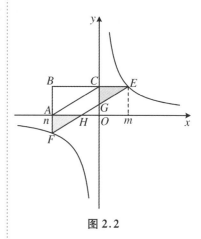

图 2.2

∴ $GF = AC = EH$.
∵ $GE = EF - GF$, $FH = EF - EH$,
∴ $GE = FH$.

思路点拨

本题类似题1结论的推导,只是在用坐标表示线段时要注意数值的正负.

注意这步:设 $E\left(m, \dfrac{k}{m}\right)$, $F\left(n, \dfrac{k}{n}\right)$, 则 $B\left(n, \dfrac{k}{m}\right)$, 所以 $CE = m$, $AF = -\dfrac{k}{n}$, $BC = -n$, $AB = \dfrac{k}{m}$.

3. 证 (1) 作 $AE \perp x$ 轴于点 E, $CF \perp x$ 轴于点 F, 如图 2.3 所示.

设 $A\left(x_1, \dfrac{k_1}{x_1}\right)$, $C\left(x_2, \dfrac{k_2}{x_2}\right)$, 则 $E(x_1, 0)$, $F(x_2, 0)$,

∴ $OE = x_1$, $OF = x_2$, $AE = \dfrac{k_1}{x_1}$, $CF = \dfrac{k_2}{x_2}$.

∵ $AE \parallel CF$,

∴ $\triangle AOE \sim \triangle COF$,

∴ $\dfrac{OA}{OC} = \dfrac{OE}{OF} = \dfrac{AE}{CF}$,

∴ $\dfrac{OA}{OC} = \dfrac{x_1}{x_2} = \dfrac{\dfrac{k_1}{x_1}}{\dfrac{k_2}{x_2}} = \dfrac{k_1 x_2}{k_2 x_1}$,

∴ $\dfrac{OA}{OC} = \dfrac{x_1}{x_2} = \sqrt{\dfrac{k_1}{k_2}}$.

(2) 由(1)得 $\dfrac{OB}{OD} = \sqrt{\dfrac{k_1}{k_2}} = \dfrac{OA}{OC}$,

∴ $AB \parallel CD$.

此外,当 $y = \dfrac{k_2}{x}$ 的图像在第三象限时,如图 2.4 所示,此结论依然成立.

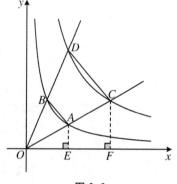

图 2.3

思路点拨

(1) 要证明 $\dfrac{OA}{OC} = \sqrt{\dfrac{k_1}{k_2}}$, 可利用 k_1 和 k_2 的面积性质,不难想到添加辅助线,作 $AE \perp x$ 轴, $CF \perp x$ 轴.

(2) 要证明 $AB \parallel CD$, 只需证明 $\dfrac{OA}{OC} = \dfrac{OB}{OD}$, 结合第一问结论即可得证.

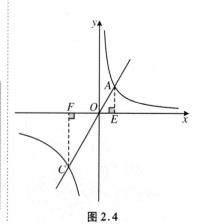

图 2.4

4. 证 作 $CK \parallel y$ 轴交 EF 于点 K,如图 2.5 所示,

∴ 四边形 $CDEK$ 是平行四边形,$CK \perp x$ 轴,

∴ $EK = CD = AB$,

∴ $EA + AK = AK + BK$,

∴ $EA = BK$.

由题 1 的结论(2)可得 $EA = BF = BK$,

∴ $BC = BF$,

∴ $\angle 1 = \angle 5 = \angle 2$.

同理,$\angle 3 = \angle 4$.

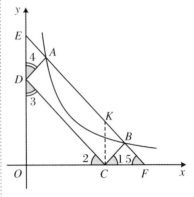

图 2.5

思路点拨

本题属于等角模型.

(1) 作 $CK \parallel y$ 轴,构造 □$CDEK$,结合 □$CDEK$ 的性质 $CD \parallel EF$,推出 $EK = CD = AB$,进一步得到 $EA = BK$.

(2) 由题 1 的结论(2)得 $EA = BF$,所以 $BK = BF$.

(3) 由 $CK \perp x$ 轴知 BC 为等腰 $Rt\triangle KCF$ 斜边上的中线,所以 $BC = BF = BK$,推得 $\angle 1 = \angle 5 = \angle 2$.

5. 证明 (1) 延长直线 AB,分别交 y 轴、x 轴于点 E、F,过点 C 作 y 轴的垂线交 AB 的延长线于点 I,如图 2.6 所示.

∵ 四边形 $ABCD$ 是平行四边形,

∴ $EI \parallel CD, AB = DC$.

∵ $CI \parallel DF$,

∴ 四边形 $CDFI$ 是平行四边形,

∴ $FI = CD = AB$.

由题 1 的结论(2)得 $AE = BF$,

∴ $AE + AB = BF + FI$,

∴ $BE = BI = BC$,

∴ $\angle 5 = \angle 2$.

∵ $AB \parallel CD$,

∴ $\angle 1 = \angle 5 = \angle 2$.

∵ $\angle 1 + \angle 4 = \angle 2 + \angle 6 = 90°$,

∴ $\angle 4 = \angle 6$.

∵ $AD \parallel BC$,

∴ $\angle 3 = \angle 6 = \angle 4$.

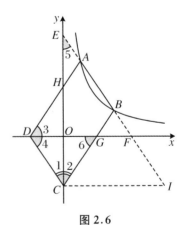

图 2.6

(2) 连接 HG,如图 2.7 所示.

由(1)得 $\angle 1 = \angle 2, \angle 4 = \angle 6$,

∴ $CD = CG$.

又 $CO \perp DG$ 于点 O,

∴ $OD = OG$.

同理,$OH = OC$.

∴ 四边形 $CDHG$ 是平行四边形.

∵ $HC \perp DG$,

∴ 四边形 $CDHG$ 是菱形.

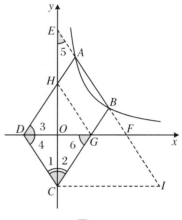

图 2.7

思路点拨

本题属于等角模型.

(1) 延长直线 AB,分别交 y 轴、x 轴于点 E、点 F,过 C 作 y 轴的垂线,交 AB 的延长线于点 I,关键在于构造平行四边形 $CDFI$,从而得到 $FI = CD = AB$.

(2) 由题 1 的结论(2)得 $AE = BF$,进一步得到 $BE = BI$,从而可利用斜边中线定理得到 $BC = BE$,则 $\angle 2 = \angle 5 = \angle 1$.

6. 证明 取 DE 的中点 M,连接 OM,如图 2.8 所示,

∴ $MD = ME$.

∵ $\angle EOD = 90°$,

∴ $OM = MD = ME$,

∴ $\angle 5 = \angle 2, \angle 4 = \angle 6$.

由题 1 的结论(2)得 $AD = BE$,

∴ $DM - AD = EM - BE$,

∴ $AM = BM$.

由反比例的对称性知 $OA = OC$,

∴ $OM \parallel BC$,

∴ $\angle 5 = \angle 1 = \angle 2, \angle 3 = \angle 6 = \angle 4$.

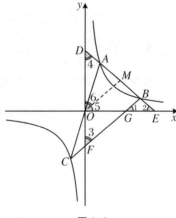

图 2.8

思路点拨

(1) 构造 DE 的中点 M,结合题 1 的结论(2)得 $AD = BE$,进而得 $AM = BM$,所以 M 为"双中点".

(2) 进一步地,结合反比例函数图像的对称性可知 $OA = OC$,从而可用中位线定理和斜边中线定理,进行导角.

7. 解 延长 CA 交 y 轴于点 E，作 $AF \perp y$ 轴于点 F，$BK \perp x$ 轴于点 K，如图 2.9 所示.

由题 1 的结论(2)得 $AE = BC$，

$\therefore \dfrac{AE}{EC} = \dfrac{EF}{OE} = \dfrac{1}{4}, \dfrac{CK}{OC} = \dfrac{BC}{EC} = \dfrac{1}{4}$.

$\therefore S_{\triangle OBK} = S_{\triangle OAF} = \dfrac{1}{2} \times 4 = 2$,

$\therefore S_{\triangle BCK} = S_{\triangle AEF} = \dfrac{1}{3} S_{\triangle OBK} = \dfrac{1}{3} \times 2 = \dfrac{2}{3}$,

$\therefore S_{\triangle OBC} = S_{\triangle OBK} + S_{\triangle BCK} = \dfrac{8}{3}$,

$\therefore S_{\triangle OAB} = 2 S_{\triangle OBC} = \dfrac{16}{3}$.

由题 3 的结论(1)得 $\dfrac{OD}{OA} = \sqrt{\dfrac{1}{4}} = \dfrac{1}{2}$,

$\therefore \dfrac{AD}{OA} = \dfrac{1}{2}$,

$\therefore S_{\triangle ABD} = \dfrac{1}{2} S_{\triangle OAB} = \dfrac{8}{3}$.

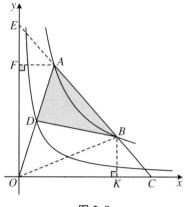

图 2.9

> **思路点拨**
>
> (1) 由题 1 的结论(2)得 $AE = BC$，结合 $\dfrac{BC}{AB} = \dfrac{1}{2}$，可知 $\dfrac{AE}{EC} = \dfrac{EF}{OE} = \dfrac{1}{4}, \dfrac{CK}{OC} = \dfrac{BC}{EC} = \dfrac{1}{4}$，从而得到喇叭三角形 $\triangle AOB$ 与 $\triangle OBC$ 的面积比例.
>
> (2) 进一步地，利用题 3 的结论(1)得 $\dfrac{OD}{OA} = \sqrt{\dfrac{1}{4}} = \dfrac{1}{2}$，由 $\triangle ABD$ 与 $\triangle AOB$ 共边可知 $\dfrac{S_{\triangle ABD}}{S_{\triangle AOB}} = \dfrac{AD}{OA}$.

8. 解 (1) 由题 3 的结论(2)得 $AB \parallel CD$.

(2) 作 $BM \perp x$ 轴于点 M，$AN \perp y$ 轴于点 N，如图 2.10 所示.

$\because AE = AB = BF$,

$\therefore \dfrac{AE}{EF} = \dfrac{BF}{EF} = \dfrac{1}{3}$,

$\therefore \dfrac{FM}{OF} = \dfrac{BF}{EF} = \dfrac{1}{3}$,

$\therefore S_{\triangle BFM} = S_{\triangle AEN} = \dfrac{1}{2} S_{\triangle OBM} = \dfrac{1}{2} \times \dfrac{1}{2} \times 4 = 1$,

$\therefore S_{\triangle OBF} = S_{\triangle OBM} + S_{\triangle BFM} = 2 + 1 = 3$,

$\therefore S_{\triangle AOB} = S_{\triangle BOF} = 3$.

由题 3 的结论(1)得 $\dfrac{OC}{OA} = \sqrt{\dfrac{2}{4}} = \dfrac{\sqrt{2}}{2}$,

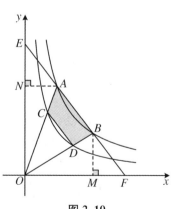

图 2.10

$$\therefore \frac{S_{\triangle COD}}{S_{\triangle AOB}} = \left(\frac{OC}{OA}\right)^2 = \frac{1}{2},$$

$$\therefore S_{四边形ABDC} = \frac{1}{2} S_{\triangle AOB} = \frac{3}{2}.$$

思路点拨

(1) 由题 3 的结论(2)得到 $AB \parallel CD$,从而得到 $\frac{S_{\triangle COD}}{S_{\triangle AOB}} = \left(\frac{OC}{OA}\right)^2 = \frac{1}{2}$.

(2) 作 $BM \perp x$ 轴于点 M,$AN \perp y$ 轴于点 N,便于将 $AE = AB = BF$ 这一等量关系转化为 $\frac{FM}{OF} = \frac{BF}{EF} = \frac{1}{3}$.

(3) 进一步得 $S_{\triangle OBM} = 2S_{\triangle BFM}$,则 $S_{\triangle OBF} = S_{\triangle OBM} + S_{\triangle BFM} = 2 + 1 = 3$,从而 $S_{\triangle AOB} = 3$,最后不难得出 $S_{四边形ABDC} = \frac{1}{2} S_{\triangle AOB} = \frac{3}{2}.$

9. 解 设 AD 交 x 轴于点 E,由题 2 的结论(2)得 $AE = CD$.

由反比例函数图像的中心对称性得 $OA = OB$.

$\because OE \parallel BD$,

$\therefore \frac{AE}{DE} = \frac{OA}{OB} = 1,$

$\therefore CD = DE = AE,$

$\therefore \frac{CD}{AC} = \frac{1}{3}.$

过点 C 作 $CF \perp BD$ 于点 F,如图 2.11 所示.

易证 $\triangle CDF \cong \triangle DEO$,

$\therefore FD = OE = \frac{1}{2} BD = BF,$

$\therefore BC = CD,$

$\therefore \frac{BC}{AC} = \frac{1}{3}.$

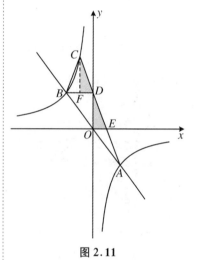

图 2.11

思路点拨

(1) 运用题 2 的结论(2)得 $AE = CD$,并根据反比例函数图像的中心对称性知 $OA = OB$.

(2) 由题意知 $OE \parallel BD$,则 $\frac{AE}{DE} = \frac{OA}{OB} = 1$.

(3) 关键还要求出 BC 和 CD 的关系,可通过 CF 垂直平分 BD 得到.

10. 解 作 $CE \perp y$ 轴于点 E,如图 2.12 所示.
由题 4 的等角模型得 $\angle CBE = \angle ABO$,
又 $\angle CEB = \angle AOB = 90°$,

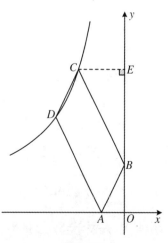

图 2.12

∴ △AOB∽△CEB（AA），

∴ $\dfrac{CE}{OA} = \dfrac{BE}{OB} = \dfrac{BC}{AB} = 2$，

∴ $CE = 2OA = 2$，$BE = 2OB = 4$，

∴ $C(-2, 6)$，

∴ $k = -2 \times 6 = -12$.

思路点拨

（1）根据题4的等角模型得 $\angle CBE = \angle ABO$. 作 $CE \perp y$ 轴，目的在于构造相似三角形，得 $\dfrac{CE}{OA} = \dfrac{BE}{OB} = \dfrac{BC}{AB} = 2$.

（2）进一步可导出 $C(-2, 6)$，从而求出 k.

11. 解 作 $DF \perp y$ 轴于点 F，连接 BD，如图 2.13 所示.

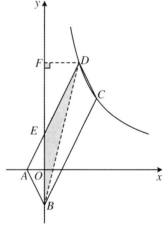

图 2.13

∵ $S_{\triangle AOB} = \dfrac{1}{2} OA \cdot OB = 1$，

∴ 由题5的等角模型可得 $AE = AB$，$OE = OB$，

∴ $S_{\triangle AEO} = S_{\triangle AOB} = 1$.

∵ $\dfrac{S_{\triangle ABE}}{S_{\text{四边形}BCDE}} = \dfrac{1}{5}$，$S_{\triangle ABD} = S_{\triangle BCD}$，

∴ $\dfrac{S_{\triangle ABE}}{S_{\triangle DBE}} = \dfrac{1}{2}$，

∴ $\dfrac{AE}{DE} = \dfrac{OE}{EF} = \dfrac{1}{2}$，

易证△AEO∽△DEF，

∴ $\dfrac{S_{\triangle DEF}}{S_{\triangle AEO}} = \left(\dfrac{DE}{AE}\right)^2 = 4$，

∴ $S_{\triangle DEF} = 4 S_{\triangle AEO} = 4$，

∴ $S_{\triangle ODF} = \dfrac{OF}{EF} S_{\triangle DEF} = \dfrac{3}{2} \times 4 = 6 = \dfrac{k}{2}$，

∴ $k = 12$.

思路点拨

（1）通过点 A、B 的坐标计算出 $S_{\triangle AOB} = 1$，由题5的等角模型得 $S_{\triangle AEO} = S_{\triangle AOB} = 1$，进而计算出 $S_{\triangle ABE}$ 和 $S_{\triangle BDE}$ 的比值，得到 $\dfrac{AE}{DE} = \dfrac{1}{2}$.

（2）由于△AEO∽△DEF，故 $\dfrac{S_{\triangle DEF}}{S_{\triangle AEO}} = \left(\dfrac{DE}{AE}\right)^2 = 4$. 再由 $S_{\triangle ODF} = \dfrac{OF}{EF} S_{\triangle DEF}$ 得 $S_{\triangle ODF} = \dfrac{k}{2} = 6$，则 $k = 12$.

12. **解** 由题1的结论(2)可得 $BE = AD$.

由题5的等角模型得 $\angle 1 = \angle 2, \angle 3 = \angle 4$,

$\therefore AD = AG = BE$.

作 $AH \perp y$ 轴于点 H, $BK \perp y$ 轴于点 K, 如图2.14所示,

$\therefore AH \parallel BK \parallel x$ 轴,

$\therefore DH : HK : OK = AD : AB : BE = 1 : 2 : 1$,

$\therefore DH = OK = HG = \dfrac{1}{2}HK = GK$,

$\therefore S_{\triangle OBK} = \dfrac{1}{2}S_{\triangle OBG} = \dfrac{1}{2} = \dfrac{k}{2}$,

$\therefore k = 1$.

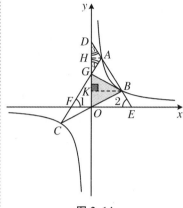

图 2.14

思路点拨

(1) 根据题5的等角模型的特征得 $\angle 1 = \angle 2, \angle 3 = \angle 4$, 则 $AD = AG$. 作 $AH \perp y$ 轴于点 H, $BK \perp y$ 轴于点 K, 进而得 $DH = HG$.

(2) 根据题1的结论(2)得到 $BE = AD$, 推出 $AD : AB : BE = 1 : 2 : 1$, 根据平分线段成比例定理得 $DH : HK : OK = 1 : 2 : 1$, 则 $DH = HG = GK = OK$.

(3) 由 $S_{\triangle OBK} = \dfrac{1}{2}S_{\triangle OBG} = \dfrac{1}{2} = \dfrac{k}{2}$ 推出 $k = 1$.

13. **解** (1) 如图2.15所示, 连接 AB, 分别过点 A 作 $AC \perp y$ 轴于点 C, $BE \perp x$ 轴于点 E, 且延长 CA、EB 交于点 D.

$\because \angle AOB = \angle OBA = 45°$,

$\therefore OA = AB, \angle OAB = 90°$.

$\because \angle CAO + \angle COA = 90°, \angle DAB + \angle CAO = 90°$,

$\therefore \angle COA = \angle DAB$.

$\because$ 在 $\triangle CAO$ 和 $\triangle DBA$ 中,

$\begin{cases} \angle ACO = \angle ADB = 90°, \\ \angle COA = \angle DAB, \\ OA = AB, \end{cases}$

$\therefore \triangle CAO \cong \triangle DBA$ (AAS),

$\therefore CO = AD$,

$\therefore CD = CA + AD = CA + CO = 1 + m$.

$\because BE = DE - BD = m - 1$,

$\therefore B(1+m, m-1)$.

将 $A(1, m)$、$B(1+m, m-1)$ 代入 $y = \dfrac{k}{x}$ 得 $k = m =$

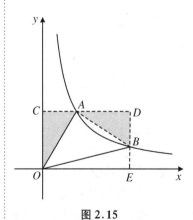

图 2.15

$(m-1)(1+m)$，

∴ $k = \dfrac{1+\sqrt{5}}{2}$.

(2) 如图 2.16 所示，作 $GA \perp OA$ 交 OB 的延长线于点 G.

类似(1)，可得 $\triangle CAO \cong \triangle EGA$ (AAS)，

∴ $CO = AE$，$CA = EG$，

∴ $CE = AE + CA = CA + CO = 1+m$，

$GD = ED - EG = CO - CA = m-1$，

∴ $G(1+m, m-1)$.

∴ $a = \dfrac{\sqrt{6}}{3}$，

∴ $B\left(n, \dfrac{\sqrt{6}}{3}\right)$.

将 $A(1,m)$、$B\left(n,\dfrac{\sqrt{6}}{3}\right)$ 代入 $y=\dfrac{k}{x}$ 得 $k = m = \dfrac{\sqrt{6}}{3}n$，

∴ $n = \dfrac{\sqrt{6}}{2}m$，

∴ $B\left(\dfrac{\sqrt{6}}{2}m, \dfrac{\sqrt{6}}{3}\right)$.

∵ $BF \parallel GD$,

∴ $\dfrac{OF}{BF} = \dfrac{OD}{GD}$,

∴ $\dfrac{\frac{\sqrt{6}}{2}m}{\frac{\sqrt{6}}{3}} = \dfrac{1+m}{m-1}$,

∴ $3m^2 - 5m - 2 = 0$,

∴ $m = 2$（负值舍去），

∴ $k = m = 2$.

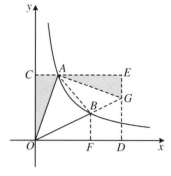

图 2.16

思路点拨

(1) 保留特殊角，利用垂直模型构造出全等三角形或相似三角形，如图 2.17(a)、(b)所示，求出对应点的坐标.

(2) 结合题目条件，通过将点的坐标代入反比例函数得到数量关系，并利用平行判定法建立相似比例式.

(3) 解方程求出 k.

14. **解** 作 $AC \perp y$ 轴于点 C，$BD \perp y$ 轴于点 D，如图 2.18 所示.

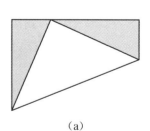

(a)

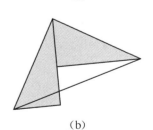

(b)

图 2.17

∵ ∠AOC + ∠OAC = ∠AOC + ∠BOD = 90°,
∴ ∠OAC = ∠BOD,
又 ∠ACO = ∠ODB = 90°,
∴ △ACO∽△ODB（AA），
∴ $\dfrac{DB}{CO} = \dfrac{OD}{CA} = \dfrac{OB}{OA}$.

设 $\dfrac{DB}{CO} = \dfrac{OD}{CA} = \dfrac{OB}{OA} = m$，$A(a,b)$，则 $ab = 1$，
∴ $OD = m \cdot CA = ma$，$DB = m \cdot OC = mb$，
∴ $B(mb, -ma)$.

将点 B 的坐标代入 $y = -\dfrac{4}{x}(x>0)$ 得 $m^2 ab = 4$，
∴ $m = 2$（负值舍去），
∴ $\dfrac{OB}{OA} = 2$.

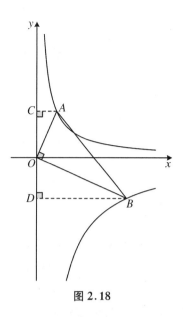

图 2.18

 思路点拨

具体参见题 13 中直角的构造方式.

---

15. 解 作 $BE \perp AB$ 交 AC 于点 E，$AD \perp y$ 轴于点 D，如图 2.19 所示.

易证 △ABD≌△BEO（AAS），
∴ $BO = AD = 2$，$EO = BD = 1$，
∴ $E(1, 0)$.
∵ $A(2, 3)$，$E(1, 0)$，
∴ 直线 AE 的解析式为 $y = 3x - 3$，反比例函数为 $y = \dfrac{6}{x}$，
∴ $x^2 - x - 2 = 0$，
∴ $x_1 = -1$，$x_2 = 2$（舍），
∴ 将 $x_C = -1$ 代入 $y = \dfrac{6}{x}$ 得 $C(-1, -6)$.

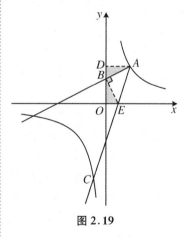

图 2.19

 思路点拨

（1）出现 45°角时通常构造等腰直角三角形进行求解，选取的垂足尽量在坐标轴上，方便计算.例如，本题中垂足选取坐标轴上的点 B，构造等腰 Rt△ABE，进而求得点 E 的坐标.

（2）利用点 A、E 的坐标求出直线 AE 解析式，联立反比例函数，即可求出点 C 的坐标.

16. 解 连接 OC，作 $AE \perp y$ 轴于点 E，$CF \perp y$ 轴于点

F,如图 2.20 所示.

∵ △ABC 为等腰直角三角形,$OA=OB$,

∴ $OC \perp AB$ 且 $OA=OC$.

∵ $\angle AOE + \angle COF = 90°$, $\angle AOE + \angle OAE = 90°$,

∴ $\angle OAE = \angle COF$,

∴ △OAE ≌ △COF (AAS),

∴ $AE=OF$,$OE=CF$.

∵ $AE \parallel CF$,

∴ $\dfrac{OE}{OF} = \dfrac{AD}{CD} = \sqrt{2}$.

设 $AE=OF=a$,则 $OE=CF=\sqrt{2}a$.

∴ $A(a, \sqrt{2}a)$,$C(\sqrt{2}a, -a)$,

∴ $k = \sqrt{2}a \cdot a = (-1) \cdot (-2\sqrt{2})$,

∴ $a = \sqrt{2}$(负值舍去),

∴ $C(2, -\sqrt{2})$.

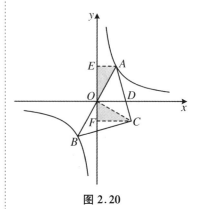

图 2.20

思路点拨

(1) 构造等腰 Rt△ABC 斜边上的中线,得到等腰 Rt△AOC,结合题 13 直角的构造方式,作 $AE \perp y$ 轴,$CF \perp y$ 轴,进行"斜转直",即 $\dfrac{OE}{OF} = \dfrac{AD}{CD} = \sqrt{2}$. 目的在于得到 $\dfrac{AE}{OE}$.

(2) 根据点 A、C 的横纵坐标比,设 $A(a, \sqrt{2}a)$、$C(\sqrt{2}a, -a)$,将它们代入反比例函数即可求解.

17. **解** 过点 P 分别作 x 轴、y 轴的垂线,垂足分别为点 A、B,如图 2.21 所示.

∵ ⊙P 与两坐标轴都相切,

∴ $PA=PB$,四边形 $OAPB$ 为正方形.

∵ $\angle APB = \angle EPF = 90°$,

∴ $\angle BPE = \angle APF$,

∴ Rt△BPE ≌ Rt△APF,

∴ $BE=AF$.

∵ $OF-OE=10$,

∴ $(OA+AF)-(BE-OB)=10$,

∴ $OA=5$,

∴ $P(5,5)$,

∴ $k = 5 \times 5 = 25$.

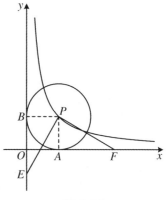

图 2.21

思路点拨

(1) 过点 P 分别作 x 轴、y 轴的垂线,垂足分别为点 A、B,根据 $\odot P$ 与两坐标轴都相切,可知 $PA = PB$,由 $\angle APB = \angle EPF = 90°$ 可证 $\triangle BPE \cong \triangle APF$,得 $BE = AF$.

(2) 利用 $OF - OE = 10$ 求圆的半径,得到点 P 的坐标,将其代入反比例函数即可求解 k.

18. **解** 作 $P_1C \perp y$ 轴于点 C,$P_2D \perp x$ 轴于点 D,$P_3E \perp x$ 轴于点 E,$P_3F \perp P_2D$ 于点 F,如图 2.22 所示.

设 $P_1\left(a, \dfrac{4}{a}\right)$,则 $CP_1 = a$,$OC = \dfrac{4}{a}$.

∵ 四边形 $A_1B_1P_1P_2$ 为正方形,

∴ $\mathrm{Rt}\triangle P_1B_1C \cong \mathrm{Rt}\triangle B_1A_1O \cong \mathrm{Rt}\triangle A_1P_2D$,

∴ $OB_1 = CP_1 = A_1D = a$,

∴ $OA_1 = B_1C = P_2D = \dfrac{4}{a} - a$,

∴ $OD = a + \dfrac{4}{a} - a = \dfrac{4}{a}$,

∴ 点 P_2 的坐标为 $\left(\dfrac{4}{a}, \dfrac{4}{a} - a\right)$,

∴ $\left(\dfrac{4}{a} - a\right) \cdot \dfrac{4}{a} = 4$,

∴ $a = \sqrt{2}$(负值舍去),

∴ $P_2(2\sqrt{2}, \sqrt{2})$.

设点 P_3 的坐标为 $\left(b, \dfrac{4}{b}\right)$,

又 四边形 $P_2P_3A_2B_2$ 为正方形,

∴ $P_2P_3 = P_3A_2$,$\angle P_3EA_2 = \angle P_2FP_3$,

∴ $\mathrm{Rt}\triangle P_2P_3F \cong \mathrm{Rt}\triangle A_2P_3E$,

∴ $P_3E = P_3F = DE = \dfrac{4}{b}$,

∴ $OE = OD + DE = 2\sqrt{2} + \dfrac{4}{b}$,

∴ $\left(2\sqrt{2} + \dfrac{4}{b}\right) \cdot \dfrac{4}{b} = 4$,

∴ $b = \sqrt{6} + \sqrt{2}$(负值舍去),

∴ $P_3(\sqrt{6} + \sqrt{2}, \sqrt{6} - \sqrt{2})$.

∴ $P_2(2\sqrt{2}, \sqrt{2})$,$P_3(\sqrt{6} + \sqrt{2}, \sqrt{6} - \sqrt{2})$.

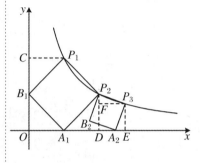

图 2.22

:pencil2: **思路点拨**

(1) 在坐标轴中出现斜放的正方形(或矩形)时,通常考虑"打直",即斜转直,再通过全等(或相似)建立数量关系,将长宽比转换为平行于坐标轴的线段比.

(2) 列出相应坐标的表示方式,并将其代入相应解析式求解.

19. 解 作 $CE \perp AB$ 于点 E,过点 E 作 y 轴的平行线,过点 A 作 x 轴的平行线,过点 C 作 x 轴的平行线,三线分别交于点 D、F,如图 2.23 所示.

设 $B\left(m, \dfrac{5\sqrt{3}}{2m}\right)$,则 $E\left(\dfrac{1+m}{2}, \dfrac{5\sqrt{3}}{4}\left(1+\dfrac{1}{m}\right)\right)$,

易证 $\triangle ADE \sim \triangle EFC$(AA),且相似比为 $1:\sqrt{3}$,

$\therefore CF = \sqrt{3}ED.$

$\therefore ED = \dfrac{5\sqrt{3}}{2} - \dfrac{5\sqrt{3}}{4}\left(1+\dfrac{1}{m}\right) = \dfrac{5\sqrt{3}}{4}\left(1-\dfrac{1}{m}\right),$

$\therefore CF = \dfrac{15}{4}\left(1-\dfrac{1}{m}\right).$

$\therefore \dfrac{15}{4}\left(1-\dfrac{1}{m}\right) = \dfrac{1+m}{2},$

$\therefore m = \dfrac{3}{2}$ 或 $m = 5$,

当 $m = \dfrac{3}{2}$ 时,点 C 在 y 轴的正半轴上,不满足题意,舍去,

$\therefore m = 5,$

$\therefore B\left(5, \dfrac{\sqrt{3}}{2}\right),$

$\therefore AB = 2\sqrt{7}.$

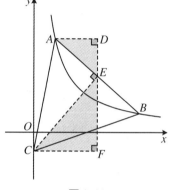

图 2.23

:pencil2: **思路点拨**

(1) 出现等腰三角形或者等边三角形时可利用"三线合一"构造直角.

(2) 参照题 13 的直角处理方式即可求解.

20. 解 过点 A 作 $AD \perp x$ 轴于点 D,过点 C 作 $CE \perp x$ 轴于点 E,连接 OC,如图 2.24 所示.

$\because AC = BC$,且 O 为 AB 的中点,

$\therefore CO \perp AB.$

$\because \tan \angle CAB = 2,$

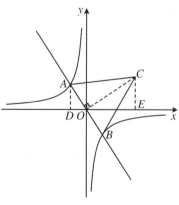

图 2.24

∴ $\dfrac{CO}{AO} = 2$.

又 $\angle AOD + \angle COE = \angle COE + \angle OCE = 90°$,

∴ $\angle AOD = \angle OCE$,

∴ $\text{Rt}\triangle COE \sim \text{Rt}\triangle OAD$,

∴ $\dfrac{CE}{OD} = \dfrac{OE}{AD} = \dfrac{CO}{AO} = 2$.

设 $A\left(t, -\dfrac{1}{t}\right)(t<0)$,则 $OD=-t$, $AD=-\dfrac{1}{t}$,

∴ $CE = 2OD = -2t$, $OE = 2AD = -\dfrac{2}{t}$,

∴ $C\left(-\dfrac{2}{t}, -2t\right)$,

∴ $k = -2t \cdot \left(-\dfrac{2}{t}\right) = 4$.

思路点拨

(1) 过点 A 作 $AD \perp x$ 轴于点 D,过点 C 作 $CE \perp x$ 轴于点 E,连接 OC,可知 OC 垂直平分 AB.

(2) 由三角函数的定义求得 $\dfrac{CO}{AO}=2$,可设点 A 的坐标,再利用 $\triangle COE \sim \triangle OAD$ 计算点 C 的坐标,即可求得 k 的值.

21. **解** 连接 CO,过点 A 作 $AD \perp x$ 轴于点 D,过点 C 作 $CE \perp x$ 轴于点 E,如图 2.25 所示.

∵ $OA = OB$, $AC = BC$, $\angle ACB = 120°$,

∴ $OC \perp AB$, $\angle CAB = 30°$,

∴ $\angle AOD + \angle COE = 90°$.

∵ $\angle DAO + \angle AOD = 90°$,

∴ $\angle DAO = \angle COE$.

又 $\angle ADO = \angle CEO = 90°$,

∴ $\triangle AOD \sim \triangle OCE$,

∴ $\dfrac{AD}{OE} = \dfrac{OD}{CE} = \dfrac{OA}{OC} = \tan 60° = \sqrt{3}$,

∴ $\dfrac{S_{\triangle AOD}}{S_{\triangle EOC}} = (\sqrt{3})^2 = 3$.

∵ 点 A 在双曲线 $y = -\dfrac{9}{x}$ 上,

∴ $S_{\triangle AOD} = \dfrac{1}{2} \times OD \times AD = \dfrac{9}{2}$,

∴ $S_{\triangle EOC} = \dfrac{3}{2}$,

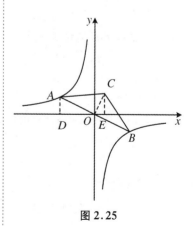

图 2.25

$$\therefore \frac{1}{2} \times OE \times CE = \frac{3}{2},$$

$$\therefore k = OE \times CE = 3.$$

思路点拨

(1) 连接 CO,过点 A 作 $AD \perp x$ 轴于点 D,过点 C 作 $CE \perp x$ 轴于点 E,证明 $\triangle AOD \backsim \triangle OCE$.

(2) 根据相似三角形的性质求出 $\triangle AOD$ 和 $\triangle EOC$ 面积比,再根据反比例函数图像上点的特征求出 $S_{\triangle AOD}$,从而得到 $S_{\triangle EOC}$,即可求出 k 的值.

22. **解** 过点 A 作 OA 的垂线交 OB 的延长线于点 E,过点 A 作 y 轴的平行线交 x 轴于点 C,过点 E 作 x 轴的平行线交 CA 的延长线于点 D,如图 2.26 所示.

易证 $\triangle AED \backsim \triangle OAC$,

$$\therefore \frac{ED}{AC} = \frac{AD}{OC} = \frac{AE}{OA},$$

$$\therefore \frac{ED}{3} = \frac{AD}{4} = \frac{AE}{5}.$$

设 $ED = 3a, AD = 4a, AE = 5a$.

$\because \tan \angle AOE = \frac{1}{2}$,

$\therefore OA = 2AE = 10a = 5$,

$\therefore a = \frac{1}{2}$,

$\therefore E\left(\frac{5}{2}, 5\right)$,

$\therefore$ 直线 OE 的解析式为 $y = 2x$.

$\therefore \begin{cases} y = 2x, \\ y = \dfrac{12}{x}, \end{cases}$

$\therefore x = \sqrt{6}$ 或 $x = -\sqrt{6}$(负值舍去),

$\therefore B(\sqrt{6}, 2\sqrt{6})$.

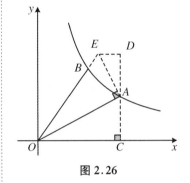

图 2.26

思路点拨

(1) 已知角的正切值,相当于知道一个直角的两条边比值,如 $\frac{AE}{OA}$.

(2) 利用 $\triangle AED \backsim \triangle OAC$,求出点 E 的坐标.

(3) 求出直线 OE 的解析式,然后联立反比例函数即可求得点 B 的坐标.

事实上,无论旋转角度有多大(90°的整数倍除外),只要这个角的正切值可求,都可以采用类似千题角的办法进行求解.

23. **解** 过点 A 作 $CD \parallel x$ 轴交 y 轴于点 D,过点 B 作 $BC \parallel y$ 轴交 CD 于点 C,如图 2.27 所示.

易证△ABC 和△ADO 均为等腰直角三角形.
设 $AC = BC = a$,$AD = DO = b$,
∴ $B(-a-b, b-a)$,$OA^2 = 2b^2$,$AB^2 = 2a^2$,
∴ $OA^2 - AB^2 = 2(b^2 - a^2) = 18$,
∴ $b^2 - a^2 = 9$,
∴ $k = (-a-b) \cdot (b-a) = -(b^2 - a^2) = -9$.

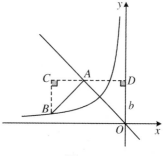

图 2.27

思路点拨

(1) 出现直角时采用直角构造的手段,本例采取设而不求的方法,虽设 $AC = BC = a$,$AD = DO = b$,但是并不求出,用来表示 $OA^2 = 2b^2$,$AB^2 = 2a^2$.

(2) 利用题设条件 $OA^2 - AB^2 = 18$ 得到 $b^2 - a^2 = 9$.

(3) 最后计算 $k = -(b^2 - a^2) = -9$.

24. **解** 作 $AC \perp y$ 轴于点 C,如图 2.28 所示.
易证△ACB 是等腰直角三角形.
设 $AC = BC = a$,$OB = b$,
∴ $OC = OB + BC = a + b$,
∴ $A(-a, a+b)$.
在 Rt△ACO 中,$\angle ACO = 90°$,
∴ $OA^2 = a^2 + (a+b)^2 = 2a^2 + 2ab + b^2$,
∴ $OA^2 - OB^2 = 2a^2 + 2ab + b^2 - b^2$
$= 2a(a+b) = -2k = 6$,
∴ $k = -3$.

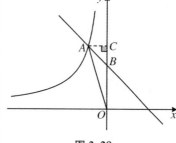

图 2.28

思路点拨

(1) 注意直线 $y = -x + b$ 与坐标轴的夹角为特殊角 45°,此时作坐标轴的垂线段,必出现等腰直角三角形.

(2) 设 $AC = BC = a$,$OB = b$,便可表示 $OC = OB + BC = a + b$,得 $A(-a, a+b)$,则 $k = -a(a+b)$.

(3) 利用勾股定理得 OA^2,从而表示出 $OA^2 - OB^2 = 2a(a+b)$,即可得到 k.

设而不求,只求量之间的关系式,然后使用整体代入法,便可解决问题.

25. 解 延长 AC 交 x 轴于点 E，延长 BD 交 x 轴于点 F，如图 2.29 所示.

设点 A、B 的横坐标分别是 a 和 b.

∵ 点 A、B 为直线 $y=x$ 上的两点，

∴ 点 A 的坐标是 (a,a)，点 B 的坐标是 (b,b)，

∴ $AE=OE=a$，$BF=OF=b$.

∵ C、D 两点在双曲线 $y=\dfrac{1}{x}(x>0)$ 上，

∴ $CE=\dfrac{1}{a}$，$DF=\dfrac{1}{b}$，

∴ $BD=BF-DF=b-\dfrac{1}{b}$，$AC=a-\dfrac{1}{a}$.

又 $BD=2AC$，

∴ $b-\dfrac{1}{b}=2\left(a-\dfrac{1}{a}\right)$，

两边平方得 $b^2+\dfrac{1}{b^2}-2=4\left(a^2+\dfrac{1}{a^2}-2\right)$，

∴ $b^2+\dfrac{1}{b^2}=4\left(a^2+\dfrac{1}{a^2}\right)-6$.

在 Rt△OCE 中，$OC^2=OE^2+CE^2=a^2+\dfrac{1}{a^2}$.

同理，$OD^2=b^2+\dfrac{1}{b^2}$.

∴ $4OC^2-OD^2=4\left(a^2+\dfrac{1}{a^2}\right)-\left(b^2+\dfrac{1}{b^2}\right)=6$.

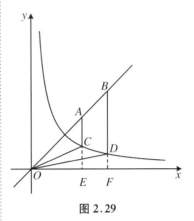

图 2.29

思路点拨

(1) 本题对点 A、B 的横坐标设参，进而表示点 C、D 的坐标.

(2) 进一步用设定的参数表示 AC 和 BD，结合题设条件 $BD=2AC$，可得 $b^2+\dfrac{1}{b^2}=4\left(a^2+\dfrac{1}{a^2}\right)-6$.

(3) 将上述计算结果代入 $4OC^2-OD^2=4\left(a^2+\dfrac{1}{a^2}\right)-\left(b^2+\dfrac{1}{b^2}\right)$，可得解.

26. 解 ∵ OA 的垂直平分线交 OC 于点 B，

∴ $OB=AB$，

∴ △ABC 的周长 $=AC+OC$.

设 $A(a,b)$，如图 2.30 所示.

∵ 点 A 在第一象限，

∴ $a>0$，$b>0$，

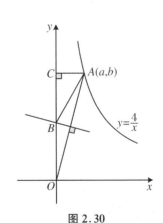

图 2.30

∴ $AC + OC = a + b$.

∵ $AC \perp y$ 轴, $OA = 4$,

∴ $AC^2 + OC^2 = OA^2$,

∴ $a^2 + b^2 = 16$.   ①

∵ 点 A 在反比例函数 $y = \dfrac{4}{x}$ 的图像上,

∴ $b = \dfrac{4}{a}$.   ②

由①②得 $a + b = 2\sqrt{6}$,

∴ △ABC 的周长为 $2\sqrt{6}$.

思路点拨

(1) 根据 OA 的垂直平分线交 OC 于点 B, 可知 $OB = AB$, 故△ABC 的周长 $= AC + OC$.

(2) 设 $A(a,b)$, 由于点 A 在第一象限, 故 $a > 0$, $b > 0$, 根据 $AC \perp y$ 轴可知 $AC^2 + OC^2 = OA^2$, 再根据点 A 在反比例函数 $y = \dfrac{4}{x}$ 的图像上可知 $b = \dfrac{4}{a}$, 由此可建立关于 a、b 的方程组, 求出 $a + b$ 的值即可.

27. **解** 作 $DH \perp y$ 轴于点 H, $MG \perp y$ 轴于点 G, $ME \perp x$ 轴于点 E, $CF \perp x$ 轴于点 F, 如图 2.31 所示.

设 $M(a,b)$,

∴ $OE = GM = DH = a$, $CF = EM = -b$.

在直线 $y = 2x - 5$ 上, $A\left(\dfrac{5}{2}, 0\right)$, $B(0, -5)$,

∴ $\tan \angle OAB = \dfrac{OB}{OA} = 2$.

设 $\angle HDB = \angle OAB = \alpha$,

∴ $\cos \alpha = \dfrac{\sqrt{5}}{5}$, $\sin \alpha = \dfrac{2\sqrt{5}}{5}$,

∴ $BD = \dfrac{DH}{\cos \alpha} = \dfrac{a}{\cos \alpha}$, $AC = \dfrac{CF}{\sin \alpha} = \dfrac{-b}{\sin \alpha}$,

∴ $AC \cdot BD = \dfrac{-ab}{\sin \alpha \cos \alpha} = \dfrac{-5ab}{2} = 5$,

∴ $ab = -2$,

∴ $k = ab = -2$.

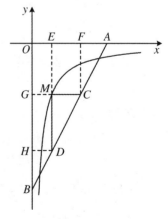

图 2.31

思路点拨

(1) 注意 $\tan\angle BAO = \dfrac{OB}{OA}$ 这层关系,故不难想到作坐标轴的垂线段.

(2) 设 $M(a,b)$,是为了求出 BD 和 AC 的表达式,结合题设条件 $AC \cdot BD = 5$ 求出 ab 的值,也就求出了 k.

28. **解** 延长 BD 交 x 轴于点 F,作 $DG \perp x$ 轴于点 G,如图 2.32 所示.

∵ $\dfrac{OA}{OB} = \dfrac{1}{2}$,$\angle ABD = 45°$,

∴ $\dfrac{OF}{OB} = \dfrac{1}{3}$(根据"12345"模型),

∴ $\dfrac{OB}{OF} = 3$.

∵ 直线 AB 的解析式为 $y = -2x+6$,

∴ $B(0,6)$,

∴ $OB = 6$,$OF = 2$.

∵ $DG \parallel y$ 轴,$CD \parallel AB$,

∴ $\dfrac{DG}{OB} = \dfrac{FG}{OF} = \dfrac{FD}{FB} = \dfrac{CD}{AB} = \dfrac{1}{5}$,

∴ $OG = \dfrac{4}{5}OF = \dfrac{8}{5}$,$DG = \dfrac{1}{5}OB = \dfrac{6}{5}$,

∴ $D\left(-\dfrac{8}{5}, \dfrac{6}{5}\right)$,

∴ $k = -\dfrac{8}{5} \times \dfrac{6}{5} = -\dfrac{48}{25}$.

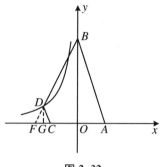

图 2.32

思路点拨

(1) 若在小题中出现 $45°$ 角,则有时可利用"12345"模型快速解答."12345"模型简单说明如下:

如图 2.33 所示,$\tan\angle BAH = \dfrac{1}{2}$,$\tan\angle CAH = \dfrac{1}{3}$,$\angle BAC = 45°$,三者知二求一.

(2) 本题利用"12345"模型可速解 $OF = 2$,通过 $DG \parallel y$ 轴,$CD \parallel AB$,得 $\dfrac{DG}{OB} = \dfrac{FG}{OF} = \dfrac{FD}{FB} = \dfrac{CD}{AB} = \dfrac{1}{5}$,进而表示 OG、DG 的长,得到点 D 的坐标,即可求出 k.

思考 若参照题 22 干题角的方式,k 是否可求?

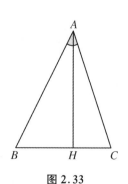

图 2.33

29. **解** 如图 2.34 所示,作 $DF \perp y$ 轴于点 F,过点 B 作 x 轴的平行线,过点 C 作 x 轴的垂线,两线交于点 G,CG 交 x 轴于点 K,作 $BH \perp x$ 轴于点 H.

∵ 四边形 $ABCD$ 是矩形,
∴ $\angle BAD = 90°$,
∴ $\angle DAF + \angle OAE = 90°$.
∵ $\angle AEO + \angle OAE = 90°$,
∴ $\angle DAF = \angle AEO$.
∵ $AB = 2AD$,点 E 为 AB 的中点,
∴ $AD = AE$.
在 $\triangle ADF$ 和 $\triangle EAO$ 中,
$$\begin{cases} \angle DAF = \angle AEO, \\ \angle AFD = \angle AOE = 90°, \\ AD = AE, \end{cases}$$
∴ $\triangle ADF \cong \triangle EAO$(AAS),
∴ $DF = OA = 1$,$AF = OE$,
∴ $D(1,k)$,
∴ $AF = k-1$.
同理,$\triangle AOE \cong \triangle BHE$,$\triangle ADF \cong \triangle CBG$,
∴ $BH = BG = DF = OA = 1$,
$EH = CG = OE = AF = k-1$,
∴ $OK = 2(k-1)+1 = 2k-1$,$CK = k-2$
∴ $C(2k-1, k-2)$,
∴ $(2k-1)(k-2) = k$,
∴ $k_1 = \dfrac{3+\sqrt{5}}{2}$,$k_2 = \dfrac{3-\sqrt{5}}{2}$.
∵ $k-1 > 0$,
∴ $k = \dfrac{3+\sqrt{5}}{2}$.

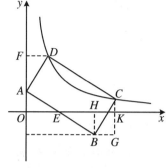

图 2.34

思路点拨

这类题的常用解法是设参求参法.设点 D 的纵坐标参数,并用来表示点 C 的坐标.由于点 C、D 都在反比例函数图像上,可建立参数方程,从而得解.

30. **解** 设 AB 交 CD 于点 H,如图 2.35 所示.
设 $C(a,b)$,则由题意得 $AB = CD' = CD = b$,
∴ $B(b,a)$.
∵ $S_{\triangle ABC} = \dfrac{3k}{2}$,
∴ $\dfrac{1}{2}b(b-a) = \dfrac{3k}{2}$,
又 $ab = k$,

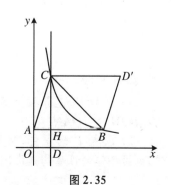

图 2.35

$\therefore b = 2\sqrt{k}, a = \frac{1}{2}\sqrt{k}$,

$\therefore CH = BH = \frac{3}{2}\sqrt{k}$.

$\because BC = \frac{3k}{4}$,

又 $BC = \sqrt{2}BH$,

$\therefore \frac{3}{4}k = \sqrt{2} \times \frac{3}{2}\sqrt{k}$,

$\therefore k = 8$.

思路点拨

(1) 结合已知条件,构建各点坐标参数.
(2) 利用坐标参数表示题设条件,如面积和对称点.
(3) 建立方程解决问题.

31. **解** 如图 2.36 所示,过点 B 作 $BC \perp x$ 轴于点 C,过点 A 作 $AD \perp y$ 轴于点 D.

$\because$ 在直线 AB 上, $N(0, 2\sqrt{3}), M(2\sqrt{3}, 0)$,

$\therefore OM = ON = 2\sqrt{3}, \angle OMN = \angle ONM = 45°$,

$\therefore \angle ANO = \angle OMB = 135°$,

$\because \angle AOB = 135°$,

$\therefore \angle BOM + \angle AON = 45°$,

又 $\angle BOM + \angle OBM = 45°$,

$\therefore \angle OBM = \angle AON$,

$\therefore \triangle BOM \backsim \triangle OAN$,

$\therefore \frac{BM}{ON} = \frac{OM}{AN}$,

$\therefore BM \cdot AN = 2\sqrt{3} \times 2\sqrt{3} = 12$.

$\because \angle AND = \angle MNO = \angle NMO = \angle BMC = 45°$,

$\therefore \triangle ADN$ 和 $\triangle BCM$ 都是等腰直角三角形.

设 $P(a, b)$,则 $k = ab, BC = -b, AD = -a$,

$\therefore BM = -\sqrt{2}b, AN = -\sqrt{2}a$,

$\therefore -\sqrt{2}a \times (-\sqrt{2}b) = 12$,

$\therefore ab = 6$,

$\therefore k = 6$.

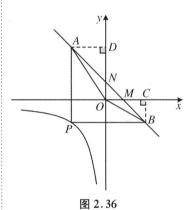

图 2.36

思路点拨

(1) $\triangle MON$ 是等腰直角三角形, $\angle AOB = 135°$,证明 $\triangle BOM \backsim \triangle OAN$.
(2) 设点 P 的坐标,用坐标参数表示相应线段的值,利用相似的性质构建比例式,从而得到 k 的值.

32. 解 如图 2.37 所示,过 C、G 两点分别作 x 轴的垂线,分别交 x 轴于点 E、F,

∴ $CE \parallel GF$.

设 $C(m,n)$.

∵ 四边形 $ABCD$ 是矩形,

∴ $AG = CG$,

∴ $GF = \dfrac{1}{2}CE = \dfrac{1}{2}n$,$EF = \dfrac{3-m}{2}$,

∴ $OF = \dfrac{1}{2}(3-m) + m = \dfrac{3+m}{2}$,

∴ $G\left(\dfrac{3+m}{2}, \dfrac{n}{2}\right)$.

∵ 曲线 $y = \dfrac{k}{x}(x>0)$ 经过点 C、G,

∴ $mn = \dfrac{3+m}{2} \times \dfrac{n}{2}$,

∴ $m = 1$.

作 $CH \perp y$ 轴于点 H,

∴ $CH = 1$.

∵ $\angle ABC = 90°$,

∴ $\angle CBH + \angle ABO = 90°$.

∵ $\angle OAB + \angle ABO = 90°$,

∴ $\angle OAB = \angle CBH$.

∵ $\angle AOB = \angle BHC = 90°$,

∴ $\triangle AOB \sim \triangle BHC$,

∴ $\dfrac{BH}{OA} = \dfrac{CH}{OB}$,

∴ $BH = \dfrac{3}{2}$,

∴ $OH = OB + BH = \dfrac{7}{2}$,

∴ $C\left(1, \dfrac{7}{2}\right)$,

∴ $k = 1 \times \dfrac{7}{2} = \dfrac{7}{2}$.

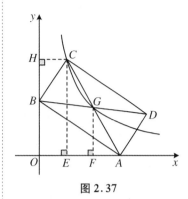

图 2.37

思路点拨

(1) 设 $C(m,n)$,利用矩形的性质可得 $AG = CG$,根据平行线的性质可求得 $G\left(\dfrac{3+m}{2}, \dfrac{n}{2}\right)$.

(2) 根据反比例函数系数 $k = xy$,求得 $m = 1$,作 $CH \perp y$ 轴于点 H,通过证明 $\triangle AOB \sim \triangle BHC$ 求得 OH,从而得出 $C\left(1, \dfrac{7}{2}\right)$,即可求得 k.

33. 解 作 $CD \perp x$ 轴于点 D，$CE \perp y$ 轴于点 E，连接 AC、BC，如图 2.38 所示.

∵ AB 为 $\odot M$ 的直径，

∴ $\angle ACB = 90°$.

又 $CM \perp AB$，

∴ $\triangle ACB$ 为等腰直角三角形，

∴ $AC = BC$.

在 $\triangle ACD$ 和 $\triangle BCE$ 中，

$\begin{cases} \angle ADC = \angle BEC, \\ \angle CAD = \angle CBE, \\ AC = BC, \end{cases}$

∴ $\triangle ACD \cong \triangle BCE$（AAS），

∴ $CD = CE = OD = OE$，$AD = BE$，

∴ $OA - OB = (AD + OD) - (BE - OE) = 2OD = 4$，

∴ $OD = CD = 2$，

∴ $C(-2, 2)$，

∴ $k = -2 \times 2 = -4$.

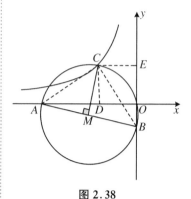

图 2.38

思路点拨

(1) 由于 $AC = BC$ 相等，结合 AB 为 $\odot M$ 的直径，得到 $\triangle ACB$ 为等腰直角三角形.

(2) 作 $CD \perp x$ 轴于点 D，$CE \perp y$ 轴于点 E，证明 $\triangle ACD \cong \triangle BCE$（AAS），从而得到 $CD = CE = OD = OE$，$AD = BE$.

(3) 利用题设条件 $OA - OB = (AD + OD) - (BE - OE) = 2OD = 4$，不难得出点 C 的坐标，将其代入反比例函数即可求出 k.

34. 解 ∵ 点 M、N 都在 $y = \dfrac{k}{x}$ 的图像上，如图 2.39 所示，

∴ $S_{\triangle ONC} = \dfrac{1}{2} OC \cdot NC = \dfrac{k}{2}$，

$S_{\triangle OAM} = \dfrac{1}{2} OA \cdot AM = \dfrac{k}{2}$.

∵ 四边形 $ABCO$ 为正方形，

∴ $OC = OA$，$\angle OCN = \angle OAM = 90°$，

∴ $CN = AM$.

利用正方形的半角模型得 $MN = CN + AM = 2$，

∴ $CN = AM = 1$，$AB = BM + AM = \sqrt{2} + 1$，

∴ $N(1, \sqrt{2} + 1)$，

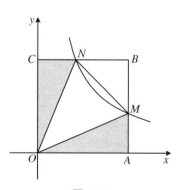

图 2.39

∴ $k = \sqrt{2} + 1$.

> **思路点拨**
>
> (1) 考虑反比例函数图像和正方形的对称性,得到 $CN = AM$.
>
> (2) 根据正方形半角模型的经典结论有 $MN = CN + AM$,从而求出 $CN = AM = 1$,$AB = AM + BM = 1 + \sqrt{2}$,便得到了点 N 的坐标,即可求出 k.

35. (1) **证明** 连接 AO,如图 2.40 所示.

易证四边形 $AHOG$ 为正方形,

∴ $OA^2 = 2m^2$.

∵ $OF \cdot OE = 2m^2$,

∴ $OA^2 = OF \cdot OE \Rightarrow \dfrac{OA}{OE} = \dfrac{OF}{OA}$.

又 $\angle AOF = \angle EOA = 135°$,

∴ $\triangle AOE \backsim \triangle FOA$,

∴ $\angle EAO = \angle AFO$.

∵ $\angle OAF + \angle AFO = \angle AOH = 45°$,

∴ $\angle OAF + \angle EAO = 45°$,

∴ $\angle EAF = 45°$,为定值.

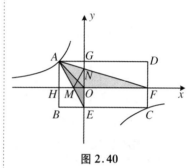

图 2.40

(2) **解** 在 OH 的延长线上取点 P,使得 $HP = GN$,连接 AP,如图 2.41 所示.

利用正方形半角模型得 $\angle ANM = \angle APM$,$MN = HM + GN$.

设正方形 $AHOG$ 的边长为 $2a$,则 $HM = MO = a$.

设 $HP = GN = x$,则 $MN = a + x$,$NO = 2a - x$.

由勾股定理得 $MN^2 = MO^2 + NO^2$,即 $(a + x)^2 = a^2 + (2a - x)^2$,得 $x = \dfrac{2}{3}a$,

∴ $\tan \angle ANM = \tan \angle APM = \dfrac{AH}{HP} = \dfrac{2a}{\frac{2}{3}a} = 3$.

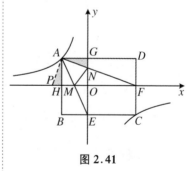

图 2.41

> **思路点拨**
>
> (1) 注意正方形的半角模型所具有的特征.
>
> (2) 若利用"12345"模型,可速解 $\tan \angle NAG = \dfrac{1}{3}$,则 $\tan \angle ANG = \tan \angle ANM = 3$.

36. **解** 连接 OC,作 $AM \perp x$ 轴于点 M,$CN \perp x$ 轴于

点 N,如图 2.42 所示.

由题意知点 A 和点 B 关于坐标原点对称,

∴ $OA = OB$.

∵ $\triangle ABC$ 是等腰直角三角形,AB 为斜边,

∴ $OC \perp AB$,$OC = \dfrac{1}{2}AB = OA$,$AC = BC$,$AB = \sqrt{2}BC$.

∵ $AM \parallel CN$,$\angle AMO = \angle ONC = 90°$,

∴ $\angle AOM + \angle OAM = 90°$.

又 $\angle AOM + \angle CON = 90°$,

∴ $\angle OAM = \angle CON$.

在 $\triangle OAM$ 和 $\triangle CON$ 中,

$\begin{cases} \angle AMO = \angle ONC, \\ \angle OAM = \angle CON, \\ OA = OC, \end{cases}$

∴ $\triangle OAM \cong \triangle CON$(AAS),

∴ $OM = CN$,$AM = ON$.

∵ BP 平分 $\angle ABC$,

∴ $\dfrac{AP}{CP} = \dfrac{AB}{BC} = \dfrac{\sqrt{2}}{1}$.

∵ $AM \parallel CN$,

∴ $\dfrac{AM}{CN} = \dfrac{AP}{CP} = \dfrac{\sqrt{2}}{1}$.

设 $CN = OM = x$,则 $AM = ON = \sqrt{2}x$.

∵ 点 A 在反比例函数 $y = \dfrac{2\sqrt{2}}{x}$ 的图像上,

∴ $OM \cdot AM = 2\sqrt{2}$,

∴ $x \cdot \sqrt{2}x = 2\sqrt{2} \Rightarrow x = \sqrt{2}$,

∴ $CN = \sqrt{2}$,$ON = 2$,

∴ 点 C 的坐标为 $(2, -\sqrt{2})$.

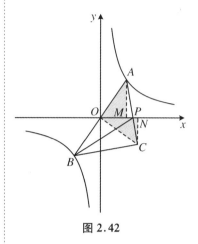

图 2.42

思路点拨

(1) 根据角平分线的性质可得 $\dfrac{AP}{CP} = \dfrac{AB}{BC} = \dfrac{\sqrt{2}}{1}$.

(2) 求点 A、C 的坐标时优先考虑构造坐标轴的平行线,所以作 $AM \perp x$ 轴、$CN \perp x$ 轴.

(3) 设 $CN = OM = x$,则 $AM = ON = \sqrt{2}x$,根据题意得出方程 $x \cdot \sqrt{2}x = 2\sqrt{2}$,解方程求出 CN、ON,即可得到点 C 的坐标.

37. 解 过点 C 作 $CG \perp OA$ 于点 G，过点 D 作 $DH \perp AF$ 于点 H，如图 2.43 所示.

$\because OC = \dfrac{1}{2}OB = 8, \angle AOB = 60°$，

$\therefore OG = 4, CG = OG \cdot \tan 60° = 4\sqrt{3}$，

$\therefore$ 点 C 的坐标是 $(4, 4\sqrt{3})$，

$\therefore k = 4 \times 4\sqrt{3} = 16\sqrt{3}$.

设 $AH = a$，则 $DH = \sqrt{3}a$.

$\therefore$ 点 D 的坐标为 $(16+a, \sqrt{3}a)$.

$\because$ 点 D 在双曲线 $y = \dfrac{16\sqrt{3}}{x}$ 上，

$\therefore \sqrt{3}a \cdot (16+a) = 16\sqrt{3}$，

$\therefore a_1 = -8 + 4\sqrt{5}, a_2 = -8 - 4\sqrt{5}$（舍），

$\therefore AD = 2AH = -16 + 8\sqrt{5}$，

$\therefore AF = 2AD = -32 + 16\sqrt{5}$，

$\therefore OF = OA + AF = 16 - 32 + 16\sqrt{5} = 16\sqrt{5} - 16$，

$\therefore F(16\sqrt{5} - 16, 0)$.

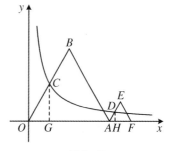

图 2.43

思路点拨

(1) 利用点 C 的坐标可求出双曲线的解析式.
(2) 利用点 D 的坐标参数建立方程，通过解方程可以求出 AH，从而计算出 OF.

38. 解 过点 D 作 $DM \perp x$ 轴于点 M，过点 F 作 $FN \perp x$ 轴于点 N，如图 2.44 所示.

在 Rt$\triangle AOB$ 中，$\angle ABC = 60°$，

$\therefore \angle BAO = 90° - 60° = 30°$，

$\therefore BO = AB \cdot \sin 30° = \dfrac{1}{2}AB$，

$AO = AB \cdot \cos 30° = \dfrac{\sqrt{3}}{2}AB$.

设 $AB = 4x$，则 $BO = 2x, AO = 2\sqrt{3}x$.

$\because$ 在 $\square ABCD$ 中，$AB:BC = 4:3$，

$\therefore AD = BC = 3x$.

$\therefore D(3x, 2\sqrt{3}x)$.

$\because$ 点 D 在反比例函数 $y = \dfrac{6\sqrt{3}}{x}(x > 0)$ 的图像上，

$\therefore 3x \cdot 2\sqrt{3}x = 6\sqrt{3}$，

$\therefore x = 1$（负值舍去）.

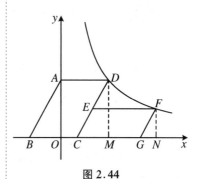

图 2.44

∴ $CO = BC - BO = 1$.

在 □$CEFG$ 中，$CE : CG = 1 : 2$，设 $CE = y$，则 $CG = 2y$.

∴ $\angle ECG = \angle FGN = \angle ABC = 60°$，

∴ $GN = \dfrac{y}{2}, FN = \dfrac{\sqrt{3}}{2}y$，

∴ $F\left(1 + 2y + \dfrac{y}{2}, \dfrac{\sqrt{3}}{2}y\right)$.

∵ 点 F 在反比例函数 $y = \dfrac{6\sqrt{3}}{x}$ 的图像上，

∴ $\left(1 + 2y + \dfrac{y}{2}\right) \cdot \dfrac{\sqrt{3}}{2}y = 6\sqrt{3}$，

∴ $y = 2$（负值舍去），

∴ $F(6, \sqrt{3})$.

思路点拨

(1) 通过点 D、F 作 x 轴的垂线段，既能利用特殊角也便于表示坐标.

(2) 设 $AB = 4x$，则 $BO = 2x$，$BC = 3x$，目的在于表示点 D 的坐标. 将点 D 的坐标代入反比例函数可确定平行四边形 $ABCD$ 各点坐标的值，为求出点 F 的坐标做准备.

(3) 设 $EC = y, CG = 2y$，便得到点 F 的坐标参数，再代入反比例函数即可得解.

39. 解 如图 2.45 所示，作直线 $y = x$，交双曲线 $y = \dfrac{2}{x}$ 于 $P(\sqrt{2}, \sqrt{2})$，交直线 $y = -x + 4$ 于 $K(2, 2)$，$PK = R$.

∵ $OP = 2, OK = 2\sqrt{2}$，

∴ $PK = OK - OP = 2\sqrt{2} - 2$，

∴ 定值 R 为 $2\sqrt{2} - 2$.

思路点拨

(1) 不难想到，点 P 在直线 $y = -x + 4$ 上方运动的过程中，⊙P 与此直线必有两次相切.

(2) 点 P 在直线 $y = -x + 4$ 下方运动的过程中，⊙P 与此直线有且只有一次相切，此时点 P 恰好位于对称轴上.

40. 解 如图 2.46 所示，连接 OD.

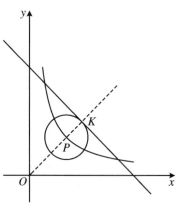

图 2.45

∵ AD 垂直平分 OC，
∴ CD = OD．
设 A(a,b)，则 C(2a,2b)，
∴ BC = 2b，OB = 2a，
∴ $D\left(2a, \frac{1}{2}b\right)$，
∴ $BD = \frac{1}{2}b, CD = \frac{3}{2}b$，
∴ $OD = \frac{3}{2}b$．

在 Rt△BOD 中，$BD^2 + OB^2 = OD^2$，
∴ $\left(\frac{1}{2}b\right)^2 + (2a)^2 = \left(\frac{3}{2}b\right)^2$，
∴ $b^2 = 2a^2$．

在 Rt△BOC 中，$OC = \sqrt{OB^2 + BC^2} = 2\sqrt{a^2+b^2}$，
∴ $\sin C = \frac{OB}{OC} = \frac{2a}{2\sqrt{a^2+2a^2}} = \frac{\sqrt{3}}{3}$．

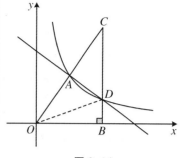

图 2.46

思路点拨

（1）连接 OD，根据 AD 垂直平分 OC，可得 CD = OD．设 A(a,b)，则 C(2a,2b)，根据勾股定理得 $BD^2 + OB^2 = OD^2$，得到 $b^2 = 2a^2$．

（2）在 Rt△BOC 中，根据勾股定理得 $OC = \sqrt{OB^2 + BC^2} = 2\sqrt{a^2+b^2}$，即可求出 sin C 的值．

41. **解** 设 $B\left(x, \frac{n}{x}\right)$，则 $A\left(x-4, \frac{m}{x-4}\right)$，$C\left(x-4, \frac{n}{x-4}\right)$，$D\left(x-2, \frac{m}{x-2}\right)$，

∴ $\begin{cases} \frac{n}{x} = \frac{m}{x-4}, \\ \frac{m}{x-4} - \frac{n}{x-4} = 3, \\ \frac{n}{x-4} = \frac{m}{x-2}, \end{cases}$

∴ $\begin{cases} x = \frac{8}{3}, \\ m = -\frac{4}{3}, \\ n = \frac{8}{3}. \end{cases}$

思路点拨

(1) 只设点 B 的横坐标,根据题意分别写出点 A、B、C、D 的坐标参数.

(2) 根据已知的数量关系列出方程组进行求解.

42. **解** ∵ 在 $\square CBDE$ 中,$BD = BC$,

∴ 四边形 $CBDE$ 是菱形.

连接 OE 交 CD 于点 M,连接 OC、OD,如图 2.47 所示,

∴ BE 垂直平分 CD.

∵ O、B、E 三点共线,

∴ $OC = OD$,

∴ 直线 OE 的解析式为 $y = x$.

设 $B(m, m)(m > 0)$,$k = m^2$.

作 $BN \perp x$ 轴于点 N,$CM \perp x$ 轴于点 M,

∴ $\dfrac{BN}{CM} = \dfrac{AB}{AC} = \dfrac{1}{4}$,

∴ $CM = 4BN = 4m$.

∴ $C\left(\dfrac{m}{4}, 4m\right)$.

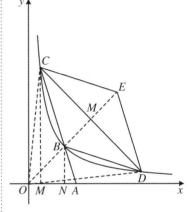

图 2.47

∵ $\square CBDE$ 周长为 k,

∴ $BC = \dfrac{k}{4} = \sqrt{\left(m - \dfrac{m}{4}\right)^2 + (m - 4m)^2} = \dfrac{\sqrt{153}}{4} m$,

∴ $\dfrac{m^2}{4} = \dfrac{\sqrt{153}}{4} m$,

∴ $m = \sqrt{153}$,

∴ $BC = \dfrac{153}{4}$,

∴ $AB = \dfrac{BC}{3} = \dfrac{51}{4}$.

思路点拨

(1) 先证明四边形 $CBDE$ 是菱形,得到 BE 垂直平分 CD,结合 O、B、E 三点共线,证明点 C、D 关于 $y = x$ 对称,即直线 OE 的解析式为 $y = x$.

(2) 设 $B(m, m)(m > 0)$,则 $k = m^2$.通过点 B、C 分别作 x 轴的垂线段,目的在于利用相似比得到 $C\left(\dfrac{m}{4}, 4m\right)$,然后联立 $BC = \dfrac{k}{4}$ 和点 B、C 之间的距离公式即可求解.

43. 解 作 $AN \perp OE$ 于点 N，$BM \perp OF$ 于点 M，如图 2.48 所示.

由题 3 的结论(1)得 $\dfrac{OB}{OA} = \sqrt{\dfrac{k_2}{k_1}} = 2$，

∴ $OA = \dfrac{1}{2}OB$.

∵ $\angle ANO = \angle BMO = 90°$，$\angle AON = \angle BOM$，

∴ $\triangle AON \backsim \triangle BOM$（AA），

∴ $\dfrac{AN}{BM} = \dfrac{OA}{OB} = \dfrac{1}{2}$.

∵ $AN \parallel y$ 轴，$\dfrac{AC}{AE} = 3$，

∴ $\dfrac{AN}{OC} = \dfrac{AE}{CE} = \dfrac{1}{4}$.

∵ $BM \parallel OC$，

∴ $\dfrac{BF}{CF} = \dfrac{BM}{OC} = \dfrac{1}{2}$.

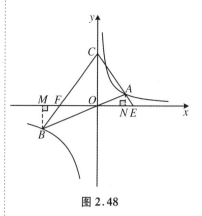

图 2.48

 思路点拨

（1）已知 $k_2 = 4k_1$，结合题 3 的结论(1)，不难得到 $\dfrac{OB}{OA} = \sqrt{\dfrac{k_2}{k_1}} = 2$.

（2）作 $AN \perp OE$，$BM \perp OF$，目的在于利用 $\dfrac{OA}{OB}$ 和 $\dfrac{AC}{AE}$，从而得到 $\dfrac{BF}{CF}$.

44. 解 如图 2.49 所示，过点 O 作 $OM \perp AB$ 于点 M.

∵ $\triangle OAB$ 是等边三角形，

∴ $AM = BM$，$\angle AOM = \angle BOM = 30°$，

∴ 点 A、B 关于直线 OM 对称.

∵ A、B 两点在反比例函数 $y = \dfrac{k}{x}(k > 0, x > 0)$ 的图像上，且反比例函数关于直线 $y = x$ 对称，

∴ 直线 OM 的解析式为 $y = x$，

∴ $\angle BOD = 45° - 30° = 15°$.

过点 B 作 $BF \perp x$ 轴于点 F，过点 C 作 $CN \perp x$ 轴于点 N，

∴ $\sin \angle BOD = \sin 15° = \dfrac{BF}{OB} = \dfrac{\sqrt{6} - \sqrt{2}}{4}$.

∵ $\angle BOC = 60°$，$\angle BOD = 15°$，

∴ $\angle CON = 45°$，

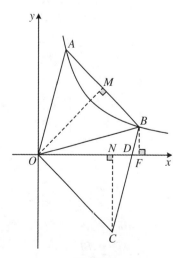

图 2.49

∴ △CNO 是等腰直角三角形,

∴ CN = ON.

设 CN = x,则 OC = √2 x,

∴ OB = √2 x,

∴ $\dfrac{BF}{\sqrt{2}x} = \dfrac{\sqrt{6}-\sqrt{2}}{4}$,

∴ $BF = \dfrac{(\sqrt{3}-1)x}{2}$.

∵ BF⊥x 轴,CN⊥x 轴,

∴ BF // CN,

∴ △BDF∽△CDN,

∴ $\dfrac{BD}{CD} = \dfrac{BF}{CN} = \dfrac{\frac{(\sqrt{3}-1)x}{2}}{x} = \dfrac{\sqrt{3}-1}{2}$.

思路点拨

（1）添加辅助线 OM,应用三线合一定理,根据反比例函数的对称性可知直线 OM 的解析式为 y = x,从而求出∠BOD = 15°.

（2）由 sin 15° 列式可以表示 BF 的长,证明△BDF∽△CDN,即可得解.

45. **解** 过点 A 作 AG // BF,交 x 轴于点 G,连接 EG,如图 2.50 所示,

∴ ∠GAC = ∠FCA = 90°,∠AGO = ∠BFO.

∵ 双曲线 $y = \dfrac{4}{x}$ 与直线 $y = \dfrac{1}{4}x$ 关于点 O 中心对称,

∴ 它们的交点也关于点 O 中心对称,即 OA = OB.

在△AOG 和△BOF 中,
$\begin{cases} \angle AGO = \angle BFO, \\ \angle AOG = \angle BOF, \\ OA = OB, \end{cases}$

∴ △AOG≌△BOF（AAS）,

∴ AG = BF,OG = OF.

∵ OE⊥GF,

∴ EG = EF.

∵ ∠GAC = 90°,

∴ $AG^2 + AE^2 = EG^2$,

∴ $BF^2 + AE^2 = EF^2$,

∴ $\dfrac{AE^2 + BF^2}{EF^2} = 1$.

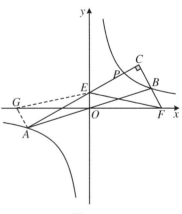

图 2.50

思路点拨

(1) 由平方式 $\dfrac{AE^2+BF^2}{EF^2}$ 可以联想到勾股定理,所以要构造直角三角形.

(2) 利用反比例函数图像的对称性有 $OA=OB$,通过作平行线构造全等三角形,从而得到 $AG\perp AC$,并将 BF 转化为 AG,发生了数量和位置的转移.

46. **解** 如图 2.51 所示,作 $DE\perp y$ 轴于点 E,$CF\perp x$ 轴于点 F.

∵ 四边形 $ABCD$ 是矩形,

∴ $AD=BC$,$\angle CBF+\angle ABO=\angle BAO+\angle DAE=90°$.

又 $\angle BAO+\angle ABO=90°$,

∴ $\angle CBF=\angle BAO=\angle EDA$,

∴ △DEA≌△BFC,△BFC∽△AOB,

∴ $BF=DE$,$AE=CF$,$\dfrac{BF}{OA}=\dfrac{CF}{OB}$.

设 $BF=DE=a$,$AE=CF=b$,$OB=bm$,$OA=am$,

∴ $C(a+bm,b)$,$D(a,b+am)$.

∵ 点 C、D 在双曲线 $y=\dfrac{k}{x}$ 上,

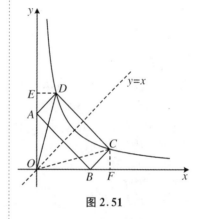

图 2.51

∴ $b(a+bm)=a(b+am)=k$,

∴ $b^2=a^2$,

∴ $a=b$,

∴ C、D 两点和 A、B 两点都关于直线 $y=x$ 对称.

连接 OC,$OC=OD$.

∵ $\angle ODC=60°$,

∴ △ODC 为等边三角形,

∴ $OC=OD=CD=AB$.

设 $CF=BF=a$,$OA=OB=c$,

∴ $BC=AD=\sqrt{2}a$,$AB=\sqrt{2}c$,$OC=\sqrt{2}c$.

∵ 在 Rt△OFC 中,$OF^2+CF^2=OC^2$,

∴ $(a+c)^2+a^2=(\sqrt{2}c)^2$,

∴ $\dfrac{2a^2}{c^2}+\dfrac{2a}{c}=1$,

∴ $\dfrac{a}{c}=\dfrac{\sqrt{3}-1}{2}$,

∴ $\dfrac{AB}{AD}=\dfrac{\sqrt{2}c}{\sqrt{2}a}=\dfrac{c}{a}=\sqrt{3}+1$.

思路点拨

(1) 解答本题的关键是先证明矩形 $ABCD$ 关于直线 $y = x$ 对称. 然后由 $\angle ODC = 60°$ 可知 $\triangle ODC$ 为等边三角形, 得到 $OC = OD = CD = AB$.

(2) 设 $CF = BF = a$, $OA = OB = c$, 则 $BC = AD = \sqrt{2}a$, $AB = \sqrt{2}c$, $OC = \sqrt{2}c$, 再利用勾股定理得 $OF^2 + CF^2 = OC^2$, 从而建立方程 $(a+c)^2 + a^2 = (\sqrt{2}c)^2$, 得到 $\dfrac{a}{c} = \dfrac{\sqrt{3}-1}{2}$, 最后不难得出 $\dfrac{AB}{AD} = \dfrac{\sqrt{2}c}{\sqrt{2}a} = \dfrac{c}{a} = \sqrt{3}+1$.

47. 解 作 $PH \perp AB$ 于点 H, 如图 2.52 所示, 则由题意得 $\dfrac{PF}{PH} = \sqrt{2}$.

$\because OA = OB$, $\angle AOB = 90°$,

$\therefore \triangle AOB$ 是等腰直角三角形,

$\therefore \angle BAO = 45°$.

$\because PM \parallel x$ 轴,

$\therefore \angle PMB = \angle BAO = 45°$,

$\therefore \dfrac{PM}{PH} = \sqrt{2}$,

$\therefore PM = PF$,

$\therefore PM + PN = PF + PN \geqslant FN$.

$\because FN = \sqrt{(-\sqrt{2})^2 + (\sqrt{2}-3\sqrt{2})^2} = \sqrt{10}$,

$\therefore PM + PN$ 的最小值为 $\sqrt{10}$.

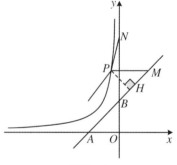

图 2.52

思路点拨

本题的背景涉及高中双曲线的第二定义.

显然, 直接求 $PM + PN$ 存在困难, 需要进行等量代换. 题目中, 点 P 到 $F(-\sqrt{2}, \sqrt{2})$ 的距离等于点 P 到直线 AB 距离的 $\sqrt{2}$ 倍, 提示我们添加辅助线——直线 AB 的垂线段 PH, 通过计算得到 PM 与 PF 的等量关系, 于是 $PM + PN = PF + PN$. 根据两点之间线段最短, 可知 $PF + PN \geqslant FN$.

48. 解 作 $FK \perp x$ 轴于点 K, $EH \perp FK$ 于点 H, 如图 2.53 所示.

$\because S_{\triangle FOK} = S_{\triangle AOE} = \dfrac{k}{2}$,

又 $S_{四边形 AEFO} = S_{\triangle AOE} + S_{\triangle OEF} = S_{\triangle FOK} + S_{梯形 AEFK}$,

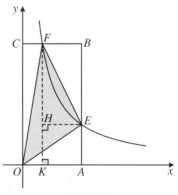

图 2.53

∴ $S_{\triangle OEF} = S_{梯形 AEFK} = 2S_{\triangle BEF}$.

易证四边形 $BFHE$ 是矩形,

∴ $S_{\triangle BEF} = S_{\triangle EFH}$,

∴ $S_{矩形 AEHK} = \dfrac{1}{2} S_{矩形 BEHF}$,

∴ $AE = \dfrac{1}{3} AB = \dfrac{2}{3}$,

∴ $E\left(1, \dfrac{2}{3}\right)$.

∵ 点 E 在 $y = \dfrac{k}{x}$ 的图像上,

∴ $k = 1 \times \dfrac{2}{3} = \dfrac{2}{3}$.

思路点拨

(1) 作 $FK \perp x$ 轴于点 K,$EH \perp FK$ 于点 H,便于各图形面积关系的转化. 注意,本题利用了一个经典的面积结论:$S_{\triangle OEF} = S_{梯形 AEFK}$.

(2) 面积关系转化为 $S_{梯形 AEFK} = 2 S_{\triangle BEF}$,则 $S_{矩形 AEHK} = \dfrac{1}{2} S_{矩形 BEHF}$,求出 $AE = \dfrac{1}{3} AB = \dfrac{2}{3}$,于是得到点 E 的坐标,将其代入反比例函数即可求解 k.

49. 解 设点 A 的坐标是 $(a, 0)$,点 B 的坐标是 (m, n).

过点 B、C 分别作 x 轴的垂线段 CD、BF,垂足分别为点 D、F,如图 2.54 所示,

∵ $CD \parallel BF \parallel y$ 轴,

∴ $\dfrac{CD}{BF} = \dfrac{AD}{AF} = \dfrac{AC}{AB} = \dfrac{1}{3}$,

∴ $C\left(a - \dfrac{a-m}{3}, \dfrac{n}{3}\right)$,即 $C\left(\dfrac{2a+m}{3}, \dfrac{n}{3}\right)$,

∴ $k = mn = \dfrac{(2a+m)n}{9} = \dfrac{2an+k}{9}$,

∴ $9k = 2an + k$,

∴ $k = \dfrac{an}{4}$.

∵ $S_{\triangle OBC} = S_{\triangle OBA} - S_{\triangle OAC} = \dfrac{1}{2} OA \cdot |y_B - y_C|$,

∴ $\dfrac{1}{2} a \left| n - \dfrac{1}{3} n \right| = \dfrac{1}{3} an = 12$,

∴ $an = 36$,

∴ $k = 9$.

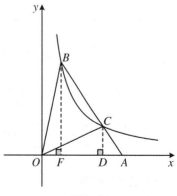

图 2.54

思路点拨

(1) 通过关键点作 x 轴的垂线段,既能利用平行线分线段成比例定理,也方便求出点 C 的坐标参数.

(2) 将点 B、C 的坐标参数代入反比例函数可得到 k 的表达式.再利用面积关系即可求得 k 值.

50. **解** 如图 2.55 所示.

∵ $S_{\triangle ABD} = S_{\triangle BOF} + S_{\triangle OGD} + S_{AFOG}$,

$S_{\triangle CBD} = S_{\triangle BOM} + S_{\triangle OHD} + S_{CMOH}$,

又 $S_{\triangle ABD} = S_{\triangle CBD}$, $S_{\triangle BOF} = S_{\triangle BOM}$, $S_{\triangle OGD} = S_{\triangle OHD}$,

∴ $S_{CMOH} = S_{AFOG}$,

∴ $6 = k^2 + 2k + 3$,

∴ $k = 1$(负值舍去).

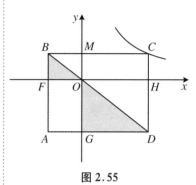

图 2.55

思路点拨

(1) 本题关键在于 BD 同时平分矩形 $BFOM$、$GOHD$、$ABCD$ 的面积.

(2) 不难推出 $S_{CMOH} = S_{AFOG} \Rightarrow 6 = k^2 + 2k + 3$.

51. **解** 连接 OD,作 $DF \perp x$ 轴于点 F,$CE \perp x$ 轴于点 E,如图 2.56 所示,

∴ $S_{\triangle OCE} = S_{\triangle ODF} = \dfrac{1}{2}k$.

设 $CO = 3a$,则 $BD = a$.

∵ $S_{\triangle COE} = \dfrac{1}{2}CO \cdot \sin 60° \cdot CO \cdot \cos 60° = \dfrac{9\sqrt{3}a^2}{8}$,

$S_{\triangle ODF} = \dfrac{1}{2}BD \cdot \sin 60° \cdot (6 - BD \cdot \cos 60°)$

$= \dfrac{\sqrt{3}a}{4}\left(6 - \dfrac{a}{2}\right)$,

∴ $\dfrac{9\sqrt{3}a^2}{8} = \dfrac{\sqrt{3}a}{4}\left(6 - \dfrac{a}{2}\right) \Rightarrow a = \dfrac{6}{5}$,

∴ $\dfrac{9\sqrt{3}}{8} \times \left(\dfrac{6}{5}\right)^2 = \dfrac{1}{2}k \Rightarrow k = \dfrac{81\sqrt{3}}{25}$.

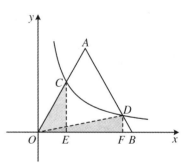

图 2.56

思路点拨

(1) 作 $DF \perp x$ 轴于点 F,$CE \perp x$ 轴于点 E,目的在于得到 $S_{\triangle OCE} = S_{\triangle ODF} = \dfrac{1}{2}k$.

(2) 设 $CO = 3a$,则 $BD = a$,结合特殊角表示 $S_{\triangle COE}$ 和 $S_{\triangle ODF}$,即可求出 a,进一步便得到 k.

52. 解 连接 BE、DE，作 $EF \perp y$ 轴于点 F，连接 BF，如图2.57所示.

$\because AC = AE = AB$，

$\therefore BE \perp BC$.

由燕尾定理得 $S_{\triangle BCD} = S_{\triangle BDE} = 2$.

$\because BE \parallel DF$，

$\therefore S_{\triangle BEF} = S_{\triangle BDE} \Rightarrow 2 = \dfrac{1}{2}k \Rightarrow k = 4$.

  思路点拨

本题使用了燕尾定理. 由 $AC = AE = AB$ 推出 $BE \perp BC$，然后由 $BE \parallel DF$ 得到 $S_{\triangle BEF} = S_{\triangle BDE}$.

燕尾定理的说明：

$\dfrac{S_{\triangle ADE}}{S_{\triangle ADC}} = \dfrac{S_{\triangle ABE}}{S_{\triangle ABC}} = \dfrac{S_{\triangle ADE} - S_{\triangle ABE}}{S_{\triangle ADC} - S_{\triangle ABC}} = \dfrac{S_{\triangle BDE}}{S_{\triangle BCD}} = \dfrac{AE}{AC} = 1 \Rightarrow$

$S_{\triangle BCD} = S_{\triangle DBE}$.

于是，$S_{\triangle BEF} = S_{\triangle DBE} \Rightarrow 2 = \dfrac{1}{2}k \Rightarrow k = 4$.

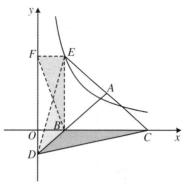

图 2.57

53. 解 连接 AO、AE，如图2.58所示.

由燕尾定理得 $\dfrac{S_{\triangle AEB}}{S_{\triangle BEC}} = \dfrac{AD}{CD} = 2$，

$\therefore S_{\triangle AEB} = 8$.

$\because AB \parallel y$ 轴，

$\therefore S_{\triangle AOB} = S_{\triangle AEB} \Rightarrow 8 = \dfrac{1}{2}k \Rightarrow k = 16$.

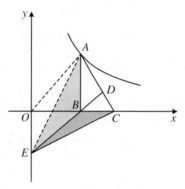

图 2.58

  思路点拨

与题 52 类似.

54. 解 连接 AO、BD，如图2.59所示.

$\because AD \parallel y$ 轴，

$\therefore S_{\triangle AOD} = S_{\triangle ABD} = \dfrac{1}{2}OD \cdot AD = 1.5$.

$\because S_{\triangle ACD} = 1$，

$\therefore S_{\triangle BCD} = S_{\triangle ABD} - S_{\triangle ACD} = 0.5$，

$\therefore \dfrac{S_{\triangle BCD}}{S_{\triangle ACD}} = \dfrac{1}{2} = \dfrac{BO}{AD} \Rightarrow AD = 2$，

$\therefore OD = 1.5$，

$\therefore A(1.5, 2)$.

$\because$ 点 A 在直线 $y = kx - 1$ 上，

$\therefore k = 2$.

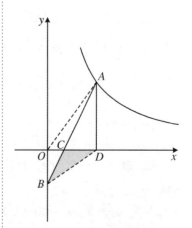

图 2.59

> **思路点拨**
>
> (1) 利用 k 的面积性质得到 $S_{\triangle AOD} = 1.5$. 利用 $AD \parallel y$ 轴，便可将 $S_{\triangle AOD}$ 转化为 $S_{\triangle ABD}$. 由于已知 $S_{\triangle ACD} = 1$, 故求得 $S_{\triangle BCD} = 0.5$.
>
> (2) 由于 $B(0, -1)$, $BO = 1$, 利用 $\dfrac{S_{\triangle BCD}}{S_{\triangle ACD}} = \dfrac{BO}{AD}$, 求得 $A(1.5, 2)$, 将其代入 $y = kx - 1$, 解得 $k = 2$.

55. **解** 延长 BC 交 y 轴于点 E, 作 $DF \perp x$ 轴于点 F, 如图 2.60 所示，

$\therefore S_{\triangle OEC} = S_{\triangle ODF} = \dfrac{1}{2}k$.

$\because \dfrac{OD}{DB} = \dfrac{1}{2}, AB \perp AO$,

$\therefore \dfrac{S_{\triangle ODF}}{S_{\triangle OAB}} = \left(\dfrac{OD}{OB}\right)^2 = \dfrac{1}{9}$.

$\because$ 四边形 $ABEO$ 为矩形，

$\therefore \dfrac{1}{2}S_{ABEO} = S_{\triangle OBE} = S_{\triangle OAB} = 9S_{\triangle ODF} = \dfrac{9}{2}k$.

$\because S_{\triangle ODF} + S_{FDBA} = S_{\triangle OEC} + S_{\triangle OBC} = \dfrac{1}{2}S_{ABEO}$,

$\therefore \dfrac{1}{2}k + 16 = \dfrac{9}{2}k \Rightarrow k = 4$.

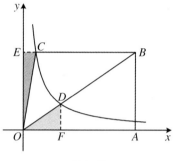

图 2.60

> **思路点拨**
>
> (1) 延长 BC 交 y 轴于点 E, 作 $DF \perp x$ 轴于点 F. 根据反比例系数的面积性质得 $S_{\triangle OEC} = S_{\triangle ODF} = \dfrac{1}{2}k$.
>
> (2) 由 $\dfrac{S_{\triangle ODF}}{S_{\triangle OAB}} = \left(\dfrac{OD}{OB}\right)^2 = \dfrac{1}{9}$, 得 $S_{\triangle OBE} = S_{\triangle OAB} = 9S_{\triangle ODF} = \dfrac{9}{2}k$. 再利用 $S_{\triangle ODF} + S_{FDBA} = S_{\triangle OEC} + S_{\triangle OBC} = \dfrac{1}{2}S_{ABEO}$ 建立面积之间的等量关系，推出 $\dfrac{1}{2}k + 16 = \dfrac{9}{2}k \Rightarrow k = 4$.

56. **解** $\because DE \parallel OC, FG \parallel OA, AC$ 是 $\square OABC$ 的对角线，

$\therefore S_{\triangle APE} = S_{\triangle APG}, S_{\triangle PCF} = S_{\triangle PCD}, S_{\triangle ACO} = S_{\triangle ACB}$,

$\therefore S_{PFOE} = S_{PGBD}$,

∴ $S_{PFOE} + S_{CDPF} = S_{PGBD} + S_{CDPF}$,

∴ $S_{OCDE} = S_{BCFG} = 8$.

设 $CD = a$,

∴ $S_{OCDE} = 3a = 8$,

∴ $a = \dfrac{8}{3}$,

∴ $D\left(\dfrac{14}{3}, 3\right)$,

∴ $k = \dfrac{14}{3} \times 3 = 14$.

思路点拨

（1）本题关键的一步就是推导 S_{BCFG} 和 S_{OCDE} 之间的等量关系.

（2）设 $CD = a$，利用面积公式计算 a，从而得到 $D\left(\dfrac{14}{3}, 3\right)$，就可以求解 k.

57. 解 易证△OBE≌△ODF,

∴ $DF = BE$.

∵ 四边形 $ABCD$、$BEFC$ 是平行四边形,

∴ $AB = CD$,

∴ $S_{BEFC} = \dfrac{1}{2} S_{ABCD} = 14$.

∵ $OE = OF$,

∴ $S_{\triangle OBE} = \dfrac{S_{BEFC}}{4} = \dfrac{7}{2}$,

∴ $AE = BE = DF = FC$.

作 BA 的延长线交 y 轴于点 G，$AM \perp x$ 轴于点 M，$EN \perp x$ 轴于点 N，如图 2.61 所示.

根据题 1 的结论(2)得 $GA = AE = BE$,

∴ $OM = MN = NB$.

设 $OM = a$，$EN = b$，则 $OB = 3a$,

∴ $S_{\triangle OBE} = \dfrac{1}{2} \cdot 3a \cdot b = \dfrac{7}{2}$,

∴ $ab = \dfrac{7}{3}$.

∵ $A(a, 2b)$ 在 $y = \dfrac{k}{x}$ 的图像上,

∴ $k = 2ab = \dfrac{14}{3}$.

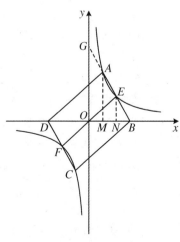

图 2.61

思路点拨

(1) 证明 $\triangle OBE \cong \triangle ODF$,得 $BE = CF$,再结合四边形 $BEFC$ 是平行四边形,推出 $AE = BE = DF = FC$.

(2) 利用题1的结论(2)知 $GA = AE = BE$. 为了利用平行线分线段成比例定理,作 BA 延长线交 y 轴于点 G,$AM \perp x$ 轴于点 M,$EN \perp x$ 轴于点 N. 设 $OM = a$,$EN = b$,则 $AM = 2b$,$OB = 3a$,再利用 $\triangle OBE$ 的面积表达式求出 $ab = \dfrac{7}{3}$,从而 $k = 2ab = \dfrac{14}{3}$.

58. **解** 连接 OC,延长 CD 交 y 轴于点 E,如图 2.62 所示,

∵ $DE \perp y$ 轴,

∴ $S_{\triangle ODE} = \dfrac{k}{2}$.

又 $S_{\triangle OCE} = \dfrac{10}{2} = 5$,

∴ $S_{\triangle ODC} = S_{\triangle OCE} - S_{\triangle ODE} = 5 - \dfrac{k}{2}$.

∵ $BC \parallel y$ 轴,

∴ $\dfrac{ED}{CD} = \dfrac{OD}{BD}$,

∴ $\dfrac{S_{\triangle ODE}}{S_{\triangle ODC}} = \dfrac{S_{\triangle ODC}}{S_{\triangle BCD}}$,

∴ $\dfrac{\dfrac{k}{2}}{5 - \dfrac{k}{2}} = \dfrac{5 - \dfrac{k}{2}}{4.5}$,

∴ $k_1 = 4$,$k_2 = 25$.

由图像的性质知 $k < 10$,

∴ $k = 4$.

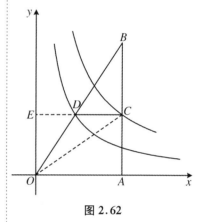

图 2.62

思路点拨

这里不建议使用设参法,若采用面积法,则简便许多. 要求 k,可从点 D 的坐标入手.

(1) 充分利用 k 的面积性质,延长 CD 交 y 轴于点 E,则 $S_{\triangle ODE} = \dfrac{k}{2}$,得到 $S_{\triangle ODC} = S_{\triangle OCE} - S_{\triangle ODE} = 5 - \dfrac{k}{2}$.

(2) 由于利用 $BC \parallel y$ 轴,$\dfrac{ED}{DC} = \dfrac{OD}{BD}$,根据共边定理转化为面积关系,$\dfrac{S_{\triangle ODE}}{S_{\triangle ODC}} = \dfrac{S_{\triangle ODC}}{S_{\triangle BDC}}$,从而解得 k 值.

59. 解 如图 2.63 所示,延长 P_2N 交 y 轴于点 A, P_1N 交 x 轴于点 B;过点 P_1 作 $P_1C /\!/ x$ 轴交 y 轴于点 C, 过点 P_2 作 $P_2D /\!/ y$ 轴交 CP_1 于点 E,交 x 轴于点 D.

$\therefore S_{ANBO} = k, S_{P_1NAC} = 4-k, S_{P_1NP_2E} = NP_1 \cdot NP_2 = 2,$
$S_{NBDP_2} = 4-k,$

$\therefore \dfrac{OA}{AC} = \dfrac{S_{ANBO}}{S_{P_1NAC}} = \dfrac{S_{NBDP_2}}{S_{P_1NP_2E}},$

$\therefore \dfrac{k}{4-k} = \dfrac{4-k}{2},$

$\therefore k = 2 (k=8\text{不合题意,舍去}).$

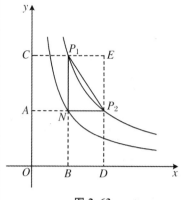

图 2.63

思路点拨

(1) 由 $NP_1 \cdot NP_2$ 和 $NP_1 \perp NP_2$ 可联想到面积.同时利用反比例函数系数的面积性质,表示 $S_{ANBO} = k, S_{P_1NAC} = 4-k, S_{P_1NP_2E} = NP_1 \cdot NP_2 = 2, S_{NBDP_2} = 4-k.$

(2) 利用共边定理得到 $\dfrac{OA}{AC} = \dfrac{S_{ANBO}}{S_{P_1NAC}} = \dfrac{S_{NBDP_2}}{S_{P_1NP_2E}},$ 建立含 k 方程,从而得解.

60. 解 延长 AC 交 x 轴于点 H,连接 BH、DH,如图 2.64 所示.

$\because S_{\triangle DEH} = S_{\triangle ABE} = \dfrac{k - S_{OBEH}}{2},$

$\therefore \dfrac{S_{\triangle BHD}}{S_{\triangle BCD}} = \dfrac{S_{\triangle HDE}}{S_{\triangle CDE}} = \dfrac{S_{\triangle ABE}}{S_{\triangle CDE}} = \dfrac{EH}{EC} = 4,$

$\therefore S_{\triangle BHD} = 4S_{\triangle BCD} = 24.$

$\because S_{\triangle BHD} = \dfrac{1}{2}BD \cdot EH = \dfrac{1}{2}k,$

$\therefore k = 2S_{\triangle BHD} = 48.$

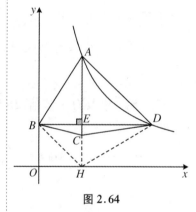

图 2.64

思路点拨

利用反比例函数系数的面积性质得到 $S_{\triangle BHD} = S_{\triangle ABH} = \dfrac{k}{2},$ 推出 $k = 2S_{\triangle BHD}$.根据共边定理有 $\dfrac{S_{\triangle BHD}}{S_{\triangle BCD}} = \dfrac{S_{\triangle HDE}}{S_{\triangle CDE}} = \dfrac{S_{\triangle ABE}}{S_{\triangle CDE}} = \dfrac{EH}{EC} = 4,$ 本题便不难得解.

61. 解 连接 AC,作 $AE \perp x$ 轴于点 E,如图 2.65 所示.

$\because AO /\!/ BC,$

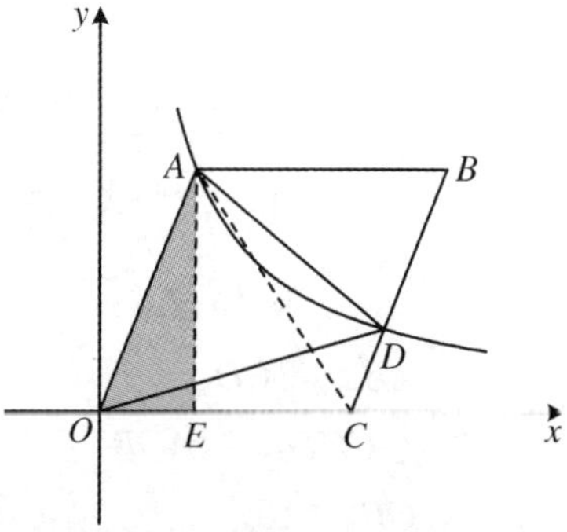

图 2.65

$\therefore S_{\triangle ADO} = S_{\triangle AOC} = \dfrac{39}{2}$.

$\because \sin \angle AOC = \dfrac{12}{13}$,

$\therefore \cos \angle AOC = \dfrac{OE}{AO} = \dfrac{5}{13}$.

设 $OE = 5a$，则 $AO = CO = 13a$，

$\therefore \dfrac{S_{\triangle AOE}}{S_{\triangle AOC}} = \dfrac{OE}{CO} = \dfrac{5}{13} \Rightarrow S_{\triangle AOE} = \dfrac{5}{13} S_{\triangle AOC} = \dfrac{1}{2}k$，

$\therefore \dfrac{5}{13} \times \dfrac{39}{2} = \dfrac{1}{2}k \Rightarrow k = 15$.

思路点拨

本题考查反比例函数与菱形的综合运用.

利用 k 的面积性质可知 $k = 2S_{\triangle AOE}$，故欲求 k，须先求点 A 的坐标.

利用平行线转移面积，$S_{\triangle AOC} = S_{\triangle ADO}$. 再根据三角形同高将面积比转化为线段比 $\dfrac{S_{\triangle AOE}}{S_{\triangle AOC}} = \dfrac{OE}{CO}$. 利用菱形的性质和题给三角函数值，便能得到线段比，从而得解.

62. **解** 作 $CH \perp x$ 轴，$DH \perp y$ 轴，CH、DH 交于点 H，如图 2.66 所示.

$\because m = -\tan \angle ABO = -\dfrac{OA}{OB} = -\dfrac{6}{OB}$,

$\therefore OB = -\dfrac{6}{m}$.

$\because \begin{cases} y = mx + 6, \\ y = \dfrac{k}{x}, \end{cases}$

$\therefore mx^2 + 6x - k = 0$,

$\therefore x_C + x_D = -\dfrac{6}{m}, x_C x_D = -\dfrac{k}{m}$,

$\therefore DH^2 = (x_C - x_D)^2 = (x_C + x_D)^2 - 4x_C x_D$

$= \left(-\dfrac{6}{m}\right)^2 + 4\dfrac{k}{m} = \dfrac{36 + 4km}{m^2}$.

$\because S_{\triangle AOB} = \sqrt{3} S_{\triangle COD}$,

$\therefore AB = \sqrt{3} CD$.

$\because \triangle CHD \sim \triangle AOB$,

$\therefore \dfrac{OB}{DH} = \dfrac{AB}{CD} = \sqrt{3}$,

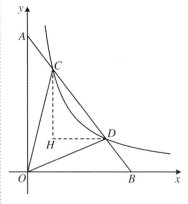

图 2.66

∴ $OB^2 = 3DH^2$,

∴ $\left(-\dfrac{6}{m}\right)^2 = 3 \cdot \dfrac{36+4km}{m^2}$,

∴ $km = -6$.

思路点拨

本题考查反比例函数与一次函数的综合运用.

使用面积法得到 $\dfrac{S_{\triangle AOB}}{S_{\triangle COD}} = \dfrac{AB}{CD} = \sqrt{3}$,根据相似的性质得到 $\dfrac{S_{\triangle CHD}}{S_{\triangle AOB}} = \left(\dfrac{DH}{OB}\right)^2, \dfrac{DH}{OB} = \dfrac{CD}{AB}$.

CD 是反比例函数图像的弦长,其水平宽的平方为 $DH^2 = (x_C - x_D)^2 = (x_C + x_D)^2 - 4x_Cx_D$,竖直高的平方为 $CH^2 = m^2 DH^2$,故弦长为 $CD = \sqrt{1+m^2}|x_C - x_D|$.

63. **解** 如图 2.67 所示.

∵ 双曲线 $y = \dfrac{k}{x}$(k 为正整数)上只有四个整点,

∴ 点 A 与点 C、点 B 与点 D 关于坐标原点对称,点 A 与点 B、点 C 与点 D 关于直线 $y = x$ 对称,

∴ 四边形 $ABCD$ 是矩形,

设 $A\left(a, \dfrac{k}{a}\right)$,则 $B\left(\dfrac{k}{a}, a\right)$,$C\left(-a, -\dfrac{k}{a}\right)$,$D\left(-\dfrac{k}{a}, -a\right)$,

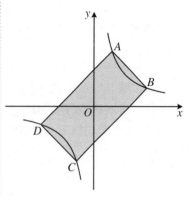

图 2.67

∴ $AB = \sqrt{\left(a - \dfrac{k}{a}\right)^2 + \left(\dfrac{k}{a} - a\right)^2} = \sqrt{2}\left(\dfrac{k}{a} - a\right)$,

$BC = \sqrt{\left(\dfrac{k}{a} + a\right)^2 + \left(a + \dfrac{k}{a}\right)^2} = \sqrt{2}\left(\dfrac{k}{a} + a\right)$,

∴ $S_{四边形\ ABCD} = AB \cdot BC = 2\left(\dfrac{k}{a} - a\right)\left(\dfrac{k}{a} + a\right) = 16$,

∴ $\left(\dfrac{k}{a} - a\right)\left(\dfrac{k}{a} + a\right) = 8$,

∴ $\begin{cases}\dfrac{k}{a} - a = 1,\\ \dfrac{k}{a} + a = 8\end{cases}$ 或 $\begin{cases}\dfrac{k}{a} - a = 2,\\ \dfrac{k}{a} + a = 4,\end{cases}$

当 $\begin{cases}\dfrac{k}{a} - a = 1,\\ \dfrac{k}{a} + a = 8\end{cases}$ 时,$a = \dfrac{7}{2}$(不合题意,舍);

当 $\begin{cases} \dfrac{k}{a} - a = 2, \\ \dfrac{k}{a} + a = 4 \end{cases}$ 时,$\begin{cases} a = 1, \\ k = 3. \end{cases}$

综上所述,$k = 3$.

思路点拨

本题采用设参求参法.

(1) 关键一步:双曲线 $y = \dfrac{k}{x}$ (k 为正整数)上只有四个整点 $\Rightarrow$ 点 A 与点 C、点 B 与点 D 关于坐标原点对称,点 A 与点 B、点 C 与点 D 关于直线 $y = x$ 对称 $\Rightarrow$ 四边形 $ABCD$ 是矩形.

(2) 设 $A\left(a, \dfrac{k}{a}\right)$,则 $B\left(\dfrac{k}{a}, a\right)$,$C\left(-a, -\dfrac{k}{a}\right)$,$D\left(-\dfrac{k}{a}, -a\right)$,利用距离公式表示 AB、BC,从而计算 $S_{\text{四边形}ABCD} = AB \cdot BC = 2\left(\dfrac{k}{a} - a\right)\left(\dfrac{k}{a} + a\right) = 16$,解得 $k = 3$.

64. **解** 如图 2.68 所示.

$\because AB \parallel PC, CB \parallel AP, \angle APC = 90°$,

$\therefore$ 四边形 $APCB$ 是矩形.

设 $P\left(a, \dfrac{k_1}{a}\right)$,则 $A\left(\dfrac{k_2 a}{k_1}, \dfrac{k_1}{a}\right)$,$C\left(a, \dfrac{k_2}{a}\right)$,

$\therefore S_{\text{矩形}APCB} = AP \cdot PC = \left(a - \dfrac{k_2 a}{k_1}\right)\left(\dfrac{k_1}{a} - \dfrac{k_2}{a}\right)$

$= \dfrac{(k_1 - k_2)^2}{k_1}$,

$\therefore S_{\text{四边形}ODBE} = S_{\text{矩形}APCB} - S_{\text{矩形}PNOM} - S_{\text{矩形}CDOM} - S_{\text{矩形}AEON}$

$= \dfrac{(k_1 - k_2)^2}{k_1} - k_1 - |k_2| - |k_2| = \dfrac{k_2^2}{k_1}$.

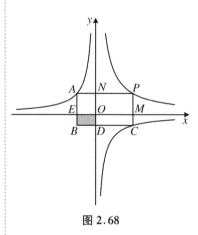

图 2.68

思路点拨

本题考查反比例函数与矩形的综合运用.

(1) 设 $P\left(a, \dfrac{k_1}{a}\right)$,则 $A\left(\dfrac{k_2 a}{k_1}, \dfrac{k_1}{a}\right)$,$C\left(a, \dfrac{k_2}{a}\right)$,利用各点的坐标参数表示矩形 $AEON$、$CDOM$、$PNOM$ 的面积.

(2) 采用割补法求面积,$S_{\text{四边形}ODBE} = S_{\text{矩形}APCB} - S_{\text{矩形}PNOM} - S_{\text{矩形}CDOM} - S_{\text{矩形}AEON}$,从而得解.

65. **解** 过点 D 作 $GH \perp x$ 轴,过点 A 作 $AG \perp GH$,过点 B 作 $BM \perp HC$ 于点 M,如图 2.69 所示.

设 $D\left(a, \dfrac{6}{a}\right)$.

∵ 四边形 $ABCD$ 是正方形,

∴ $AD = CD = BC, \angle ADC = \angle DCB = 90°$,

易得 $\triangle AGD \cong \triangle DHC \cong \triangle CMB$,

∴ $AG = DH = -1-a, DG = BM$,

∴ $1 - \dfrac{6}{a} = -\dfrac{6}{a} - 1 - a$,

∴ $a = -2$,

∴ $D(-2, -3), CH = DG = BM = 1 - \dfrac{6}{-2} = 4$.

∵ $AG = DH = -1 - a = 1$,

∴ 点 E 的纵坐标为 -4.

当 $y_E = -4$ 时,$x_E = -\dfrac{3}{2}$,

∴ $E\left(-\dfrac{3}{2}, -4\right)$,

∴ $EH = 2 - \dfrac{3}{2} = \dfrac{1}{2}$,

∴ $CE = CH - EH = 4 - \dfrac{1}{2} = \dfrac{7}{2}$,

∴ $S_{\triangle BCE} = \dfrac{1}{2} CE \cdot BM = \dfrac{1}{2} \times \dfrac{7}{2} \times 4 = 7$.

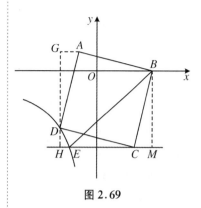

图 2.69

思路点拨

本题考查反比例函数与正方形的综合运用.

(1) 添加辅助线,构建全等三角形,得到线段的数量关系.

(2) 利用点 D 的坐标参数表示 AG、DH、DG、BM,列方程求解坐标参数,得到点 D 和 E 的坐标,根据三角形的面积公式即可得解.

66. **解** 作 $AM \perp y$ 轴于点 M,$DN \perp y$ 轴于点 N,$BG \perp x$ 轴于点 G,BC 的延长线交 y 轴于点 K,AC 的延长线交 x 轴于点 H,连接 OC,如图 2.70 所示.

∵ $OD = 2AD$,

∴ $S_{\triangle AOC} = 3 S_{\triangle ACD} = \dfrac{1}{2} S_{\text{四边形} AMKC}$,

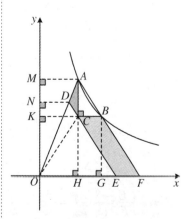

图 2.70

∴ $S_{\triangle ACD} = \frac{1}{6} S_{四边形 AMKC}$.

∵ $S_{四边形 AMOH} = S_{四边形 BKOG}$,

∴ $S_{四边形 AMKC} + S_{四边形 HOKC} = S_{四边形 HOKC} + S_{四边形 BCHG}$,

∴ $S_{四边形 AMKC} = S_{四边形 BCHG} = S_{四边形 BCEF}$,

∴ $\dfrac{S_{\triangle ACD}}{S_{四边形 BCEF}} = \dfrac{1}{6}$.

思路点拨

(1) 由于 △ACD 与 △AOC 共高，且 $OD = 2AD$，故 $S_{\triangle AOC} = 3S_{\triangle ACD}$.

(2) 利用平行线转移面积，$S_{\triangle AOC} = \frac{1}{2} S_{四边形 AMKC}$，得 $S_{\triangle ADC} = \frac{1}{6} S_{四边形 AMKC}$.

(3) 由 $S_{四边形 AMOH} = S_{四边形 BKOG}$ 推出 $S_{四边形 AMKC} + S_{四边形 HOKC} = S_{四边形 HOKC} + S_{四边形 BCHG}$，得 $S_{四边形 AMKC} = S_{四边形 BCHG} = S_{四边形 BCEF}$，所以 $\dfrac{S_{\triangle ACD}}{S_{四边形 BCEF}} = \dfrac{1}{6}$.

67. **解** 连接 OE，作 $BG \perp y$ 轴于点 G，$FP \perp x$ 轴于点 P，$AH \perp x$ 轴于点 H，如图 2.71 所示，

∴ $S_{\triangle EOD} = S_{\triangle BOG} = S_{\triangle OAH} = -\frac{1}{2} k$.

∵ $BG // ED, \dfrac{BC}{OC} = \dfrac{1}{2}$,

∴ $\dfrac{OD}{OG} = \dfrac{2}{3}$,

∴ $\dfrac{S_{\triangle COD}}{S_{\triangle BOG}} = \dfrac{4}{9}$.

设 $S_{\triangle COD} = 4a$，则 $S_{\triangle EOD} = S_{\triangle OAH} = 9a$，

∴ $S_{\triangle COE} = 5a$.

∵ $AH // FP, \dfrac{FA}{AO} = \dfrac{1}{2}$,

∴ $\dfrac{S_{\triangle OAH}}{S_{\triangle OFP}} = \dfrac{4}{9}$,

∴ $S_{\triangle OFP} = S_{\triangle FOD} = \dfrac{9}{4} S_{\triangle OAH} = \dfrac{81}{4} a$,

∴ $S_{\triangle FOE} = S_{\triangle FOD} - S_{\triangle EOD} = \left(\dfrac{81}{4} - 9\right) a = \dfrac{45}{4} a$,

∴ $\dfrac{CE}{EF} = \dfrac{S_{\triangle COE}}{S_{\triangle FOE}} = \dfrac{5a}{\frac{45}{4} a} = \dfrac{4}{9}$.

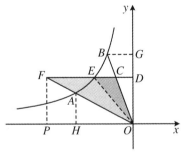

图 2.71

思路点拨

(1) 根据题给条件 $\dfrac{FA}{AO}=\dfrac{BC}{OC}=\dfrac{1}{2}$,可通过作坐标轴的垂线段进行"斜转直",利用相似的性质得 $\dfrac{S_{\triangle COD}}{S_{\triangle BOG}}=\dfrac{4}{9}$,利用 k 的面积性质得 $S_{\triangle EOD}=S_{\triangle BOG}=S_{\triangle OAH}=-\dfrac{1}{2}k$.

(2) 设 $S_{\triangle COD}=4a$,则 $S_{\triangle EOD}=S_{\triangle OAH}=9a$,得 $S_{\triangle COE}=5a$;由 $\dfrac{S_{\triangle OAH}}{S_{\triangle OFP}}=\dfrac{4}{9}$ 得 $S_{\triangle FOD}=S_{\triangle OFP}=\dfrac{81}{4}a$.所以,$S_{\triangle FOE}=S_{\triangle FOD}-S_{\triangle EOD}=\dfrac{45}{4}a$.

(3) 根据共边定理有 $\dfrac{CE}{EF}=\dfrac{S_{\triangle COE}}{S_{\triangle FOE}}$,故得解.

68. **解** 过点 B 作 AC 的垂线交 AC 的延长线于点 F,如图 2.72 所示.

∵ $\triangle BCE$ 的面积是 $\triangle ADE$ 的面积的 2 倍,E 是 AB 的中点,

∴ $S_{\triangle ABC}=2S_{\triangle BCE}$,$S_{\triangle ABD}=2S_{\triangle ADE}$,

∴ $S_{\triangle ABC}=2S_{\triangle ABD}$,且 $\triangle ABC$ 和 $\triangle ABD$ 的高均为 BF,

∴ $AC=2BD$.

∵ $k=OD\cdot BD=OC\cdot AC$,

∴ $OD=2OC$.

∵ $CD=k$,

∴ $A\left(\dfrac{k}{3},3\right)$,$B\left(-\dfrac{2k}{3},-\dfrac{3}{2}\right)$,

∴ $AC=3$,$BD=\dfrac{3}{2}$,

∴ $AB=2AC=6$,$AF=AC+BD=\dfrac{9}{2}$,

∴ $CD=k=\sqrt{AB^2-AF^2}=\sqrt{6^2-\left(\dfrac{9}{2}\right)^2}=\dfrac{3\sqrt{7}}{2}$.

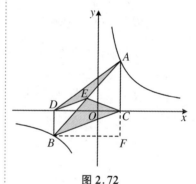

图 2.72

思路点拨

本题使用面积转移法和共边定理.

(1) 过点 B 作 AC 的垂线交 AC 的延长线于点 F,由于 $\triangle BCE$ 的面积是 $\triangle ADE$ 的面积的 2 倍,且 E 是 AB 的中点,故 $S_{\triangle ABC}=2S_{\triangle ABD}$.

(2) 利用 $CD=k$ 可得到点 A、B 的坐标,再根据 $AB=2AC$,$AF=AC+BD$ 即可求出 AB、AF 的长度,然后根据勾股定理计算 k 的值.

69. 解 如图 2.73 所示,过点 D 作 $DF\perp OB$ 于点 F,交 OC 于点 G.

$\because$ 点 C、D 在反比例函数 $y=\dfrac{1}{x}(x>0)$ 的图像上,$BC\perp x$ 轴,

$\therefore S_{\triangle OBC}=S_{\triangle OFD}=\dfrac{1}{2}$.

$\because AC=BC$,

$\therefore S_{\triangle OAC}=S_{\triangle OBC}=\dfrac{1}{2}S_{\triangle AOB}=\dfrac{1}{2}$,

$\therefore S_{\triangle AOB}=2S_{\triangle OFD}=1$.

$\because AB /\!/ DF$,

$\therefore \dfrac{OD}{OA}=\dfrac{DF}{AB}=\sqrt{\dfrac{1}{2}}=\dfrac{1}{\sqrt{2}}$,

$\therefore S_{\triangle OBD}=\dfrac{1}{\sqrt{2}}S_{\triangle AOB}$.

$\because DG /\!/ BC$,

$\therefore \dfrac{DE}{BE}=\dfrac{DG}{BC}=\dfrac{1}{\sqrt{2}}$,

$\therefore S_{\triangle ODE}=\dfrac{S_{\triangle OBD}}{1+\sqrt{2}}$,

$\therefore S_{\triangle ODE}=\dfrac{1}{1+\sqrt{2}}\times\dfrac{1}{\sqrt{2}}S_{\triangle AOB}=\left(1-\dfrac{\sqrt{2}}{2}\right)\times 1=1-\dfrac{\sqrt{2}}{2}$.

$\therefore S_{四边形 ADEC}=S_{\triangle OAC}-S_{\triangle ODE}=\dfrac{1}{2}-\left(1-\dfrac{\sqrt{2}}{2}\right)=\dfrac{\sqrt{2}}{2}-\dfrac{1}{2}$,

$\because S_{\triangle OBE}=\dfrac{\sqrt{2}}{1+\sqrt{2}}S_{\triangle OBD}=\dfrac{\sqrt{2}}{1+\sqrt{2}}\times\dfrac{1}{\sqrt{2}}S_{\triangle AOB}=\sqrt{2}-1$,

$\therefore S_{阴影}=S_{四边形 ADEC}+S_{\triangle OBE}$

$=\dfrac{\sqrt{2}}{2}-\dfrac{1}{2}+\sqrt{2}-1=\dfrac{3\sqrt{2}-3}{2}$.

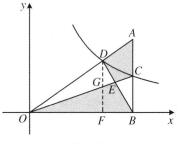

图 2.73

思路点拨

本题考查反比例函数与直角三角形的综合运用.

采用割补法求阴影部分的面积,$S_{阴影}=S_{四边形 ADEC}+S_{\triangle OBE}$,这里关键是要借助 $S_{\triangle ODE}$ 求解两个阴影组成部分的面积.将面积比转化为线段比,便于利用 $S_{\triangle AOB}$ 求出 $S_{\triangle ODE}$.

70. 解 如图 2.74 所示,作 $DF\perp x$ 轴于点 F,$EG\perp y$ 轴于点 G,

$\therefore \triangle QEG\backsim\triangle DPF$,

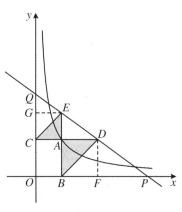

图 2.74

$$\therefore \frac{EG}{PF} = \frac{QE}{DP} = \frac{1}{4}.$$

设 $EG = t$,则 $PF = 4t$,

$$\therefore A\left(t, \frac{4}{t}\right).$$

$\because AC = AE, AD = AB,$

$$\therefore AE = t, AD = \frac{4}{t}, DF = \frac{4}{t}.$$

$\because \triangle ADE \backsim \triangle FPD,$

$$\therefore \frac{AE}{DF} = \frac{AD}{PF},$$

$\therefore t^2 = 2,$

$$\therefore S_{阴影} = \frac{1}{2} \times t \times t + \frac{1}{2} \times \frac{4}{t} \times \frac{4}{t} = 5.$$

思路点拨

本题使用设参求参法.

阴影部分的面积等于 $S_{\triangle ACE}$ 和 $S_{\triangle ABD}$ 之和.

设反比例函数图像上的点 $A\left(t, \frac{4}{t}\right)$,便于表示所求三角形各线段长.

利用题设条件 $QE:DP=1:4$ 和相似比建立参数方程,从而求解.

71. **解** 连接 AC,如图 2.75 所示.

$\because B(-2,0),\triangle AOB$ 为等边三角形,

$\therefore A(-1,\sqrt{3}).$

$\because S_{\triangle ADE} = S_{\triangle DCO},$

$\therefore S_{\triangle ADE} + S_{\triangle ADC} = S_{\triangle DCO} + S_{\triangle ADC} = \frac{1}{2} S_{\triangle ABC},$

$\therefore AE = \frac{1}{2} AB,$

$\therefore E\left(-\frac{3}{2}, \frac{\sqrt{3}}{2}\right),$

$\therefore k = \left(-\frac{3}{2}\right) \times \frac{\sqrt{3}}{2} = -\frac{3\sqrt{3}}{4}.$

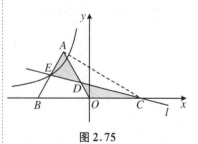

图 2.75

思路点拨

欲求 k,先求点 E 的坐标,可通过确定 AE 与 AB 的关系来求解.

连接 AC,利用面积关系得到线段关系.

72. 解 由题意可得,x_A、x_B 是方程 $\dfrac{k}{x} = \dfrac{1}{2}x + m$ 即 $x^2 + 2mx - 2k = 0$ 的两根,

$\therefore x_A + x_B = -2m, x_A x_B = -2k.$

$\because$ 点 A、B 在反比例函数 $y = \dfrac{k}{x}$ 的图像上,

$\therefore k = x_A y_A = x_B y_B.$

$\because S_{\triangle PAE} = S_{\triangle PBF},$

$\therefore \dfrac{1}{2} y_A (x_P - x_A) = \dfrac{1}{2}(-x_B)(y_B - y_P),$

$\therefore x_P y_A = x_B y_P,$

$\therefore -\dfrac{5k}{2x_A} = x_B y_P,$

$\therefore -\dfrac{5}{2}k = x_A x_B y_P = -2k y_P.$

$\because k \neq 0,$

$\therefore y_P = \dfrac{5}{4},$

$\therefore P\left(-\dfrac{5}{2}, \dfrac{5}{4}\right).$

$\because$ 点 P 在直线 $y = \dfrac{1}{2}x + m$ 上,

$\therefore \dfrac{1}{2} \times \left(-\dfrac{5}{2}\right) + m = \dfrac{5}{4},$

$\therefore m = \dfrac{5}{2}.$

$\because x_A - x_B = -3,$

$\therefore (x_A - x_B)^2 = (x_A + x_B)^2 - 4x_A x_B$

$\qquad\qquad\qquad = \left(-2 \times \dfrac{5}{2}\right)^2 + 8k = 9,$

$\therefore k = -2.$

思路点拨

(1) 联立直线 $y = \dfrac{1}{2}x + m$ 与反比例函数 $y = \dfrac{k}{x}$ ($x < 0$)得到关于 x 的方程,利用韦达定理得 $x_A + x_B = -2m$,$x_A x_B = -2k$. 结合题设条件 $x_A - x_B = -3$,进行恒等变形 $(x_A - x_B)^2 = (x_A + x_B)^2 - 4x_A x_B = 4m^2 + 8k = 9$,此时关键在于求 m.

(2) 注意到 A、B 两点在反比例函数图像上,推出 $k = x_A y_A = x_B y_B$. 根据 $\triangle PAE$ 和 $\triangle PBF$ 的面积相等,得 $P\left(-\dfrac{5}{2}, \dfrac{5}{4}\right)$,代入直线解析式即可求出 m.

73. 解 延长 AE 交 x 轴于 G，如图 2.76 所示.

由反比例函数的性质可得 $AE /\!/ BD$，$\dfrac{OA}{OB} = \sqrt{\dfrac{2}{18}} = \dfrac{1}{3}$，

∴ $\dfrac{OG}{OC} = \dfrac{OA}{OB} = \dfrac{1}{3}$，

∴ $G(3, 0)$.

∴ $\dfrac{S_{\triangle AOE}}{S_{\triangle ACE}} = \dfrac{S_{\triangle AOG}}{S_{\triangle ACG}} = \dfrac{OG}{GC} = \dfrac{1}{2}$，$S_{\triangle AOC} = 6 S_{\triangle ACE}$，

∴ $S_{\triangle AOG} = 4 S_{\triangle AOE}$，

∴ $\dfrac{AE}{AG} = \dfrac{1}{4}$.

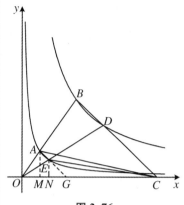

图 2.76

作 $AM \perp x$ 轴于点 M，$EN \perp x$ 轴于点 N.

设 $A(a, b)$ $(ab = 2, a > 0)$，

∴ $EN = \dfrac{3}{4} b$，$MN = \dfrac{1}{4}(3 - a)$，

∴ $ON = a + \dfrac{1}{4}(3 - a) = \dfrac{3}{4} + \dfrac{3}{4} a$，

∴ $E\left(\dfrac{3 + 3a}{4}, \dfrac{3}{4} b\right)$.

∵ 点 E 在双曲线 $y = \dfrac{2}{x}$ 上，

∴ $\dfrac{3 + 3a}{4} \cdot \dfrac{3b}{4} = \dfrac{9b + 9ab}{16} = 2$，

∴ $b = \dfrac{14}{9}$，$a = \dfrac{9}{7}$，

∴ $A\left(\dfrac{9}{7}, \dfrac{14}{9}\right)$.

思路点拨

利用题 3 的结论 (1) 得到点 G 的坐标，根据题设面积关系得到 AE 和 AG 的关系.

设点 A 的坐标参数，并用来表示点 E 的坐标，然后将其代入反比例函数式即可得解.

74. 解 如图 2.77 所示，连接 $O'C$、$O'D$，作 $CH \perp x$ 轴于点 H.

由题意知 $\odot O'$ 与反比例函数的图像均关于直线 $y = x$ 对称，设 $A(m, 2m)$，则 $C(2m, m)$，

∴ $BO' = CH = m$，$BO' /\!/ CH$，

∴ 四边形 $BHCO'$ 是平行四边形.

∵ $BH = CH$，$\angle BHC = 90°$，

∴ 四边形 $BHCO'$ 是正方形，

∴ $\angle ABC = 45°$，

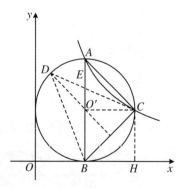

图 2.77

∴ △ACB 是等腰直角三角形.

∵ $S_1 - S_2 = S_{\triangle DBC} - S_{\triangle ACB}$,△ACB 的面积是定值,

∴ △DBC 的面积最大时,$S_1 - S_2$ 的值最大,

∴ 当 DO′⊥BC 时,△DBC 的面积最大,

∴ $\frac{1}{2} \cdot \sqrt{2}m \cdot \left(m + \frac{\sqrt{2}}{2}m\right) - \frac{1}{2} \cdot 2m \cdot m = 1$,

∴ $m^2 = 2(\sqrt{2}+1)$.

∵ $k = 2m^2$,

∴ $k = 4\sqrt{2} + 4$.

思路点拨

本题考查反比例函数和圆的综合运用.

不难判断△ACB 为等腰直角三角形,而且其面积为与 k 有关的定值. S_1 和 S_2 都属于变量,直接求 $S_1 - S_2$ 的难度极大,可借助△BCE"搭桥",得 $S_1 - S_2 = S_{\triangle DBC} - S_{\triangle ACB}$,这时问题便转化为求△DBC 的面积最大值.

设点 A、C 的坐标参数,用来表示△DBC 和△ACB 的面积即可得解.

75. **解** 连接 BP、CP、DP、OP 且 CP 交 AB 于点 M,如图 2.78 所示.

∵ AP 是圆的直径,

∴ ∠ABP = ∠CAB = 90°,

∴ CA∥BP.

又 CB∥AP,

∴ 四边形 CAPB 是平行四边形,

∴ CM = MP,

∴ 由燕尾定理得 $\frac{S_{\triangle ADP}}{S_{\triangle CAD}} = \frac{MP}{CM} = 1$,

∴ $S_{\triangle CAD} = S_{\triangle ADP} = S_{\triangle AOP} = \frac{k}{2}$.

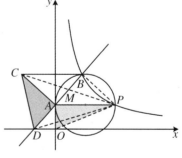

图 2.78

思路点拨

本题考查动态几何中面积的取值范围.

直径所对圆周角为 90°,结合题给条件可推出四边形 APBC 是平行四边形.直接求 $S_{\triangle ADC}$ 存在困难,应考虑等量代换.根据燕尾定理可得 $\frac{S_{\triangle ADP}}{S_{\triangle ADC}} = \frac{MP}{MC} = 1$,于是将 $S_{\triangle ADC}$ 转化为 $S_{\triangle AOP}$,从而得解.

76. **解** 如图 2.79 所示,根据题意,将曲线 C_2 连同

△POA 以坐标原点为中心顺时针旋转 45°,则对应点 P'位于 C_1 上,点 A'位于 x 轴上,且△POA≌△P'OA'.

过点 P'作 P'D⊥OA',垂足为 D,由等腰三角形的性质可知△P'OD≌△P'A'D,

∴ $S_{\triangle P'OD} = S_{\triangle P'A'D} = \dfrac{k}{2} = 4$,

∴ $S_{\triangle POA} = S_{\triangle P'OA'} = 8$.

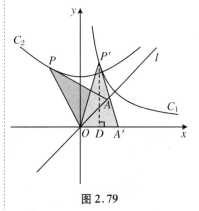

图 2.79

> **思路点拨**
>
> 本题考查反比例函数图像的旋转.
>
> 直接求△POA 的面积存在困难,应结合图形旋转的性质(旋转前后的图形全等)转化为△P'OA'的面积. △P'OA'是等腰三角形,不难想到构造"三线合一",利用 k 的面积性质便可得到△POA 的面积.

77. **解** (1) ∵ $A(1,3), B(2,4)$,

∴ 直线 AB 的解析式为 $y = x + 2$.

∵ $x_A y_A \leqslant k \leqslant x_B y_B$,

∴ $1 \times 3 \leqslant k \leqslant 2 \times 4$,

∴ $3 \leqslant k \leqslant 8$.

(2) ∵ $A(1,4), B(2,3)$,

∴ 直线 AB 的解析式为 $y = -x + 5$.

∵ $\begin{cases} y = -x + 5, \\ y = \dfrac{k}{x}, \end{cases}$

∴ $-x + 5 = \dfrac{k}{x}$,

整理得 $x^2 - 5x + k = 0$.

若直线 AB 与双曲线相切,则

$\Delta = (-5)^2 - 4k = 0$,

∴ $k = \dfrac{25}{4}$.

但此时切点为 $\left(\dfrac{5}{2}, \dfrac{5}{2}\right)$,不在线段 AB 上,故舍去.

∴ $x_A y_A = 1 \times 4 = 4, x_B y_B = 2 \times 3 = 6$,

∴ $4 \leqslant k \leqslant 6$.

(3) ∵ $A(1,4), B(3,2)$,

∴ 直线 AB 的解析式为 $y = -x + 5$.

∵ $\begin{cases} y = -x + 5, \\ y = \dfrac{k}{x}, \end{cases}$

整理得 $x^2 - 5x + k = 0$.

若直线 AB 与双曲线相切, 则

$\Delta = (-5)^2 - 4k = 0$,

$\therefore k = \dfrac{25}{4}$.

此时切点为 $\left(\dfrac{5}{2}, \dfrac{5}{2}\right)$, 在线段 AB 上.

$\because x_A y_A = 1 \times 4 = 4, x_B y_B = 3 \times 2 = 6$,

$\therefore 4 \leqslant k \leqslant \dfrac{25}{4}$.

(4) 由于 $\triangle ABC$ 是封闭图形, 只需找到三角形与双曲线的交点的上限和下限的位置即可. 下限位于点 A, 上限位于 BC 上.

① 若交点位于点 A, 则 $k = x_A y_A = 1$.
② 若交点位于线段 BC 上.

$\because B(1,4), C(5,1)$,

$\therefore$ 直线 BC 的解析式为 $y = -\dfrac{3}{4}x + \dfrac{19}{4}$.

$\because \begin{cases} y = -\dfrac{3}{4}x + \dfrac{19}{4}, \\ y = \dfrac{k}{x}, \end{cases}$

$\therefore -\dfrac{3}{4}x^2 + \dfrac{19}{4}x - k = 0$,

$\Delta = \left(\dfrac{19}{4}\right)^2 - 4 \times \dfrac{3}{4} \times k = \dfrac{361}{16} - 3k = 0$,

$\therefore k = \dfrac{361}{48}$.

此时切点为 $\left(\dfrac{19}{6}, \dfrac{19}{8}\right)$, 在线段 BC 上.

$\therefore 1 \leqslant k \leqslant \dfrac{361}{48}$.

思路点拨

(1) 当线段所在直线的斜率与反比例系数同号时, 只需考虑线段两端即可.

(2) 当线段所在直线的斜率与反比例系数异号时, 除了考虑线段两端, 还要考虑切点的存在性.

(3) 对于封闭的图形, 可拆分组成的线段, 找到满足条件的 k.

78. **解** (1) 如图 2.80 所示, 过点 A' 作 $A'E \perp y$ 轴于点 E, 过点 B' 作 $B'F \perp x$ 轴于点 F, 则 $\angle A'ED' = 90°$.

$\because$ 四边形 $A'B'C'D'$ 为正方形,

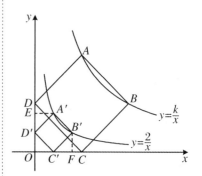

图 2.80

易证 $\triangle A'ED' \cong \triangle C'FB' \cong \triangle D'OC'$.

设 $OD' = a$，$OC' = b$，则 $EA' = FC' = OD' = a$，$ED' = FB' = OC' = b$，

∴ $A'(a, a+b)$，$B'(a+b, b)$.

∵ 点 A'、B' 在 $y = \dfrac{2}{x}$ 的图像上，

∴ $\begin{cases} a(a+b) = 2, \\ b(a+b) = 2, \end{cases}$

∴ $\begin{cases} a = 1, \\ b = 1 \end{cases}$ 或 $\begin{cases} a = -1, \\ b = -1 \end{cases}$（舍）.

在 $\text{Rt}\triangle C'OD'$ 中，$\angle C'OD' = 90°$，$OD' = OC' = 1$，

∴ $C'D' = \sqrt{OC'^2 + OD'^2} = \sqrt{2}$.

(2) 设直线 $A'B'$ 的解析式为 $y = k_1 x + b_1$，直线 $C'D'$ 的解析式为 $y = k_2 x + b_2$.

∵ $A'(1,2)$，$B'(2,1)$，$C'(1,0)$，$D'(0,1)$，

∴ $\begin{cases} 2 = k_1 + b_1, \\ 1 = 2k_1 + b_1, \end{cases}$ $\begin{cases} 0 = k_2 + b_2, \\ 1 = b_2, \end{cases}$

∴ $\begin{cases} k_1 = -1, \\ b_1 = 3, \end{cases}$ $\begin{cases} k_2 = -1, \\ b_2 = 1, \end{cases}$

∴ 直线 $A'B'$ 的解析式为 $y = -x + 3$，直线 $C'D'$ 的解析式为 $y = -x + 1$.

设点 A 的坐标为 $(m, 2m)$，点 D 的坐标为 $(0, n)$.

当点 A 在直线 $C'D'$ 上时，有 $2m = -m + 1$，解得 $m = \dfrac{1}{3}$.

此时点 A 的坐标为 $\left(\dfrac{1}{3}, \dfrac{2}{3}\right)$，

∴ $k_{\min} = \dfrac{1}{3} \times \dfrac{2}{3} = \dfrac{2}{9}$.

当点 D 在直线 $A'B'$ 上时，有 $n = 3$.

此时点 A 的坐标为 $(3, 6)$，

∴ $k_{\max} = 3 \times 6 = 18$.

综上可知，当变化的正方形 $ABCD$ 与 (1) 中的正方形 $A'B'C'D'$ 有重叠部分时，k 的取值范围为 $\dfrac{2}{9} < k < 18$.

思路点拨

本题使用设参求参法. 先找到两个正方形重叠部分的临界点,将临界点的坐标代入其所在直线的解析式,即可求出参数的值,从而得到点 A 的坐标,再根据反比例函数图像上点的坐标特征即可得出 k 的取值范围.

79. **解** 设点 A 的坐标为 $\left(a, \dfrac{2}{3}a\right)$.

$\because \dfrac{AO}{BC} = 2$,取 AO 的中点 D,如图 2.81 所示,

$\therefore$ 点 B 相当于点 D 向右平移了 3 个单位.

$\because$ 点 D 的坐标为 $\left(\dfrac{a}{2}, \dfrac{a}{3}\right)$,

$\therefore$ 点 B 的坐标为 $\left(3+\dfrac{a}{2}, \dfrac{a}{3}\right)$.

$\because$ 点 A、B 都在反比例函数 $y = \dfrac{k}{x}$ 的图像上,

$\therefore a \cdot \dfrac{2}{3}a = \left(3+\dfrac{a}{2}\right) \cdot \dfrac{a}{3}$,

$\therefore a = 0$(不合题意,舍),$a = 2$,

$\therefore$ 点 A 的坐标为 $\left(2, \dfrac{4}{3}\right)$,

$\therefore k = 2 \times \dfrac{4}{3} = \dfrac{8}{3}$.

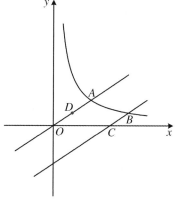

图 2.81

思路点拨

几何变换首先考虑对应点. 设点 A 的坐标,取 OA 的中点 D,根据线段的中点坐标公式求出点 D 的坐标,再根据平移的性质求出点 B 的坐标. 把点 A、B 的坐标代入双曲线的解析式即可求出 k 的值.

80. **解** 由题意可得 $\angle AOE = 120°$,$OE = OA = 2$,

$\therefore A(1, \sqrt{3}), B(0, 2\sqrt{3}), C(-2, 2\sqrt{3})$,

将该正六边形向右平移 $a(a > 0)$ 个单位后,点 A 对应的点的坐标为 $(1+a, \sqrt{3})$,点 B 对应的点的坐标为 $(a, 2\sqrt{3})$,点 C 对应的点的坐标为 $(-2+a, 2\sqrt{3})$.

① 平移后点 A 的对应点和点 B 的对应点在反比例函数 $y = \dfrac{k}{x}(k>0)$ 的图像上,

$\therefore (1+a) \cdot \sqrt{3} = a \cdot 2\sqrt{3}$,

$\therefore a = 1$,

∴ $k=(1+a)\sqrt{3}=2\sqrt{3}$.

② 平移后点 A 的对应点和点 C 的对应点在反比例函数 $y=\dfrac{k}{x}(k>0)$ 的图像上,

∴ $(1+a)\cdot\sqrt{3}=(-2+a)\cdot 2\sqrt{3}$,

∴ $a=5$,

∴ $k=(1+a)\sqrt{3}=6\sqrt{3}$,

∴ $k=2\sqrt{3},6\sqrt{3}$.

思路点拨

本题属于反比例函数与几何图像平移的综合问题.根据题意可以分别求得点 A、B、C 对应的点的坐标.根据题意可知反比例函数图像可能经过点 A 和点 B 的对应点或者经过点 A 和点 C 的对应点,要分两种情况求得 k 的值.

81. 解 直线 $y=\dfrac{2}{3}x$ 向左平移 6 个单位长度后的解析式为 $y=\dfrac{2}{3}(x+6)$,即 $y=\dfrac{2}{3}x+4$,

∴ 直线 $y=\dfrac{2}{3}x+4$ 交 y 轴于 $E(0,4)$.

作 $EF\perp OB$ 于点 F,如图 2.82 所示,

∴ 直线 EF 的解析式为 $y=-\dfrac{3}{2}x+4$.

由 $\begin{cases} y=\dfrac{2}{3}x, \\ y=-\dfrac{3}{2}x+4 \end{cases}$ 解得 $\begin{cases} x=\dfrac{24}{13}, \\ y=\dfrac{16}{13}, \end{cases}$ 即 $F\left(\dfrac{24}{13},\dfrac{16}{13}\right)$,

∴ $EF=\sqrt{\left(\dfrac{24}{13}\right)^2+\left(\dfrac{16}{13}-4\right)^2}=\dfrac{12\sqrt{13}}{13}$.

∵ $S_{\triangle ABC}=4$,

∴ $\dfrac{1}{2}\cdot AB\cdot EF=4$,

∴ $AB=\dfrac{2\sqrt{13}}{3}$.

∴ $\dfrac{AB}{OA}=\dfrac{2}{3}$,

∴ $OA=\dfrac{3}{2}AB=\sqrt{13}$,

∴ $A(3,2),B\left(5,\dfrac{10}{3}\right)$,

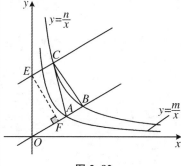

图 2.82

$\therefore m=6, n=\dfrac{50}{3}$,

$\therefore mn=100$.

思路点拨

本题属于双反比例函数与直线平移的综合问题.根据平移规律,求出平移后的直线为 $y=\dfrac{2}{3}x+4$,直线 EF 的解析式为 $y=-\dfrac{3}{2}x+4$.平行线 EC 和 OB 的间距等于 $\triangle ABC$ 的高,已知 $S_{\triangle ABC}=4$,可求 AB 长.结合题设条件,不难求出点 A、B 的坐标,从而求出 m 和 n,故得解.

82. **解** 过点 P 作 AB 的平行线交双曲线右支于点 P',如图 2.83 所示.

由 $\begin{cases} y=x, \\ y=\dfrac{k}{x} \end{cases}$ 解得 $\begin{cases} x_1=-\sqrt{k}, \\ y_1=-\sqrt{k}, \end{cases} \begin{cases} x_2=\sqrt{k}, \\ y_2=\sqrt{k}. \end{cases}$

$\therefore A(-\sqrt{k},-\sqrt{k}), B(\sqrt{k},\sqrt{k})$.

$\because PQ=6$,

$\therefore OP=3$,

$\therefore P\left(-\dfrac{3\sqrt{2}}{2},\dfrac{3\sqrt{2}}{2}\right)$.

根据平移的规律可知,从点 P 到点 P' 等价于从点 A 到点 B,

$\therefore P'\left(-\dfrac{3\sqrt{2}}{2}+2\sqrt{k},\dfrac{3\sqrt{2}}{2}+2\sqrt{k}\right)$.

又点 P' 在双曲线 $y=\dfrac{k}{x}$ 上,

$\therefore \left(-\dfrac{3\sqrt{2}}{2}+2\sqrt{k}\right)\cdot\left(\dfrac{3\sqrt{2}}{2}+2\sqrt{k}\right)=k$,

$\therefore k=\dfrac{3}{2}$.

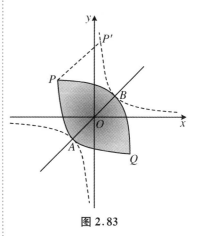

图 2.83

思路点拨

本题属于反比例函数图像平移的问题.利用图形的对称性,结合点 A、B 和 P 的坐标,可得出点 P' 的坐标.再利用反比例函数图像上点的坐标特征可得到关于 k 的一元一次方程,从而得解.

83. **解** (1) 根据题意,可得 $B(2,4),C(6,4),D(6,6)$.

显然,平移后 A'、C' 两点恰好同时落在反比例函数的图像上.

设矩形 $ABCD$ 向下平移的距离为 a,则 $A'(2,6-a)$,

$C'(6,4-a)$.

∵ 点 A'、C' 在反比例函数 $y=\dfrac{k}{x}$ 的图像上,

∴ $k=2(6-a)=6(4-a)$,

∴ $a=3$,

∴ 矩形平移后 $A'(2,3)$,

∴ 反比例函数的解析式是 $y=\dfrac{6}{x}$.

(2) 当点 E 和点 A' 重合时,点 E 的纵坐标是 $y=\dfrac{6}{2}=3$,矩形平移时间 $t=\dfrac{6-3}{1}=3$.

当点 F 和点 D' 重合时,点 F 的纵坐标是 $y=\dfrac{6}{6}=1$,矩形平移时间 $t=\dfrac{6-1}{1}=5$.

① 当 $1<t\leqslant 3$ 时,如图 2.84 所示.

∵ $B'F=\dfrac{6}{4-t}-2=\dfrac{2t-2}{4-t}$,$B'E=2-(6-3-t)=t-1$,

∴ $S=\dfrac{1}{2}B'F\cdot B'E=\dfrac{1}{2}(t-1)\times\dfrac{2t-2}{4-t}=\dfrac{(t-1)^2}{4-t}$.

② 当 $3<t<5$ 时,如图 2.85 所示.

∵ $ED'=6-\dfrac{6}{6-t}=\dfrac{30-6t}{6-t}$,$D'F=6-t-1=5-t$,

∴ $S=2\times 4-\dfrac{1}{2}\times\dfrac{30-6t}{6-t}\times(5-t)=8-\dfrac{3(5-t)^2}{6-t}$.

综上,可得 $S=\begin{cases}\dfrac{(t-1)^2}{4-t},1<t\leqslant 3,\\ 8-\dfrac{3(5-t)^2}{6-t},3<t<5.\end{cases}$

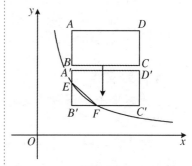

图 2.84

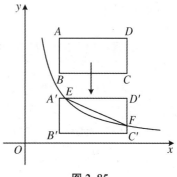

图 2.85

思路点拨

本题属于反比例函数与几何图形平移的综合问题.

(1) 设平移量为 a,根据题意知恰好落在反比例函数图像上的两点必为点 A'、C',则 $A'(2,6-a)$,$C'(6,4-a)$.利用反比例函数图像上点的坐标特征建立关于 a 的方程,解得 a,便知 $A'(2,3)$.从而得到反比例函数的解析式.

(2) 首先分别求出点 E 和点 A' 重合时、点 F 和点 D' 重合时矩形平移的时间,然后按照 $1<t\leqslant 3$ 和 $3<t<5$ 分两种情况进行讨论,求出 S 与 t 的函数关系式即可.

84. 解 作 $CD \perp y$ 轴于点 D，连接 OC，如图 2.86 所示.

$\because OA = 2, OB = 1$,

$\therefore AB = \sqrt{5}$.

$\because S_{AOBC} = 2S_{\triangle AOB} = \dfrac{1}{2} AB \cdot OC$,

$\therefore OC = \dfrac{4\sqrt{5}}{5}$.

$\because \tan \angle COD = \tan \angle BAO = \dfrac{1}{2}$,

设 $C(a, 2a)$,

$\therefore OC^2 = a^2 + (2a)^2 = 5a^2 = \left(\dfrac{4\sqrt{5}}{5}\right)^2 = \dfrac{16}{5}$,

$\therefore a = \dfrac{4}{5}$,

$\therefore C\left(\dfrac{4}{5}, \dfrac{8}{5}\right)$,

$\therefore k = \dfrac{4}{5} \times \dfrac{8}{5} = \dfrac{32}{25}$.

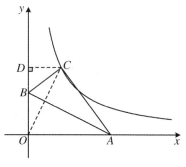

图 2.86

思路点拨

本题属于反比例函数与几何图形轴对称的综合问题.

欲求 k，目标在于点 C 的坐标. 点 C 经几何变换后的对应点为 O，AB 是 OC 的中垂线. 可利用等面积法，由 $S_{AOBC} = 2S_{\triangle AOB} = \dfrac{1}{2} AB \cdot OC$ 得出 OC 的长度，此外导角可得 $\angle COD = \angle BAO$，从而求出点 C 的坐标，故得解.

85. 解 (1) 过点 D 作 $DM \perp x$ 轴于点 M，如图 2.87 所示.

$\because$ 点 D 的横坐标是它的纵坐标的 2 倍，即 $OM = 2DM$,

$\therefore OA = 2AB$.

$\because E(4, n)$,

$\therefore OA = 4$,

$\therefore AB = 2$.

(2) $\because D$ 为 OB 的中点，$B(4, 2)$,

$\therefore D(2, 1)$.

把 $D(2, 1)$ 代入 $y = \dfrac{k}{x}$ 得 $k = 2$,

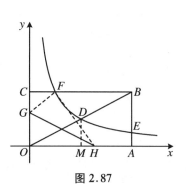

图 2.87

∴ 反比例函数的解析式为 $y = \dfrac{2}{x}$.

把 $E(4, n)$ 代入 $y = \dfrac{2}{x}$ 得 $n = \dfrac{1}{2}$.

(3) 连接 GF、FH.

由 $F(1, 2)$ 得到 $CF = 1$.

由折叠得 $\triangle OGH \cong \triangle FGH$,

∴ $OG = FG$.

∵ $OC = AB = 2$,

设 $OG = FG = x$,则 $CG = 2 - x$.

在 Rt$\triangle CFG$ 中,由勾股定理得 $FG^2 = CG^2 + CF^2$,即 $x^2 = (2-x)^2 + 1$,

∴ $x = \dfrac{5}{4}$,即 $OG = \dfrac{5}{4}$.

思路点拨

本题属于反比例函数与几何图形轴对称的综合问题.

欲求 OG 的长,可从对应点 F 入手.根据轴对称的性质得 $OG = GF$,考虑到 $\angle GCF = 90°$,设 $OG = x$,利用勾股定理建立方程,从而得解.

86. **解** 连接 AC,作 $EG \perp x$ 轴于点 G,如图 2.88 所示.

∵ $AC \parallel EF$,

∴ $\angle CAB = \angle FEB$,

∴ $\tan \angle FEB = \tan \angle CAB = \dfrac{1}{2}$,

∴ $\dfrac{BF}{BE} = \dfrac{DF}{ED} = \dfrac{1}{2}$.

易证 $\triangle GED \sim \triangle CDF$,且相似比为 $2:1$,

∴ $DC = \dfrac{1}{2} EG = 1$,$CF = \dfrac{1}{2} DG$.

∵ $\dfrac{AE}{BE} = \dfrac{CF}{BF} = \dfrac{CF}{DF} = \dfrac{DG}{ED} = \dfrac{DG}{BE}$,

∴ $AE = DG = OG$.

设 $AE = DG = OG = 2a$,则 $CF = a$,

∴ $k = OC \cdot CF = OG \cdot EG$,

∴ $(4a + 1)a = 4a \Rightarrow a = \dfrac{3}{4}$,

∴ $k = 2 \cdot 2a = 3$.

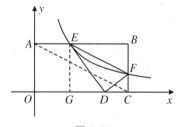

图 2.88

反比例与最值问题

思路点拨

本题属于反比例函数与几何图形轴对称的综合问题.

利用 k 的面积性质可得 $k = OC \cdot CF = OG \cdot EG$,可见关键在于求 E、F 两点的坐标.

易证 $\triangle GED \backsim \triangle CDF$,从而得到线段之间的关系,再利用设参法表示点 E、F 的坐标,根据反比例函数图像上点的特征建立方程,便得解.

87. **解** 如图 2.89 所示.

∵ △APQ 与 △CPQ 关于 PQ 对称,

∴ $PC = PA$,$QC = QA$.

又 $PA = QA$,

∴ $PC = PA = QC = QA$,

∴ 四边形 APCQ 是菱形,

∴ $PC // QA$,$PA // QC$.

∵ OA 是 ⊙P 的直径,

∴ $\angle ABO = 90°$.

∵ $PC // QA$,

∴ $\angle PEO = \angle ABO = 90°$.

设点 P 的横坐标为 a.

∵ 点 P 为反比例函数 $y = \dfrac{6}{x}(x>0)$ 的图像上一点,

∴ $y_P = \dfrac{6}{a}(a>0)$,

∴ $OE = a$,$PE = \dfrac{6}{a}$.

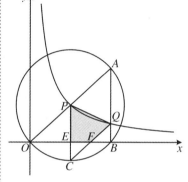

图 2.89

根据垂径定理可得 $OE = BE = a$,

又 $OP = PA$,

∴ $AB = 2PE = \dfrac{12}{a}$.

∵ 点 Q 在反比例函数 $y = \dfrac{6}{x}(x>0)$ 的图像上,且 $x_Q = 2a$,

∴ $y_Q = \dfrac{6}{2a} = \dfrac{3}{a}$,

∴ $QB = \dfrac{3}{a}$,

∴ $PC = QA = AB - QB = \dfrac{12}{a} - \dfrac{3}{a} = \dfrac{9}{a}$,

∴ $EC = PC - PE = \dfrac{9}{a} - \dfrac{6}{a} = \dfrac{3}{a}$,

$\therefore EC = \dfrac{1}{2}PE$.

$\because OP \parallel QC$,

$\therefore \triangle CEF \backsim \triangle PEO$,

$\therefore \dfrac{EF}{OE} = \dfrac{EC}{PE}$,

$\therefore \dfrac{EF}{a} = \dfrac{1}{2}$,

$\therefore EF = \dfrac{a}{2}$,

$\therefore S_{\triangle CEF} = \dfrac{1}{2}EC \cdot EF = \dfrac{1}{2} \times \dfrac{3}{a} \times \dfrac{a}{2} = \dfrac{3}{4}$.

$\therefore S_{\triangle CPQ} = \dfrac{1}{2}PC \cdot BE = \dfrac{1}{2} \times \dfrac{9}{a} \times a = \dfrac{9}{2}$,

$\therefore S_{四边形\ PEFQ} = S_{\triangle CPQ} - S_{\triangle CEF} = \dfrac{9}{2} - \dfrac{3}{4} = \dfrac{15}{4}$.

思路点拨

本题属于反比例函数与圆中几何图形翻折的综合问题. 利用 $OP \parallel CQ$ 证得 $\triangle CEF \backsim \triangle PEO$,从而求出 EF 的长. 然后分别求出 $\triangle CEF$ 和 $\triangle CPQ$ 的面积,使用割补法就可解决问题,$S_{四边形\ PEFQ} = S_{\triangle CPQ} - S_{\triangle CEF}$.

88. 解 $\because F(4,2)$,

$\therefore OF = \sqrt{2^2 + 4^2} = 2\sqrt{5}$.

由旋转的性质可得 $ON = OF = 2\sqrt{5} = \sqrt{(-1)^2 + y_N^2}$,

$\therefore y_N = -\sqrt{19}$(舍去),$y_N = \sqrt{19}$,

$\therefore N(-1, \sqrt{19})$.

作 $MK \perp x$ 轴于点 K,$NH \perp KM$ 的延长线于点 H,如图 2.90 所示,

$\therefore \triangle NHM \backsim \triangle MKO$,

$\therefore \dfrac{NH}{MK} = \dfrac{HM}{OK} = \dfrac{MN}{MO} = \dfrac{1}{2}$.

设 $HM = a$,$OK = 2a$,$NH = b$,$MK = 2b$,

$\therefore \begin{cases} 2a = b - 1, \\ a + 2b = \sqrt{19}, \end{cases}$

$\therefore \begin{cases} a = \dfrac{\sqrt{19} - 2}{5}, \\ b = \dfrac{2\sqrt{19} + 1}{5}, \end{cases}$

$\therefore \tan\angle AOG = \tan\angle OMK = \dfrac{2a}{2b} = \dfrac{8 - \sqrt{19}}{15}$,

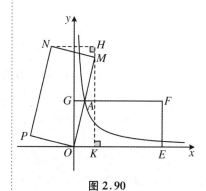

图 2.90

$\therefore AG = OG\tan\angle AOG = \dfrac{16-2\sqrt{19}}{15}$,

$\therefore A\left(\dfrac{16-2\sqrt{19}}{15}, 2\right)$,

$\therefore k = \dfrac{16-2\sqrt{19}}{15} \times 2 = \dfrac{32-4\sqrt{19}}{15}$.

思路点拨

本题属于反比例函数与几何图形旋转的综合问题.
求 k 的关键在于求点 A 的坐标,题设已给出点 A 的纵坐标,所以只需求 AG 的长,于是要先求出 $\tan\angle AOG$. 直接求 $\tan\angle AOG$ 存在困难,突破口是将 $\tan\angle AOG$ 转化为 $\tan\angle OMK$,问题便围绕点 M 展开. 利用旋转的性质易得点 N 的坐标,然后便可以利用我们熟悉的垂直模型进行坐标的处理,从而得解.

89. **解** 过点 E 作 $EH \perp OB$ 于点 H,如图 2.91 所示,

$\therefore \angle EHO = \angle BHE = 90°$.

由题意可得 $\triangle CAB \cong \triangle CDB \cong \triangle OEB$,

$\therefore \angle ACB = \angle DCB = \angle EOB$,

$\quad \angle CAB = \angle CDB = \angle OEB = 90°$,

$\quad AC = CD = OE, AB = DB = EB$.

$\because \tan\angle ACB = \dfrac{1}{3}$,

$\therefore \tan\angle EOB = \dfrac{EH}{OH} = \dfrac{1}{3}$.

设 $EH = a$,则 $OH = 3a$,

$\therefore$ 点 E 的坐标为 $(3a, a)$.

$\because$ 点 E 在反比例函数 $y = \dfrac{12}{x}(x>0)$ 的图像上,

$\therefore 3a^2 = 12$,

$\therefore a = 2(a>0)$,

$\therefore OH = 6, EH = 2$,

$\therefore AC = OE = \sqrt{OH^2 + EH^2} = \sqrt{40} = 2\sqrt{10}$.

$\because \angle OEH = 90° - \angle HEB = \angle EBH$,

$\therefore \triangle OHE \backsim \triangle EHB$,

$\therefore \dfrac{OH}{EH} = \dfrac{EH}{HB}$,

$\therefore HB = \dfrac{2}{3}$,

$\therefore AB = EB = \sqrt{EH^2 + HB^2} = \sqrt{4+\dfrac{4}{9}} = \dfrac{2\sqrt{10}}{3}$.

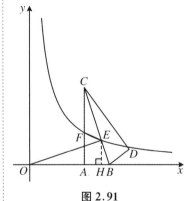

图 2.91

$\therefore AH = AB - HB = \dfrac{2\sqrt{10}}{3} - \dfrac{2}{3} = \dfrac{2\sqrt{10}-2}{3}$,

$OA = OB - AB = OH + HB - AB = \dfrac{20-2\sqrt{10}}{3}$,

$\therefore$ 点 F 的横坐标为 $\dfrac{20-2\sqrt{10}}{3}$.

$\because$ 点 F 在反比例函数 $y=\dfrac{12}{x}(x>0)$ 的图像上,

$\therefore AF = \dfrac{12}{\dfrac{20-2\sqrt{10}}{3}} = \dfrac{10+\sqrt{10}}{5}$,

$\therefore CF = AC - AF = 2\sqrt{10} - \dfrac{10+\sqrt{10}}{5} = \dfrac{9\sqrt{10}-10}{5}$,

$\therefore S_{\triangle CEF} = \dfrac{1}{2}CF \cdot AH = \dfrac{100-19\sqrt{10}}{15}$.

思路点拨

本题同时存在旋转和轴对称两种几何变换.

对于几何变换问题,关键在于找对应点. 本题中,旋转的对应点为 D、E,轴对称的对应点为 D、A. 注意到点 E、F 同时存在于反比例函数图像上,突破口便为这两点的坐标.

90. 解 $\because$ 点 $A(m, m+1)$、$B(m+3, m-1)$ 都在反比例函数 $y = \dfrac{k}{x}$ 的图像上,

$\therefore k = m(m+1) = (m+3)(m-1)$,

$\therefore m^2 + m = m^2 + 2m - 3$,

$\therefore m = 3$,

$\therefore A(3,4), B(6,2), k = 3 \times 4 = 12$.

设 $M(m,0), N(0,n)$.

(1) 以 AB 为边.

① 四边形 $ANMB$ 是平行四边形.

根据平移的规律,点 A 平移到点 M 等价于点 B 平移到点 N,

$\therefore \begin{cases} 0-4 = n-2, \\ m-3 = 0-6, \end{cases}$

$\therefore \begin{cases} m = -3, \\ n = -2, \end{cases}$

$\therefore M(-3,0), N(0,-2)$.

② 四边形 $AMNB$ 是平行四边形.

根据平移的规律,点 A 平移到点 N 等价于点 B 平移到点 M,

∴ $\begin{cases} 0-3=m-6, \\ n-4=0-2, \end{cases}$

∴ $\begin{cases} m=3, \\ n=2, \end{cases}$

∴ $M(3,0)$,$N(0,2)$.

(2) 以 AB 为对角线.

此时只有一种情况:四边形 $ANBM$ 是平行四边形.

根据平移的规律,点 A 平移到点 N 等价于点 M 平移到点 B,

∴ $\begin{cases} 0-3=6-m, \\ n-4=2-0, \end{cases}$

∴ $\begin{cases} m=9, \\ n=6, \end{cases}$

∴ $M(9,0)$,$N(0,6)$.(此时,M、N、A、B 四点共线,舍.)

综上所述,满足题设条件的点为 $M(3,0)$、$N(0,2)$ 或 $M(-3,0)$、$N(0,-2)$.

思路点拨

本题属于典型的平行四边形存在性问题.

由题意知 A、B 两点为定点,M、N 两点为动点,这是典型的"双定点+双动点"结构,问题按照双定点组成边或对角线进行分类讨论.考虑到初中生的水平,常用平移的规律替代中点坐标公式.

91.(1) **解** 如图 2.92 所示,过点 C 作 $CE \perp x$ 轴于点 E,

∴ $\angle CEO = 90°$.

∵ $\angle COA = 45°$,

∴ $\angle OCE = 45°$.

∵ $OC = 2\sqrt{2}$,

∴ $OE = CE = 2$,

∴ $C(2,2)$.

∵ 点 C 在反比例函数的图像上,

∴ $k = 2 \times 2 = 4$,

∴ 反比例函数的解析式为 $y = \dfrac{4}{x}$.

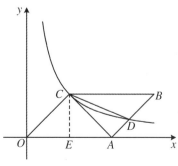

图 2.92

(2) **证** 如图 2.93 所示,过点 D 作 $DG \perp x$ 轴于点 G,延长 GD 交 BC 于点 F.

∵ $CB // x$ 轴,
∴ $GF \perp BC$.
∵ $OA = 4$,
由(1)知,$OE = CE = 2$,
∴ $AE = CE = 2$,
∴ $\angle ECA = 45°, \angle OCA = 90°$.
∵ $OC // AB$,
∴ $\angle BAC = \angle OCA = 90°$,
∴ $AD \perp AC$.
∵ $A(4,0), AB // OC$,
∴ 直线 AB 的解析式为 $y = x - 4$.

由 $\begin{cases} y = x - 4, \\ y = \dfrac{4}{x} \end{cases}$ 解得 $\begin{cases} x = 2\sqrt{2}+2, \\ y = 2\sqrt{2}-2 \end{cases}$ 或 $\begin{cases} x = 2-2\sqrt{2}, \\ y = -2-2\sqrt{2} \end{cases}$ (舍),

∴ $D(2\sqrt{2}+2, 2\sqrt{2}-2)$,
∴ $AG = DG = 2\sqrt{2} - 2$,
∴ $AD = \sqrt{2}DG = 4 - 2\sqrt{2}$,
∴ $DF = 2 - (2\sqrt{2} - 2) = 4 - 2\sqrt{2}$,
∴ $AD = DF$.
∵ $AD \perp AC, DF \perp BC$,
∴ 点 D 在 $\angle ACB$ 的平分线上,即 CD 平分 $\angle ACB$.

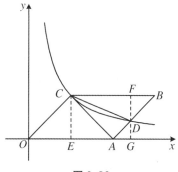

图 2.93

(3) 解 存在.
∵ $C(2,2)$,
∴ 直线 OC 的解析式为 $y = x, OC = 2\sqrt{2}$.
∵ $D(2\sqrt{2}+2, 2\sqrt{2}-2)$.

① 如图 2.94 所示,点 P 在点 C 右侧,即点 P 的横坐标大于 2.
∵ $S_{\triangle POC} = \dfrac{1}{2} S_{\triangle COD}$,

设 CD 的中点为 M,则 $M(\sqrt{2}+2, \sqrt{2})$.
过点 M 作 $MP // OC$ 交双曲线于点 P,
∴ 直线 PM 的解析式为 $y = x - 2$.

由 $\begin{cases} y = x - 2, \\ y = \dfrac{4}{x} \end{cases}$ 解得 $\begin{cases} x = \sqrt{5}+1, \\ y = \sqrt{5}-1 \end{cases}$ 或 $\begin{cases} x = 1-\sqrt{5}, \\ y = -1-\sqrt{5} \end{cases}$ (舍),

∴ $P(\sqrt{5}+1, \sqrt{5}-1)$.

② 点 P 在点 C 左侧,即点 P 的横坐标大于 0 而小于 2.
∵ $PM // OC$,且此时 PM 与①中 PM 关于 OC 对称,

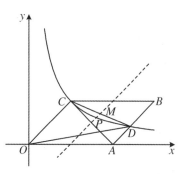

图 2.94

∴ 点 P 所在直线的解析式为 $y = x + 2$.

由 $\begin{cases} y = x + 2, \\ y = \dfrac{4}{x} \end{cases}$ 解得 $\begin{cases} x = \sqrt{5} - 1, \\ y = \sqrt{5} + 1 \end{cases}$ 或 $\begin{cases} x = -1 - \sqrt{5}, \\ y = 1 - \sqrt{5} \end{cases}$ (舍),

∴ $P(\sqrt{5} - 1, \sqrt{5} + 1)$.

综上, 点 P 的坐标为 $(\sqrt{5} + 1, \sqrt{5} - 1)$ 或 $(\sqrt{5} - 1, \sqrt{5} + 1)$.

思路点拨

要证明 CD 平分 $\angle ACB$,首选角平分线判定定理,注意到 $AD \perp AC$,此时只需证点 D 到 BC 的距离与 AD 相等即可.

第三问分两种情况讨论,利用面积关系得点 P 到 OC 的距离等于 CD 的一半便能得出结论.

92. 解 ∵ $CD \perp OA$,

∴ $CD \parallel OB$,

∴ $\dfrac{OB}{CD} = \dfrac{OA}{AD} = \dfrac{1}{2}$,

∴ $CD = 2OB = 8$.

∵ $OA = OD = \dfrac{3}{4} OB = 3$,

∴ $A(3, 0), B(0, 4), C(-3, 8)$.

把 A、B 两点的坐标分别代入 $y = ax + b$ 可得 $\begin{cases} 3a + b = 0, \\ b = 4, \end{cases}$ 解得 $\begin{cases} a = -\dfrac{4}{3}, \\ b = 4, \end{cases}$

∴ 一次函数的解析式为 $y = -\dfrac{4}{3} x + 4$.

∵ 反比例函数 $y = \dfrac{k}{x}$ 的图像经过点 C,

∴ $k = -24$,

∴ 反比例函数的解析式为 $y = -\dfrac{24}{x}$.

∵ $B(0, 4), C(-3, 8)$,

∴ $BC = 5$.

∵ $\triangle PBC$ 是以 BC 为一腰的等腰三角形,

∴ 有 $BC = BP$ 和 $BC = PC$ 两种情况,如图 2.95 所示.

(1) 当 $BC = BP$ 时, $BP = 5$,

∴ $OP = BP + OB = 9$ 或 $OP = BP - OB = 1$,

∴ $P_1(0, 9), P_2(0, -1)$.

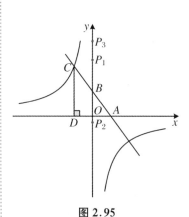

图 2.95

(2) 当 $BC=PC$ 时,点 C 在线段 BP 的垂直平分线上,
∴线段 BP 的中点坐标为 $(0,8)$,
∴ $P_3(0,12)$.
综上可知,存在满足条件的点 P,其坐标为 $(0,9)$、$(0,-1)$ 或 $(0,12)$.

思路点拨

本题属于等腰三角形存在性问题.注意分类讨论:$BC=BP$ 和 $BC=PC$.当 $BC=PC$ 时,点 C 在线段 BP 的垂直平分线上,则可求得 BP 的中点坐标,相当于"三线合一"的逆应用.

93. 解 ∵点 A 的坐标为 $(-2,4)$,
∴ $k'=-2\times 4=-8$,
∴反比例函数的解析式为 $y=-\dfrac{8}{x}$.

当 $x=-4$ 时,$y=-\dfrac{8}{-4}=2$,
∴ $B(-4,2)$.

把 $A(-2,4)$ 和 $B(-4,2)$ 代入 $y=kx+b$ 得
$\begin{cases}-2k+b=4,\\-4k+b=2,\end{cases}$ 解得 $\begin{cases}k=1,\\b=6,\end{cases}$
∴ $y=x+6$.

当 $y=0$ 时,$x=-6$,
∴ $C(-6,0)$.

如图 2.96 所示,过点 A 作 $AE \parallel y$ 轴,过点 B 作 $BE \parallel x$ 轴.
∵ $A(-2,4)$,$B(-4,2)$,
∴ $AE=BE=2$,
∴ $AB=2\sqrt{2}$.

过点 B 作 $BF \perp x$ 轴于点 F,则 $BF=2$.

分两种情况讨论:
(1) 以 AB 为边时,点 M 在点 F 的右侧,如图 2.96 所示.
∵ $FM=\sqrt{BM^2-BF^2}=\sqrt{(2\sqrt{2})^2-2^2}=2$,
∴ $OM=4-2=2$.
∵ $MN=AB=2\sqrt{2}$,
∴ $ON=2$.

根据点 B 到点 M 的平移规律,可得点 N 的横坐标为 0,

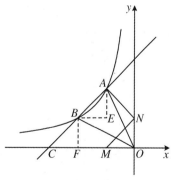

图 2.96

∴ $N(0,2)$.

(2) 以 AB 为对角线时，如图 2.97 所示.

∵ 直线 AB 的解析式为 $y = x + 6$，

又 $A(-2,4)$，$B(-4,2)$，

∴ AB 的中垂线必经过点 O，

∴ 点 M 与点 O 重合，$\angle NOC = 45°$.

由勾股定理得 $OG = \sqrt{OB^2 - BG^2} = \sqrt{(2\sqrt{5})^2 - (\sqrt{2})^2} = 3\sqrt{2}$，

∴ $ON = 6\sqrt{2}$，

∴ $N(-6,6)$.

综上所述，点 N 的坐标为 $(0,2)$ 或 $(-6,6)$.

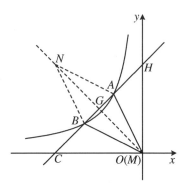

图 2.97

思路点拨

本题属于菱形存在性问题，分类讨论的方法参见题 90. 菱形的判定有别于一般平行四边形，要注意邻边相等的条件.

94. **解** (1) 如图 2.98 所示，过点 M 作 $MC \perp x$ 轴于点 C，$MD \perp y$ 轴于点 D，

∵ $\angle MCA = \angle MDB = 90°$，$\angle AMC = \angle BMD$，$MC = MD$，

∴ $\triangle AMC \cong \triangle BMD$，

∴ $S_{四边形OCMD} = S_{四边形OAMB} = 6$，

∴ $k = 6$.

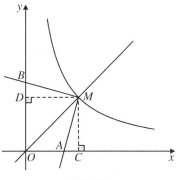

图 2.98

(2) 存在点 E，使得 $PE = PF$.

由题意得点 P 的坐标为 $(3,2)$.

① 如图 2.99 所示，过点 P 作 $PG \perp x$ 轴于点 G，过点 F 作 $FH \perp PG$ 于点 H，交 y 轴于点 K.

∵ $\angle PGE = \angle FHP = 90°$，$\angle EPG = \angle PFH$，$PE = PF$，

∴ $\triangle PGE \cong \triangle FHP$，

∴ $PG = FH = 2$，$FK = OK = 3 - 2 = 1$，$GE = HP = 2 - 1 = 1$，

∴ $OE = OG + GE = 3 + 1 = 4$，

∴ $E(4,0)$.

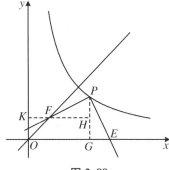

图 2.99

② 如图 2.100 所示，过点 P 作 $PG \perp x$ 轴于点 G，过点 F 作 $FH \perp PG$ 于点 H，交 y 轴于点 K.

∵ $\angle PGE = \angle FHP = 90°$，$\angle EPG = \angle PFH$，$PE = PF$，

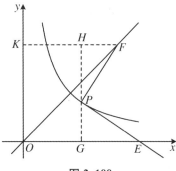

图 2.100

$\therefore \triangle PGE \cong \triangle FHP$,
$\therefore PG = FH = 2, FK = OK = 3 + 2 = 5$,
    $GE = HP = 5 - 2 = 3$,
$\therefore OE = OG + GE = 3 + 3 = 6$,
$\therefore E(6, 0)$.

思路点拨

第一问,四边形 $OAMB$ 对角互补,且 MO 平分 $\angle xOy$,常见的辅助线添加方法是过点 M 向坐标轴作垂线,从而得到 $S_{\text{四边形}OCMD} = S_{\text{四边形}OAMB}$.

第二问,注意分点 F 在点 P 下方和上方两种情况,利用垂直模型不难求解.

95. **解** 存在.

当点 D 在线段 BC 上时,过点 E 作 $EM \perp y$ 轴于点 M,如图 2.101 所示.

设 $F(0, t)$,则 $OF = t, CF = 2 - t$.

由题意可设 $D\left(\dfrac{k}{2}, 2\right), E(1, k)$.

$\therefore AE = OM = k, BE = 2 - k, CD = \dfrac{k}{2}, BD = 1 - \dfrac{k}{2}$,
  $MF = t - k$.

$\because \triangle DEF \cong \triangle DEB$,

$\therefore DF = BD = 1 - \dfrac{k}{2}, EF = BE = 2 - k$.

$\because$ 在 $\mathrm{Rt}\triangle CDF$ 中,$CD^2 + CF^2 = DF^2$,

$\therefore \left(\dfrac{k}{2}\right)^2 + (2-t)^2 = \left(1 - \dfrac{k}{2}\right)^2$,

$\therefore k = -t^2 + 4t - 3$.

$\because \triangle CDF \sim \triangle MFE$,

$\therefore \dfrac{DF}{EF} = \dfrac{CF}{EM}$,

$\therefore \dfrac{1 - \dfrac{k}{2}}{2 - k} = \dfrac{2 - t}{1}$,

$\therefore t = \dfrac{3}{2}$,

$\therefore k = -\dfrac{9}{4} + 6 - 3 = \dfrac{3}{4}$,

$\therefore$ 点 D 的坐标为 $\left(\dfrac{3}{8}, 2\right)$.

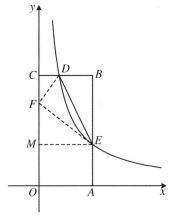

图 2.101

> **思路点拨**
>
> 本题属于图形关系存在性问题.
>
> (1) 折叠属于几何变换的一种.此类问题的突破口是对应点.本题中,关键点为 F、B.
>
> (2) 难点在于点 F 坐标的求解,通常采取设参消参法.先设 $F(0,t)$,利用勾股定理可得 $CD^2 + CF^2 = DF^2$,建立关于参数 t 的方程,从而消参.由 $\triangle CDF \backsim \triangle MFE$ 可得 $\dfrac{DF}{EF} = \dfrac{CF}{EM}$,求出参数 t.
>
> 注意,若点 D 在 CB 的延长线上,则存在相应的点 $D\left(\dfrac{8}{3}, 2\right)$.

96. **解** (1) 由"倍双曲线"的定义知,双曲线 $y = \dfrac{3}{x}$ 的"倍双曲线"是 $y = \dfrac{6}{x}$,双曲线 $y = \dfrac{8}{x}$ 的"半双曲线"是 $y = \dfrac{4}{x}$.

(2) 依题意可知双曲线 $y = \dfrac{2k}{x}(k>0)$ 的"半双曲线"为 $y = \dfrac{k}{x}(k>0)$.如图 2.102 所示,设点 M 的横坐标为 m,则点 M 的坐标为 $\left(m, \dfrac{2k}{m}\right)$,点 N 的坐标为 $\left(m, \dfrac{k}{m}\right)$,

∴ 点 N 为 MC 的中点.

同理,点 P 为 MD 的中点.

连接 OM.

∴ $\dfrac{PM}{OC} = \dfrac{MN}{MC} = \dfrac{1}{2}$,

∴ $\triangle PMN \backsim \triangle OCM$,

∴ $\dfrac{S_{\triangle MNP}}{S_{\triangle OCM}} = \dfrac{1}{4}$.

∵ $S_{\triangle OCM} = k$,

∴ $S_{\triangle MNP} = \dfrac{k}{4}$.

∵ $1 \leqslant S_{\triangle MNP} \leqslant 2$,

∴ $1 \leqslant \dfrac{k}{4} \leqslant 2$,

∴ $4 \leqslant k \leqslant 8$.

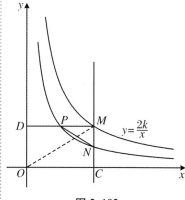

图 2.102

思路点拨

本题属于新定义题.

第一问,直接利用"倍双曲线""半双曲线"的定义即可.

第二问,设点 M 的横坐标,利用双曲线上点的坐标特征表示点 M、N 的坐标.利用相似三角形的性质得出 $\triangle MNP$ 的面积表达式,进而建立不等式即可得出结论.

97. (1) **解** 由题意知,$A\left(a, \dfrac{3}{a}\right)$,$B\left(b, -\dfrac{3}{b}\right)$.

∵ $AB \parallel x$ 轴,

∴ $\dfrac{3}{a} = -\dfrac{3}{b}$,

∴ $a = -b$,

∴ $AB = a - b = 2a$.

∴ $S_{\triangle OAB} = \dfrac{1}{2} \cdot 2a \cdot \dfrac{3}{a} = 3$.

(2) **解** ∵ $A\left(a, \dfrac{3}{a}\right)$,$B\left(b, -\dfrac{3}{b}\right)$,

∴ $OA^2 = a^2 + \left(\dfrac{3}{a}\right)^2$,$OB^2 = b^2 + \left(-\dfrac{3}{b}\right)^2$.

∵ $\triangle OAB$ 是以 AB 为底边的等腰三角形,

∴ $OA = OB$,

∴ $OA^2 = OB^2$,

∴ $a^2 + \left(\dfrac{3}{a}\right)^2 = b^2 + \left(-\dfrac{3}{b}\right)^2$,

∴ $a^2 - b^2 = \left(\dfrac{3}{b}\right)^2 - \left(\dfrac{3}{a}\right)^2$,

∴ $(a+b)(a-b) = \dfrac{9(a^2 - b^2)}{a^2 b^2}$.

∵ $a > 0$,$b < 0$,

∴ $a - b \neq 0$,$ab < 0$,

又 $a + b \neq 0$,

∴ $\dfrac{9}{a^2 b^2} = 1$,

∴ $ab = -3$ 或 $ab = 3$(舍).

(3) **证** 如图 2.103 所示.

∵ 四边形 $ACDE$ 是边长为 2 的正方形,且点 D 在 $A\left(a, \dfrac{3}{a}\right)$ 的左上方,

∴ $C\left(a-2, \dfrac{3}{a}\right)$,

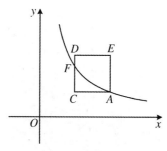

图 2.103

∴ $D\left(a-2, \dfrac{3}{a}+2\right)$.

设直线 CD 与双曲线 $y_1=\dfrac{3}{x}(x>0)$ 相交于点 F,

∴ $F\left(a-2, \dfrac{3}{a-2}\right)$,

∴ $FC=\dfrac{3}{a-2}-\dfrac{3}{a}=\dfrac{6}{a(a-2)}>0$,

∴ $FD=2-FC=2-\dfrac{6}{a(a-2)}=\dfrac{2(a+1)(a-3)}{a(a-2)}$.

∵ $a\geqslant 3$,

∴ $a-2>0, a-3\geqslant 0$,

∴ $\dfrac{2(a+1)(a-3)}{a(a-2)}\geqslant 0$,

∴ $2-FC\geqslant 0$,

∴ $FC\leqslant 2$,

∴ 点 F 在线段 CD 上,

即对于 $a\geqslant 3$,边 CD 与函数 $y_1=\dfrac{3}{x}(x>0)$ 的图像都有交点.

思路点拨

本题属于说理题.

第一问,只需判断 $a=-b$,便得到 $AB=2a$,再利用三角形的面积公式即可得出结论.

第二问,利用 $OA=OB$ 建立方程,从而得解.

第三问,若想判断 FC 是否在线段 CD 上,只需确定 FC 与边长 CD 之间的长度关系,问题便转化为求点 C、F 的坐标,此时可通过点 A 的坐标和正方形的性质推导.

98. **解** 由题意可知 $\angle ABC=90°$ 或 $\angle BAC=90°$.

(1) 当 $\angle ABC=90°$ 时,如图 2.104 所示.

过点 B 作 $BE\perp x$ 轴于点 E,过点 C 作 $CF\perp EB$ 交 EB 的延长线于点 F,过点 C 作 $CG\perp x$ 轴于点 G,

∴ $\angle AEB=\angle F=\angle ABC=90°$,

∴ $\angle BCF+\angle CBF=\angle ABE+\angle CBF=90°$,

∴ $\angle BCF=\angle ABE$,

∴ $\triangle BCF\backsim\triangle ABE$,

∴ $\dfrac{AE}{BF}=\dfrac{BE}{CF}=\dfrac{AB}{BC}=\dfrac{1}{\sqrt{2}}$.

设 $AE=a$,则 $BF=\sqrt{2}a$.

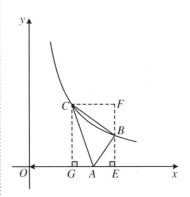

图 2.104

∵ $BE = \sqrt{2}$,
∴ $CF = 2$.
∵ $OG = OA + AE - GE = 3 + a - 2 = 1 + a$,
  $CG = EF = \sqrt{2} + \sqrt{2}a$,
∴ $B(3+a, \sqrt{2})$, $C(1+a, \sqrt{2}+\sqrt{2}a)$.
∵ 点 B、C 在函数 $y = \dfrac{k}{x}(x>0)$ 的图像上,
∴ $\sqrt{2}(3+a) = (1+a)(\sqrt{2}+\sqrt{2}a) = k$,
∴ $a = 1$(负值舍去),
∴ $k = 4\sqrt{2}$.

(2) 当 $\angle BAC = 90°$ 时,如图 2.105 所示.
过点 C 作 $CM \perp x$ 轴于点 M,过点 B 作 $BN \perp x$ 轴于点 N,
∴ $\angle CMA = \angle BAC = \angle ANB = 90°$,
∴ $\angle MCA + \angle CAM = \angle BAN + \angle CAM = 90°$,
∴ $\angle MCA = \angle BAN$.
由题意知 $\angle B = 45°$,
∴ △ABC 是等腰直角三角形,
∴ $AC = AB$,
∴ △$MAC \cong$ △NBA(AAS),
∴ $AM = BN = \sqrt{2}$.
设 $CM = AN = b$,则 $ON = 3 + b$,
∴ $B(3+b, \sqrt{2})$, $C(3-\sqrt{2}, b)$.
∵ 点 B、C 在函数 $y = \dfrac{k}{x}$ 的图像上,
∴ $k = \sqrt{2}(3+b) = (3-\sqrt{2})b$,
∴ $b = 9\sqrt{2} + 12$,
∴ $k = 18 + 15\sqrt{2}$.
综上所述,$k = 4\sqrt{2}$ 或 $18 + 15\sqrt{2}$.

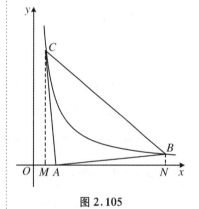

图 2.105

思路点拨

本题属于新定义题.
注意到 B、C 两点同时在反比例函数图像上,若能用同一个参数表示两个点的坐标,便可求出参数的值,从而解得 k 值.
那么,如何对点 B、C 的坐标进行设参?注意分 $\angle ABC = 90°$ 和 $\angle BAC = 90°$ 两种情况进行讨论.

99. **解** (1) ∵ $\angle ONP = \angle M$, $\angle NOP = \angle MON$,

∴ △NOP∽△MON，
∴ 点 P 是 △MON 的自相似点．
过点 P 作 $PD \perp x$ 轴于点 D，如图 2.106 所示．
∵ $M(\sqrt{3},3), N(\sqrt{3},0)$，
∴ ∠MNO = ∠NPO = 90°，
∴ $\tan \angle MON = \dfrac{MN}{ON} = \sqrt{3}$，
∴ ∠MON = 60°，
∴ $OP = ON\cos 60° = \dfrac{\sqrt{3}}{2}$，
∴ $OD = OP\cos 60° = \dfrac{\sqrt{3}}{2} \times \dfrac{1}{2} = \dfrac{\sqrt{3}}{4}$，
$PD = OP\sin 60° = \dfrac{\sqrt{3}}{2} \times \dfrac{\sqrt{3}}{2} = \dfrac{3}{4}$，
∴ $P\left(\dfrac{\sqrt{3}}{4}, \dfrac{3}{4}\right)$．

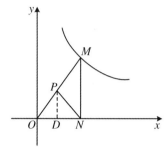

图 2.106

(2) 作 $MH \perp x$ 轴于点 H，如图 2.107 所示．
∵ $M(3,\sqrt{3}), N(2,0)$，
∴ $OM = \sqrt{3^2 + (\sqrt{3})^2} = 2\sqrt{3}, ON = 2, \angle MOH = 30°$，
直线 OM 的解析式为 $y = \dfrac{\sqrt{3}}{3}x$．

下面分两种情况求解：
① 如图 2.107 所示．
∵ 点 P 是 △MON 的相似点，
∴ △PON∽△NOM，
∴ $PO = PN, OQ = \dfrac{1}{2}ON = 1$，
即点 P 的横坐标为 1，
∴ $y_P = \dfrac{\sqrt{3}}{3} \times 1 = \dfrac{\sqrt{3}}{3}$，
∴ $P\left(1, \dfrac{\sqrt{3}}{3}\right)$．

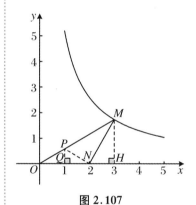

图 2.107

② 如图 2.108 所示．
由勾股定理得 $MN = \sqrt{(\sqrt{3})^2 + 1^2} = 2$．
∵ 点 P 是 △MON 的相似点，
∴ △PNM∽△NOM，
∴ $\dfrac{PN}{ON} = \dfrac{MN}{MO}$，
∴ $PN = \dfrac{2\sqrt{3}}{3}$，

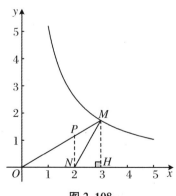

图 2.108

即点 P 的纵坐标为 $\frac{2\sqrt{3}}{3}$,代入 $y=\frac{\sqrt{3}}{3}x$ 得 $x_P=2$,

∴ $P\left(2,\frac{2\sqrt{3}}{3}\right)$.

综上所述,△MON 的自相似点的坐标为 $\left(1,\frac{\sqrt{3}}{3}\right)$ 或 $\left(2,\frac{2\sqrt{3}}{3}\right)$.

(3) 存在点 M 和点 N,使△MON 无自相似点, $M(\sqrt{3},3)$,$N(2\sqrt{3},0)$.

∵ $M(\sqrt{3},3)$,$N(2\sqrt{3},0)$,

∴ $OM=2\sqrt{3}=ON$,$\angle MON=60°$,

∴ △MON 是等边三角形.

∵ 点 P 在△MON 的内部,

∴ $\angle PON\neq\angle OMN$,$\angle PNO\neq\angle MON$,

∴ 存在点 M 和点 N,使△MON 无自相似点.

思路点拨

本题属于新定义题.

第一问,根据定义,要证明△NOP∽△MON. 已知 $\angle ONP=\angle M$,且两个三角形有公共角 $\angle MON$,符合要求. 注意到点 M 的坐标是 $(\sqrt{3},3)$,会产生特殊角 $\angle MON=60°$,从而易求得点 P 的坐标.

第二问,注意分两类情况:△PON∽△NOM 和 △PNM∽△NOM.

第三问,要使得△MON 内部不存在 $\angle PON\neq\angle OMN$,$\angle PNO\neq\angle MON$,不难想到构造等边三角形.

100. (1) **解** 由正、反比例函数图像的对称性可知,点 A、B 关于坐标原点 O 对称.

∵ 点 A 的坐标为 $(-k,-1)$,

∴ 点 B 的坐标为 $(k,1)$.

(2) ① **证** 设 $P\left(m,\frac{k}{m}\right)$,直线 PA 的解析式为 $y=ax+b(a\neq 0)$.

由 $\begin{cases}-ka+b=-1,\\ ma+b=\frac{k}{m}\end{cases}$ 解得 $\begin{cases}a=\frac{1}{m},\\ b=\frac{k}{m}-1,\end{cases}$

∴ 直线 PA 的解析式为 $y=\frac{1}{m}x+\frac{k}{m}-1$.

当 $y=0$ 时,$x=m-k$,

∴ 点 M 的坐标为 $(m-k, 0)$.

过点 P 作 $PH \perp x$ 轴于点 H, 如图 2.109 所示.

∵ 点 P 的坐标为 $\left(m, \dfrac{k}{m}\right)$,

∴ 点 H 的坐标为 $(m, 0)$,

∴ $MH = x_H - x_M = m - (m-k) = k$.

同理, $HN = k$.

∴ $MH = HN$,

∴ $PM = PN$.

② 解 由①可知 $\triangle PMN$ 为等腰三角形, 且 $MH = HN = k$.

当点 P 的坐标为 $(1, k)$ 时, $PH = k$,

∴ $MH = HN = PH$,

∴ $\angle PMH = \angle MPH = 45°$, $\angle PNH = \angle NPH = 45°$,

∴ $\angle MPN = 90°$,

∴ $\triangle PAB$ 为直角三角形.

当 $k > 1$ 时, 如图 2.109 所示:

$S_{\triangle PAB} = S_{\triangle PMN} - S_{\triangle OBN} + S_{\triangle OAM}$

$\quad = \dfrac{1}{2} MN \cdot PH - \dfrac{1}{2} ON \cdot y_B + \dfrac{1}{2} OM \cdot |y_A|$

$\quad = \dfrac{1}{2} \times 2k \times k - \dfrac{1}{2}(k+1) \times 1 + \dfrac{1}{2}(k-1) \times 1$

$\quad = k^2 - 1$.

当 $0 < k < 1$ 时, 如图 2.110 所示:

$S_{\triangle PAB} = S_{\triangle OBN} - S_{\triangle PMN} + S_{\triangle OAM}$

$\quad = \dfrac{1}{2} ON \cdot y_B - k^2 + \dfrac{1}{2} OM \cdot |y_A|$

$\quad = \dfrac{1}{2}(k+1) \times 1 - k^2 + \dfrac{1}{2}(1-k) \times 1$

$\quad = 1 - k^2$.

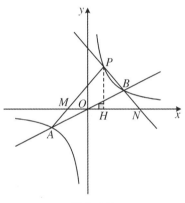

图 2.109

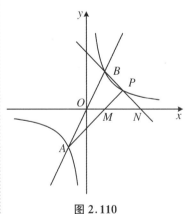

图 2.110

思路点拨

本题符合等角模型的特征(参见题 6), 故不难猜到 $PM = PN$.

证明 $PM = PN$: 添加辅助线, 作 $PH \perp MN$, 相当于"三线合一"的逆应用, 于是只需得到点 M、H、N 的坐标以证明 $MH = HN$ 即可.

求 $\triangle PAB$ 的面积: 采用割补法. 先根据 PH、MH、HN 的长度推出 $\triangle PAB$ 为直角三角形, 然后分 $k > 1$ 和 $0 < k < 1$ 两种情况进行求解.

第三部分 最值100题

1. 如图 3.1 所示，在 Rt△ABC 中，∠C = 90°，∠A = 30°，AB = 4，点 D 为边 AB 的中点，点 P 为边 AC 上的动点，则 PB + PD 的最小值为　　　　　　　　　　　　（　　）

A. $\sqrt{3}$　　　　　B. $2\sqrt{2}$　　　　　C. $2\sqrt{3}$　　　　　D. $4\sqrt{5}$

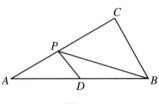

图 3.1

2. 如图 3.2 所示，在矩形 ABCD 中，AB = 5，AD = 3，动点 P 满足 $S_{\triangle PAB} = \dfrac{1}{3} S_{矩形ABCD}$，则点 P 到 A、B 两点距离之和 PA + PB 的最小值为 _____．

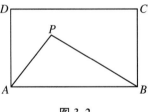

图 3.2

3. 如图 3.3 所示,在矩形 $ABCD$ 中,$AD=3$,点 E 为边 AB 上一点,$AE=1$,平面内动点 P 满足 $S_{\triangle PAB}=\dfrac{1}{3}S_{\text{矩形}ABCD}$,则 $|DP-EP|$ 的最大值为_____.

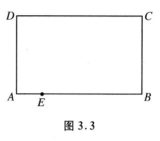

图 3.3

4. 已知 $y=\sqrt{x^2-2x+2}+\sqrt{x^2+2x+2}$,则 y 的最小值为_____.

5. 已知 $y = \sqrt{(x-3)^2+9} - \sqrt{(x-1)^2+4}$，则 y 的最大值为_____．

6. 如图 3.4 所示，在等腰 Rt$\triangle ABC$ 中，$\angle BAC = 90°$，$AB = AC$，$BC = 4\sqrt{2}$，点 D 是边 AB 上一动点，连接 CD，以 AD 为直径的圆交 CD 于点 E，则线段 BE 长度的最小值为_____．

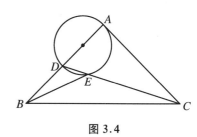

图 3.4

7. 如图3.5所示,正方形 $ABCD$ 的边长是4,点 E 是边 AB 上一动点,连接 CE,过点 B 作 $BG \perp CE$ 于点 G,点 P 是边 AB 上另一动点,则 $PD + PG$ 的最小值为_____.

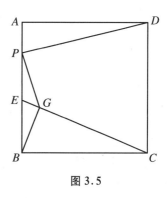

图3.5

8. 如图3.6所示,在矩形 $ABCD$ 中,$AB = 2$,$AD = 3$,点 E、F 分别为边 AD、DC 上的点,且 $EF = 2$,点 G 为 EF 的中点,点 P 为边 BC 上一动点,则 $PA + PG$ 的最小值为_____.

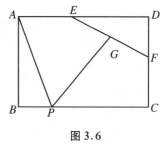

图3.6

9. 在平面直角坐标系中,$A(3,0)$,$B(a,2)$,$C(0,m)$,$D(n,0)$,且 $m^2+n^2=4$.若点 E 为 CD 的中点,则 $AB+BE$ 的最小值为 ( )

A. 3   B. 4   C. 5   D. 25

10. 如图 3.7 所示,$AB=3$,$AC=2$,以 BC 为边向上构造等边三角形 BCD,则 AD 的取值范围为_____.

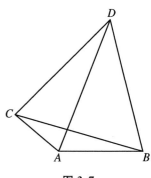

图 3.7

11. 如图3.8所示,$AB=3$,$AC=2$,以 BC 为腰(点 B 为直角顶点)向上构造等腰直角三角形 BCD,则 AD 的取值范围为_____.

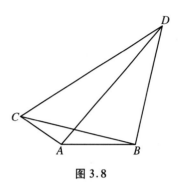

图 3.8

12. 如图3.9所示,$AB=4$,$AC=2$,以 BC 为底边向上构造等腰直角三角形 BCD,则 AD 的取值范围为_____.

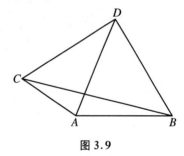

图 3.9

13. 如图 3.10 所示，$AB=4$，$AC=2$，以 BC 为底边向上构造等腰直角三角形 BCD，连接 AD 并延长至点 P，使 $AD=PD$，则 PB 的取值范围为 _____.

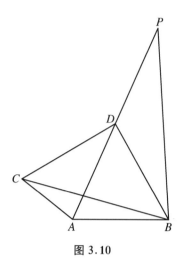

图 3.10

14. 如图 3.11 所示，正六边形 $ABCDEF$ 的边长为 2，两顶点 A、B 分别在 x 轴和 y 轴上运动，则顶点 D 到坐标原点 O 的距离的最大值和最小值的乘积为 _____.

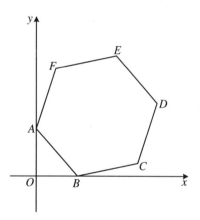

图 3.11

15. 如图 3.12 所示，$AB=4$，点 O 为 AB 的中点，$\odot O$ 的半径为 1，点 P 是 $\odot O$ 上一动点，$\triangle PBC$ 是以 PB 为直角边的等腰直角三角形（点 P、B、C 按逆时针方向排列），则 AC 的取值范围为_____.

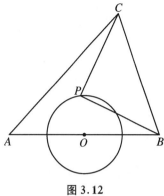

图 3.12

16. 如图 3.13 所示，$\odot O$ 的半径为 3，$Rt\triangle ABC$ 的顶点 A、B 在 $\odot O$ 上，$\angle B=90°$，点 C 在 $\odot O$ 内，且 $\tan A = \dfrac{3}{4}$. 当点 A 在圆上运动时，OC 的最小值为 （ ）

A. $\sqrt{2}$ B. $\dfrac{3}{2}$ C. $\sqrt{3}$ D. $\dfrac{5}{3}$

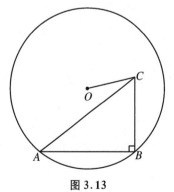

图 3.13

17. 如图3.14所示,在平面直角坐标系中,$Q(3,4)$,点 P 是以 Q 为圆心、2 为半径的 $\odot Q$ 上一动点,$A(1,0)$,$B(-1,0)$,连接 PA、PB,则 $PA^2 + PB^2$ 的最小值是_____.

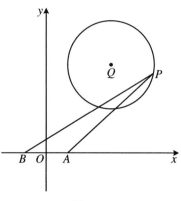

图 3.14

18. 如图3.15所示,两块三角尺的直角顶点靠在一起,$BC = 3$,$EF = 2$,G 为 DE 上一动点.将三角尺 DEF 绕直角顶点 F 旋转一周,在这个旋转过程中,B、G 两点的最小距离为_____.

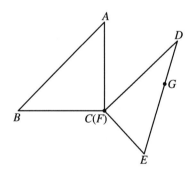

图 3.15

19. 如图3.16所示，在Rt△ABC中，∠ABC=90°，∠ACB=30°，$BC=2\sqrt{3}$，△ADC与△ABC关于AC对称，点E、F分别是边DC、BC上的任意一点，且DE=CF，BE、DF相交于点P，则CP的最小值为 ( )

A. 1   B. $\sqrt{3}$ C. $\dfrac{3}{2}$ D. 2

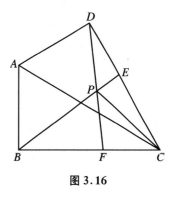

图 3.16

20. 如图3.17所示，$\sin O=\dfrac{3}{5}$，长度为2的线段DE在射线OA上滑动，点C在射线OB上，且OC=5，则△CDE周长的最小值为_____.

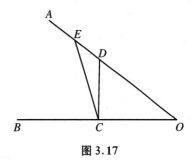

图 3.17

21. 如图3.18所示,在矩形 $ABCD$ 中,$AB=6$,MN 在边 AB 上运动,$MN=3$,$AP=2$,$BQ=5$,则 $PM+MN+NQ$ 的最小值是_____.

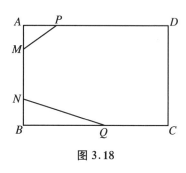

图3.18

22. 如图3.19所示,在等腰直角三角形 ABC 中,$\angle ACB=90°$,$AB=6$,D 为 AB 的中点,E 为 CD 上的点,且 $CE=2DE$,PQ 为 AB 上的动线段,$PQ=1$,F 为 AC 上的动点,连接 EQ、FP,则 $EQ+FP$ 的最小值为_____.

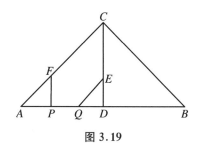

图3.19

23. 如图3.20所示,在正方形 $ABCD$ 中,$AB=4$,E、F 分别为 AB、AD 的中点,MN 和 PQ 分别是边 BC、CD 上的线段,$MN=PQ=1$,依次连接 EM、NP、QF、EF,则六边形 $EMNPQF$ 周长的最小值为_____.

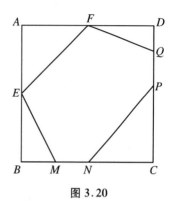

图 3.20

24. 如图3.21所示,在矩形 $ABCD$ 中,$AB=2$,$BC=4$,E、F 分别为 AD、BC 上的动点,且 $EF\perp AC$,连接 AF、CE,则 $AF+CE$ 的最小值为_____.

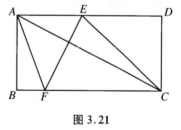

图 3.21

25. 如图3.22所示,在□ABCD中,AD = 7,AB = $2\sqrt{3}$,∠B = 60°. E是边BC上任意一点,沿AE剪开,将△ABE沿BC方向平移到△DCF的位置,得到四边形AEFD,则四边形AEFD周长的最小值为_____.

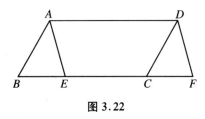

图 3.22

26. 如图3.23所示,在Rt△ABC中,∠BAC = 90°,AB = 4,AC = 3,点D、E分别是AB、AC的中点,点G、F在BC边上(均不与端点重合),DG∥EF. 将△BDG绕点D顺时针旋转180°,将△CEF绕点E逆时针旋转180°,拼成四边形MGFN,则四边形MGFN周长 l 的取值范围是_____.

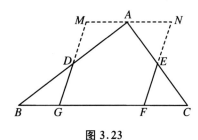

图 3.23

27. 如图 3.24 所示,在 Rt△ABC 中,∠ACB = 90°,CD⊥AB.若 CD = 3,则 $S_{\triangle ABC}$ 的最小值为_____.

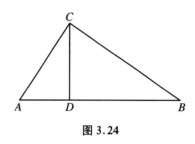

图 3.24

28. 如图 3.25 所示,在平面直角坐标系中,以坐标原点 O 为圆心、2 为半径画⊙O,P 是⊙O 上一动点且点 P 在第一象限内,过点 P 作⊙O 的切线与 x 轴相交于点 B,与 y 轴相交于点 A,则线段 AB 的最小值是_____.

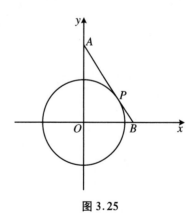

图 3.25

29. 如图3.26所示,在矩形 $ABCD$ 中,$BC=8$,$AB=6$,经过点 B 和点 D 的两个动圆均与 AC 相切,且与 AB、BC、AD、DC 分别交于点 G、H、E、F,则 $EF+GH$ 的最小值是_____.

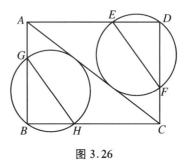

图 3.26

30. 如图3.27所示,在 $\triangle ABC$ 中,$\angle C=90°$,$AC=4$,$BC=3$. 点 D、E 分别为 AC、BC 边上的动点,且 $DE=3$,以 DE 为直径作 $\odot O$,交 AB 于 M、N,则 MN 的最大值为_____.

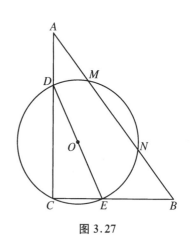

图 3.27

31. 如图 3.28 所示,在 Rt△ABC 中,∠A = 90°,AB = 3,AC = 4,D 为 AC 的中点,P 为 AB 上的动点,将点 P 绕点 D 逆时针旋转 90°得到点 P',连接 CP',则线段 CP'的最小值为_____.

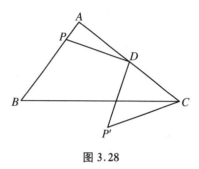

图 3.28

32. 如图 3.29 所示,已知∠MON = 30°,B 为 OM 上一点,BA⊥ON 于点 A,四边形 ABCD 为正方形,P 为射线 BM 上一动点,连接 CP,将 CP 绕点 C 顺时针旋转 90°得到 CE,连接 BE.若 AB = 4,则 BE 的最小值为_____.

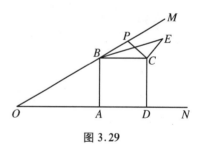

图 3.29

33. 已知梯形 $ABCD$ 中，$AD/\!/BC$，$AB\perp BC$，$AD=1$，$AB=3$，$BC=4$．若 P 为线段 AB 上任意一点，延长 PD 到点 E，使 $DE=2PD$，再以 PE、PC 为边作 $\square PCQE$，如图 3.30 所示，则对角线 PQ 的最小值为＿＿＿＿．

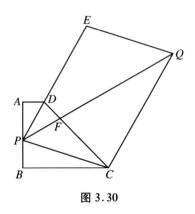

图 3.30

34. 如图 3.31 所示，在 $\triangle ABC$ 中，$AC=10$，$\angle BAC=30°$，点 P 是射线 AB 上的一个动点，$\cos\angle CPM=\dfrac{4}{5}$，点 Q 是射线 PM 上的一个动点．则 CQ 长度的最小值是＿＿＿＿．

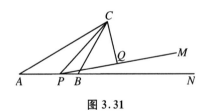

图 3.31

35. 如图3.32所示,直线 $y=\dfrac{2}{3}x+4$ 与 x 轴、y 轴分别交于点 A 和点 B,点 D 为线段 OB 的中点,点 C、P 分别为 AB、OA 上的动点. 当 $PC+PD$ 最小时,点 P 的坐标为 _____.

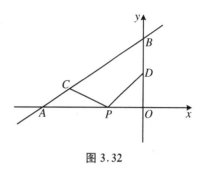

图 3.32

36. 在平面直角坐标系中,原点 O 到直线 $y=kx-2k+4$ 的最大距离为 (   )

A. 2   B. 3   C. $3+\dfrac{5\sqrt{5}}{12}$ D. $2\sqrt{5}$

37. 如图 3.33 所示,在直角坐标系中,$O(0,0)$,$A(7,0)$,$B(5,2)$,$C(0,2)$,一条动直线 l 分别与 BC、OA 交于点 E、F,且将四边形 $OABC$ 分为面积相等的两部分,则点 C 到动直线 l 的距离的最大值为_____.

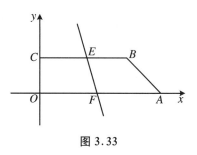

图 3.33

38. 如图 3.34 所示,E 是正方形 $ABCD$ 中边 BC 上的一点,以 BE 为边在正方形 $ABCD$ 外作正方形 $BEFG$(A、B、G 三点在同一直线上),连接 AF,M 为 AF 的中点,$AB = 4$,则 EM 的最小值为_____.

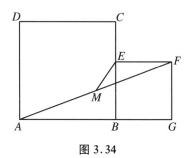

图 3.34

39. 如图 3.35 所示,在菱形 $ABCD$ 中,$\tan \angle DAB = \dfrac{4}{3}$,$E$ 为 BC 上一点,以 BE 为边向外作菱形 $BEFG$(A、B、G 三点在同一直线上),取 AF 的中点 M,连接 EM,$AB=5$,则 EM 的最小值为_____.

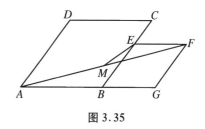

图 3.35

40. 如图 3.36 所示,在 $\triangle ABC$ 中,$\angle A = 60°$($\angle B < \angle C$),E、F 分别是 AB、AC 上的动点,以 EF 为边向下作等边三角形 DEF,$\triangle DEF$ 的中心为点 O,连接 CO.已知 $AC=4$,则 CO 的最小值为_____.

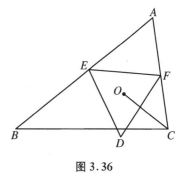

图 3.36

41. 如图 3.37 所示，在菱形 ABCD 中，∠ABC = 60°，AB = 4，对角线 AC、BD 交于点 O，E 是线段 BO 上一动点，F 是射线 DC 上一动点．若 ∠AEF = 120°，则线段 EF 的整数值有_____个．

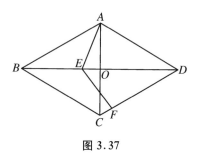

图 3.37

42. 如图 3.38 所示，在 Rt△ABC 中，∠C = 90°，AC = 8，AB = 10，点 O 为 BC 上的点，⊙O 的半径 OC = 1，点 D 是 AB 边上的动点，过 D 作 ⊙O 的一条切线 DE（点 E 为切点），则线段 DE 的最小值为（ ）

A. $3\sqrt{2}-1$ B. $\sqrt{15}-1$ C. $\sqrt{15}$ D. 4

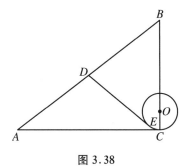

图 3.38

43. 如图3.39所示,在等腰直角△ABC中,∠C = 90°,AC = 4,以点C为圆心、1为半径作圆,P为AB上的动点,过点P作⊙C的切线,切点分别为Q、Q',⊙C的另一条切线分别交PQ、PQ'于点M、N,则△PMN周长的最小值为_____.

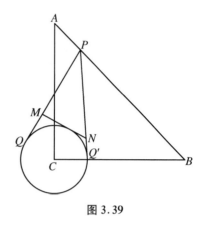

图 3.39

44. 如图3.40所示,四边形的两条对角线AC、BD所成的锐角为45°,当AC + BD = 18时,四边形ABCD的面积最大值是_____.

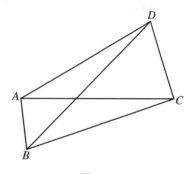

图 3.40

45. 如图 3.41 所示,有两个同心圆,半径分别是 $2\sqrt{6}$ 和 $4\sqrt{3}$,矩形 $ABCD$ 的边 AB、CD 分别为两圆的弦,当矩形 $ABCD$ 的面积取最大值时,矩形 $ABCD$ 的周长是_____.

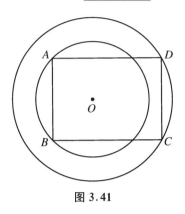

图 3.41

46. 如图 3.42 所示,在扇形 AOB 中,$OA = 12$,$\angle O = 90°$,C、D 分别为 OA、OB 上的点,其中 $OC = 6$,$OD = 2BD$,M 为弧 AB 上的动点,连接 CM、DM,则四边形 $OCMD$ 的面积最大值为_____.

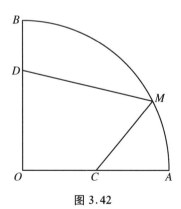

图 3.42

47. 如图 3.43 所示,在 Rt△ABC 中,∠C = 90°,AC = 3,BC = 4,P 是三角形内(包括边)的一点,点 P 到 AB、BC、AC 边的距离分别为 d_1、d_2、d_3,则 $d_1 + d_2 + d_3$ 的最大值和最小值分别为_____和_____,并说明分别取得最值时点 P 的位置.

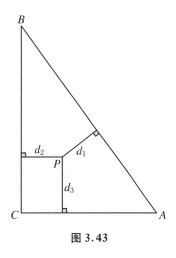

图 3.43

48. 如图 3.44 所示,把边长是 3 的正方形等分成 9 个小正方形,在有阴影的小正方形内(包括边界)分别取点 B、C,与已知格点 A(每个小正方形的顶点叫做格点)构成三角形,则 △ABC 的最大面积是_____,请在图中画出面积最大时的 △ABC 的图形.

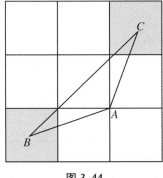

图 3.44

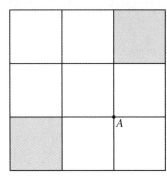

备用图

49. 如图 3.45 所示，$\angle AOB = 90°$，GM 为 $\angle AOB$ 内（含两边）的两点，且 $GM = 2$，$OM = 4$，$GM \parallel OA$. 若 r 为 $\triangle OMG$ 的内切圆半径，则 r 的最大值为_____.

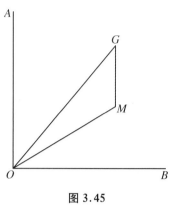

图 3.45

50. 在平面直角坐标系中，直角梯形 $AOBC$ 的位置如图 3.46 所示，$\angle OAC = 90°$，$AC \parallel OB$，$OA = 4$，$AC = 5$，$OB = 6$. M、N 分别在线段 AC、BC 上运动，当 $\triangle MON$ 的面积达到最大时，$\triangle MON$ 周长最小，则此时点 M 的坐标为_____.

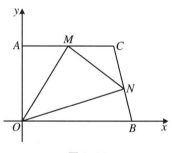

图 3.46

51. 如图 3.47 所示,直线 l 与半径为 4 的 $\odot O$ 相切于点 A,P 是 $\odot O$ 上的一个动点(不与点 A 重合),过点 P 作 $PB \perp l$,垂足为 B,连接 PA. 设 $PA = x$,$PB = y$,则 $x - y$ 的最大值是 _____.

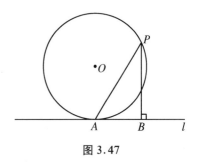

图 3.47

52. 如图 3.48 所示,已知半径为 2 的 $\odot O$ 与直线 l 相切于点 A,点 P 是直径 AB 左侧半圆上的动点,过 P 作直线 l 的垂线,垂足为 C,PC 与 $\odot O$ 交于点 D,连接 PA、PB,设 PC 的长为 $x(2<x<4)$,则当 $x =$ _____ 时,$PD \cdot CD$ 的值最大,最大值是 _____.

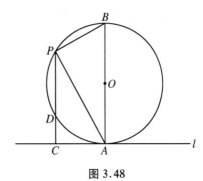

图 3.48

53. 如图3.49所示,在面积为7的梯形 $ABCD$ 中,$AD \parallel BC$,$AD = 3$,$BC = 4$,P 为边 AD 上不与点 A、D 重合的一动点,Q 是边 BC 上的任意一点,连接 AQ、DQ,过点 P 作 $PE \parallel DQ$ 交 AQ 于点 E,作 $PF \parallel AQ$ 交 DQ 于点 F.则 $\triangle PEF$ 面积的最大值是_____.

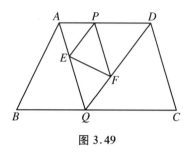

图 3.49

54. 如图3.50所示,已知边长为4的正方形 $CDEF$ 截去一角成为五边形 $ABCDE$,其中 $AF = 2$,$BF = 1$.在 AB 上的一点 P,使得矩形 $PNDM$ 有最大面积,则矩形 $PNDM$ 面积的最大值是 ( )

A. 8 B. 12 C. $\dfrac{25}{2}$ D. 14

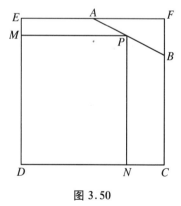

图 3.50

55. 如图 3.51 所示，AB 为半圆的直径，点 O 为圆心，AB = 8．若 P 为 AB 反向延长线上的一个动点(不与点 A 重合)，过点 P 作半圆的切线，切点为 C，过点 B 作 BD⊥PC 交 PC 的延长线于点 D，则 AC + BD 的最大值为_____．

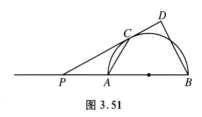

图 3.51

56. 如图 3.52 所示，在等腰直角△ABC 中，AC = BC，∠C = 90°，AB = 20，点 D、F 从点 A 出发，分别沿 AC、AB 运动，点 D 的速度为每秒 $\sqrt{2}$ 个单位长度，点 F 的速度为每秒 1 个单位长度，过点 D 作 DE∥AB，交 CB 于点 E，M 为 DE 的中点，连接 MF，则当 t 为_____时，MF 取得最小值，最小值为_____．

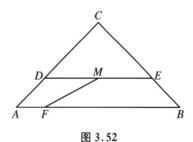

图 3.52

57. 如图 3.53 所示,已知在菱形 $ABCD$ 中,$\angle C = 60°$,$AB = 4$,E 为 CD 边上一动点,过点 E 作 $EF /\!/ BD$ 交 BC 于点 F,连接 AE,AE 的中点为 G,连接 FG,则 FG 的最小值为_____.

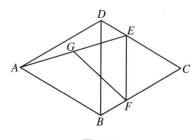

图 3.53

58. 如图 3.54 所示,已知 $AB = 8$,P 为线段 AB 上的一个动点,分别以 AP、PB 为边在 AB 的同侧作菱形 $APCD$ 和菱形 $PBFE$,点 P、C、E 在一条直线上,$\angle DAP = 60°$. M、N 分别是对角线 AC、BE 的中点. 当点 P 在线段 AB 上移动时,点 M、N 之间的距离最短为_____(结果保留根号).

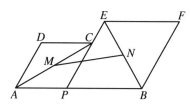

图 3.54

59. 如图 3.55 所示,已知 $AB=6$,P 为 AB 上一动点,分别以 PA、PB 为边在 AB 同侧作 Rt$\triangle APC$ 和 Rt$\triangle BPD$(P、C、D 三点共线),且使得 $AP:PC=BP:PD=3:4$,I_1、I_2 分别为 $\triangle APC$、$\triangle BPD$ 的内心,则 I_1I_2 的最小值为_____.

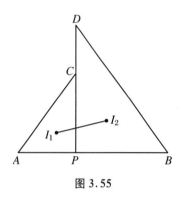

图 3.55

60. 如图 3.56 所示,在平面直角坐标系中,四边形 $OABC$ 是边长为 8 的正方形,$M(8,m)$、$N(n,8)$ 分别是线段 AB、BC 上的两个动点,且 $ON\perp MN$,当 OM 最小时,$m+n=$_____.

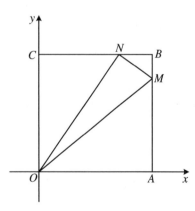

图 3.56

61. 如图 3.57 所示,在矩形 $ABCD$ 中,$AB=4$,$BC=4\sqrt{3}$,E 为 AD 上的动点,连接 BE,F 为 BE 上的动点,且满足 $\angle BAF=\angle AEB$,M 为 BC 的中点,以 MF 为边构造等边 $\triangle MNF$(M、N、F 三点逆时针),则 CN 的最小值为 _____.

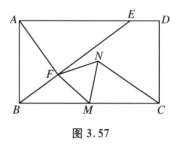

图 3.57

62. 如图 3.58 所示,在矩形 $ABCD$ 中,$AB=2\sqrt{3}$,$BC=6$,E、F 分别是 AD、BC 上的动点,$CF=2AE$,连接 EF,以 EF 为边向右构造等边 $\triangle EFG$,则 DG 的最小值为 _____.

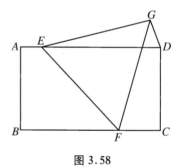

图 3.58

63. 如图 3.59 所示，在 Rt△ABC 中，$\angle C=90°$，$AC=BC$，D 是边 AB 上一点，$AD=8$，E 是边 AC 上一点，$AE=\sqrt{2}BD$，F 为边 BC 上一点，且 $\angle DFA=90°$，则线段 EF 的最小值为 _____．

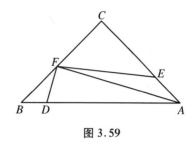

图 3.59

64. 如图 3.60 所示，在矩形 $ABCD$ 中，$AB=m$，$BC=6$．若 AD 上存在点 P，使 $\angle BPC=60°$，则 m 的取值范围为 _____．

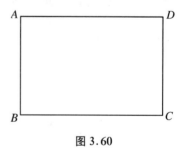

图 3.60

65. 如图 3.61 所示,在等腰 △ABC 的两腰 AB、AC 上分别取点 D 和 E,且 AD = CE.已知 BC = 2,则 DE 的最小值为_____.

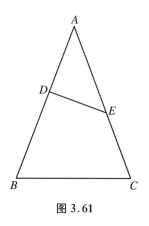

图 3.61

66. 如图 3.62 所示,在矩形 ABCD 中,AB = 4,BC = 3,E、F 分别是 AC、CD 上的动点,且 AE = CF,连接 BE、BF,则 BE + BF 的最小值为_____.

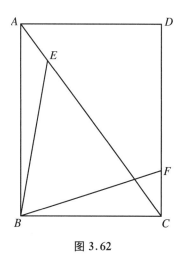

图 3.62

67. 如图 3.63 所示,在菱形 ABCD 中,AB = 4 cm,∠ABC = 120°,点 E 从点 A 出发,以 1 cm/s 的速度沿 AC 向点 C 运动,同时点 F 从点 C 出发,以 2 cm/s 的速度沿射线 CD 运动(当点 E 到达点 C 时两动点同时停止运动),连接 BF、DE,则当动点运动的时间 t 为_____时,BF + 2DE 取得最小值,最小值为_____.

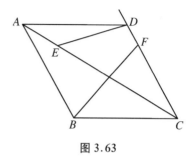

图 3.63

68. 如图 3.64 所示,BC = a,M 为 BC 的中点,∠EMF = 120°,将 ∠EMF 绕点 M 进行旋转,并始终保持 ∠EMF 在 BC 的上方,在旋转的过程中,点 A、D 分别在射线 ME、MF 上运动,连接 AB、CD,若始终满足 AB + CD = b,则在该过程中,线段 AD 有最_____值(填"大"或"小")_____.

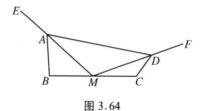

图 3.64

69. 如图 3.65 所示,在矩形 $ABCD$ 中,$AB = 2\sqrt{3}$,$BC = 6$,P 为矩形 $ABCD$ 内部的任意一点,则 $PA + PB + PC$ 的最小值为_____.

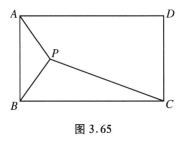

图 3.65

70. 如图 3.66 所示,在矩形 $ABCD$ 的边 AD 上有一动点 F,在矩形内有一动点 E,其中 $AB = 6$,$BC = 10$,则 $EF + EB + EC$ 的最小值为_____.

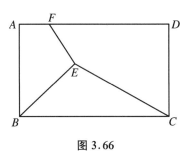

图 3.66

71. 如图 3.67 所示,在正方形 ABCD 中,AB = 4,E、F 分别是正方形内的两点,∠AEB = ∠CFD = 120°,则 AE + BE + EF + CF + DF 的最小值为_____.

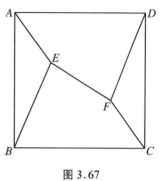

图 3.67

72. 如图 3.68 所示,⊙A 的半径为 2,l 是 ⊙A 的切线向下平移 1 个单位后所得的直线,点 P 是 l 上一动点,PC 切 ⊙A 于点 C,以 PC 为边作 △PBC,∠PCB = 90°,∠BPC = 30°,线段 PB 的最小值为_____.

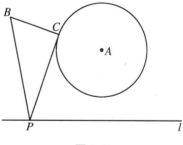

图 3.68

73. 如图 3.69 所示，点 D 是 $\triangle ABC$ 中 BC 边上的一个动点，点 D 关于 AB、AC 的对称点分别是点 E 和点 F，$\angle B = 45°$，$\angle C = 75°$，$AB = 8$，则 EF 的最小值是_____.

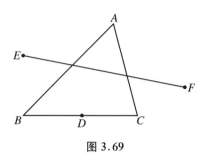

图 3.69

74. 如图 3.70 所示，$\angle BAC = 60°$，半径为 1 的 $\odot O$ 与 $\angle BAC$ 的两边相切，P 为 $\odot O$ 上一动点，以点 P 为圆心、PA 长为半径的 $\odot P$ 与射线 AB、AC 分别交于 D、E 两点，连接 DE，则线段 DE 的最大值为 （　　）

A. 3
B. 6
C. $\dfrac{3\sqrt{3}}{2}$
D. $3\sqrt{3}$

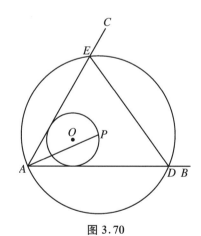

图 3.70

75. 如图 3.71 所示，AD 是 $\triangle ABC$ 的高，$AD = BD = 4$，$DC = 2$，E 是 AC 上的动点，$EF \perp AB$ 于点 F，$EG \perp BC$ 于点 G，则 FG 的最小值是_____.

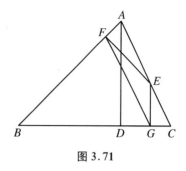

图 3.71

76. 如图 3.72 所示，点 C 是 $\odot O$ 上一动点，弦 $AB = 6$，$\angle ACB = 120°$．$\triangle ABC$ 内切圆半径 r 的最大值为_____.

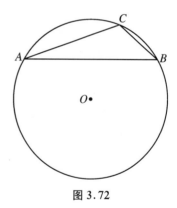

图 3.72

77. 如图 3.73 所示,在扇形 AOB 中,△AOB 为等腰直角三角形,OA = 4,C 是 AB 上一动点,过点 C 作 CD∥OB 交圆弧于点 D,则 CD 的最大值为_____.

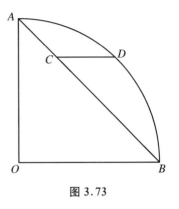

图 3.73

78. 如图 3.74 所示,在扇形 AOB 中,OA = 5,$\tan \angle ABO = \dfrac{1}{2}$,C 是 AB 上一动点,过点 C 作 CD∥OB 交圆弧于点 D,则 CD 的最大值为_____.

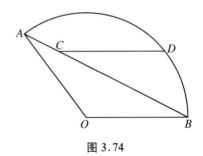

图 3.74

79. 如图 3.75 所示,正方形 $ABCD$ 的边长为 1,点 P 为边 BC 上的任意一点(可与点 B、C 重合),分别过点 B、C、D 作射线 AP 的垂线,垂足分别为 B'、C'、D',则 $BB' + CC' + DD'$ 的取值范围是_____.

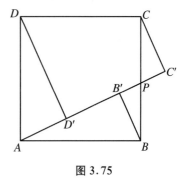

图 3.75

80. 如图 3.76 所示,$AB = 2$,以 AB 为直径作半圆 O,半圆 O 上有一动点 P,则 $AP + BP$ 的最大值为_____.

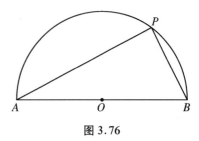

图 3.76

81. 如图 3.77 所示,已知 $\angle XOY = 60°$,点 A 在边 OX 上,$OA = 2$,过点 A 作 $AC \perp OY$ 于点 C,以 AC 为一边在 $\angle XOY$ 内作等边 $\triangle ABC$,点 P 是 $\triangle ABC$ 围成的区域(包括各边)内的一点,过点 P 作 $PD \parallel OY$ 交 OX 于点 D,作 $PE \parallel OX$ 交 OY 于点 E. 设 $OD = a$,$OE = b$,则 $a + 2b$ 的取值范围是_____.

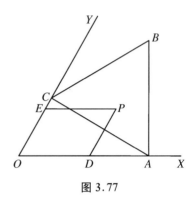

图 3.77

82. 如图 3.78 所示,$\angle ACB = 60°$,圆 O 内切于 $\angle ACB$,半径为 2. P 为圆 O 上一动点,过点 P 作 PM、PN 分别垂直于 $\angle ACB$ 的两边,垂足为 M、N,则 $PM + 2PN$ 的取值范围为_____.

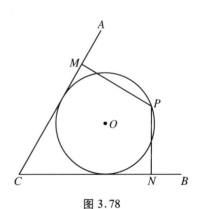

图 3.78

83. 如图 3.79 所示,正方形 $ABCD$ 的边长为 10,E 为边 BC 上一动点,将 AE 绕点 E 顺时针旋转 $90°$ 得到线段 EF,M 为 ED 的中点,连接 MF,则 MF 的最小值为_____.

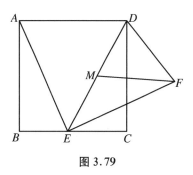

图 3.79

84. 如图 3.80 所示,正方形 $ABCD$ 中,E 为 BC 上一动点,连接 AE,将 AE 顺时针旋转 $90°$ 至 EF,连接 BF.若 $AB=4$,M 为 BF 的中点,则 CM 的最小值为_____.

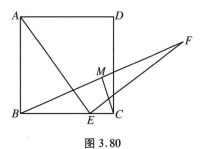

图 3.80

85. 如图 3.81 所示,在平面直角坐标系中,$A(-2,0)$,$B(4,0)$,$C(0,m)$,其中 $m>0$.连接 BC,以 BC 为斜边作直角三角形 BCP,且 $\tan \angle PBC = \frac{1}{2}$,则 AP 的最小值为_____,此时 m 的值为_____.

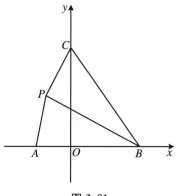

图 3.81

86. 如图 3.82 所示,点 C 的坐标为 $(2,5)$,点 A 的坐标为 $(7,0)$,$\odot C$ 的半径为 $\sqrt{10}$,点 B 是在 $\odot C$ 上一动点,$OB + \frac{\sqrt{5}}{5}AB$ 的最小值为_____.

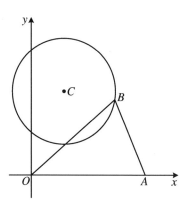

图 3.82

87. 如图 3.83 所示,点 C 的坐标为 $(2,5)$,点 A 的坐标为 $(7,0)$,点 B 为 x 轴上的动点,那么 $CB+\dfrac{\sqrt{5}}{5}AB$ 的最小值为 _____.

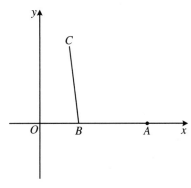

图 3.83

88. 如图 3.84 所示,在平面直角坐标系 xOy 中,$A(-1,0)$,$B(0,2\sqrt{2})$,C 是线段 OB 上的动点,则 $3AC+BC$ 的最小值为 _____,此时点 C 的坐标为 _____.

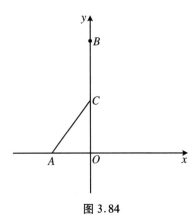

图 3.84

89. 如图 3.85 所示,在正方形 $ABCD$ 中,$AB=2$,E 是 BC 的中点,CD 上有一动点 M,连接 EM、BM,将 $\triangle BEM$ 沿着 BM 翻折得到 $\triangle BFM$. 连接 DF、CF,则 $DF+\dfrac{1}{2}CF$ 的最小值为_____.

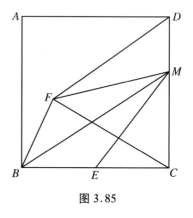

图 3.85

90. 如图 3.86 所示,正方形 $ABCD$ 的边长是 4,点 E、F 分别在 BC、CD 上,$\angle EAF=45°$,则 $\triangle EAF$ 的面积最小值为_____.

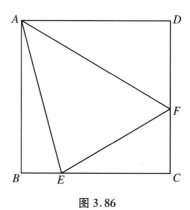

图 3.86

91. 如图 3.87 所示，△ABC 是边长为 4 的等边三角形，将三角板的 30°角的顶点与点 A 重合，三角板 30°角的两边分别与 BC 交于 D、E 两点，则 DE 长度的最小值是_____．

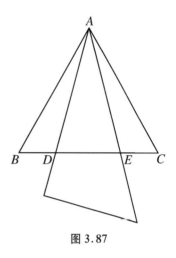

图 3.87

92. 如图 3.88 所示，∠AOB = 60°，点 C 在∠AOB 内且 OC = 3，以点 C 为圆心、1 为半径作圆，点 P、Q 分别是射线 OA、OB 上异于点 O 的动点，点 M 在圆 C 上运动．若圆 C 和 ∠AOB 两边都没有交点，则 MP + MQ + PQ 的最小值为_____．

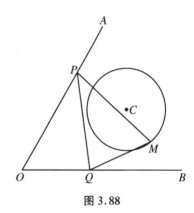

图 3.88

93. 如图3.89所示，在△ABC中，∠C = 90°，点D是边BC上一动点，过点B作BE⊥AD交AD的延长线于点E. 若AC = 6, BC = 8，则 $\dfrac{DE}{AD}$ 的最大值为 （ ）

A. $\dfrac{1}{2}$　　　　B. $\dfrac{1}{3}$　　　　C. $\dfrac{3}{4}$　　　　D. $\dfrac{\sqrt{2}}{2}$

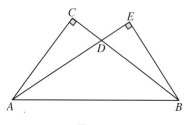

图 3.89

94. 如图3.90所示，点A是直线 $y = -x$ 上的动点，点B是x轴上的动点. 若AB = 2，则△AOB的面积最大值为_____.

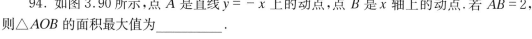

图 3.90

95. 如图 3.91 所示,线段 AB 的端点坐标分别为 $A(-6,0)$,$B(0,2)$,点 C 从 $(0,4)$ 出发以每秒 1 个单位长度的速度沿直线 $y=4$ 向左平移,同时线段 AB 也沿 x 轴的正方向以每秒 2 个单位长度的速度平移,则经过_____s,$\triangle ABC$ 的周长最小.

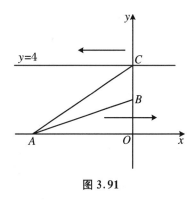

图 3.91

96. 在 $\triangle ABC$ 中,若 O 为边 BC 的中点,则必有 $AB^2+AC^2=2AO^2+2BO^2$.依据以上结论,解决如下问题:如图 3.92 所示,在矩形 $DEFG$ 中,已知 $DE=4$,$EF=3$,点 P 在以 DE 为直径的半圆上运动,则 PF^2+PG^2 的最小值为 ( )

A. $\sqrt{10}$ B. $\dfrac{19}{2}$ C. 34   D. 10

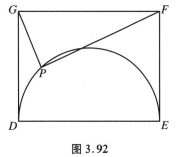

图 3.92

97. 如图 3.93 所示,圆 O 的半径为 3,A 为圆内点,$OA = 2$,B、C 为圆 O 上不同的两点,$AB \perp AC$,则 BC 的最大值为_____.

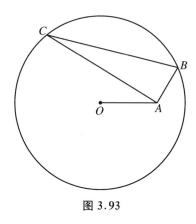

图 3.93

98. 有 10 个数据 $x_1, x_2, \cdots, x_{10}$,已知它们的和为 2018,当代数式 $(x - x_1)^2 + (x - x_2)^2 + \cdots + (x - x_{10})^2$ 取得最小值时,x 的值为_____.

99. 若10个正整数(各不相同)的和为2018,将这10个数从小到大排列,则第5个数的最大值为_____.

100. 若10个正整数的和为24,令这10个数的平方和的最大值为a,平方和的最小值为b,则$a+b=$_____.

第四部分 最值100题解析

1. **解** 延长 BC 至点 B'，使 $BC = B'C$，连接 $B'P$、$B'A$，如图 4.1 所示，

∵ AC 垂直平分 BB'，

∴ $B'A = BA$，

∴ AC 平分 $\angle B'AB$.

∵ $\angle CAB = 30°$，

∴ $\angle B'AB = 60°$，

∴ $\triangle ABB'$ 为等边三角形.

∵ 点 P 为 AC 上一点，

∴ $PB = PB'$，

∴ $PB + PD = B'P + PD \geqslant B'D$，

当且仅当 B'、P、D 在同一直线上时，如图 4.2 所示，$PB + PD$ 取得最小值.

在 Rt$\triangle ADB'$ 中，$AD = \dfrac{1}{2}AB = 2$，$\angle B'AB = 60°$，

∴ $B'D = AD \cdot \tan 60° = \sqrt{3}\,AD = 2\sqrt{3}$，

故答案是 C．

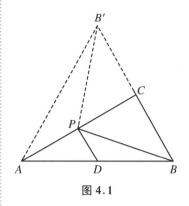

图 4.1

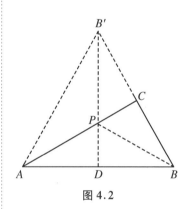

图 4.2

思路点拨

这是典型的"将军饮马"型线段和最值问题，利用对称法将动线段构造至动点 P 所在直线的两侧；根据"两点之间线段最短"找到最小值位置，利用勾股定理进行计算即可．

拓展 若点 D 为边 AB 上任意一定点，则依旧可以根据勾股定理和 $60°$ 特殊角计算 $B'D$ 的长度；若点 D 是边 AB 上的一动点，则 $B'D$ 将变为一条动线段，利用"垂线段最短"可确定最值位置还是在中点处．

2. **解** 令点 P 到 AB 的距离为 d．

∵ $S_{\triangle PAB} = \dfrac{1}{3}S_{\text{矩形}ABCD} = \dfrac{1}{3} \times 3 \times 5 = 5 = \dfrac{1}{2} \cdot d \cdot 5$，

∴ $d = 2$，

∴ 点 P 为到 AB 距离为 2 的直线 l_1、l_2 上的点.

直线 l_1、l_2 关于 AB 对称，因此选其中一条进行计算．

作点 B 关于直线 l_1 的对称点 B'，连接 $B'C$、$B'P$、AB'，如图 4.3 所示，

∴ $PA + PB = PA + PB' \geqslant AB'$，

当且仅当 A、P、B' 三点共线时取得最小值，如图 4.4 所示.

在 Rt$\triangle ABB'$ 中，$AB = 5$，$BB' = 2d = 4$，

∴ $AB' = \sqrt{AB^2 + BB'^2} = \sqrt{5^2 + 4^2} = \sqrt{41}$，

故 $PA + PB$ 的最小值是 $\sqrt{41}$．

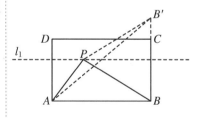

图 4.3

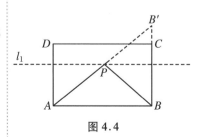

图 4.4

第四部分　最值100题解析

这是典型的"将军饮马"型线段和最值问题. 根据题目中给出的面积关系,可判断点 P 的运动轨迹为直线(或称为"隐线");利用轴对称的性质,构造对称点 B',再运用线段公理获得不等式;根据勾股定理计算最值 AB'.

3. 解　令点 P 到 AB 的距离为 d.

$\because S_{\triangle PAB} = \dfrac{1}{3} S_{矩形ABCD}$,

$\therefore d = 2$,

$\therefore$ 点 P 在到 AB 距离为 2 的直线 l_1、l_2 上,如图 4.5 所示.

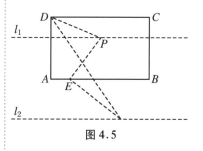

图 4.5

作点 E 关于直线 l_1 的对称点 E',连接 $E'D$ 并延长交直线 l_1 于点 P,连接 EP,如图 4.6 所示,

$\therefore E'P = EP$.

当点 P 在直线 l_1 上时,$|DP - EP| = |DP - E'P| \leqslant E'D$,当且仅当 D、E'、P 三点共线时取得最大值 $E'D = \sqrt{1^2 + 1^2} = \sqrt{2}$.

当点 P 在直线 l_2 上时,$|DP - EP| \leqslant ED$,当且仅当 D、E、P 三点共线时取得最大值,如图 4.7 所示.

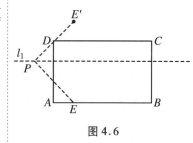

图 4.6

在 Rt$\triangle ADE$ 中,$AD = 3$,$AE = 1$,

$\therefore DE = \sqrt{3^2 + 1^2} = \sqrt{10}$,

$\therefore |DP - EP| \leqslant DE = \sqrt{10}$,

$\therefore$ 当点 P 为 DE 的延长线与直线 l_2 的交点时有最大值 $\sqrt{10}$.

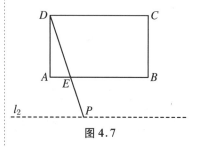

图 4.7

解法如题 2,需要找出满足条件的点 P 所在的"隐线",这里两条直线均要考虑(因为图形不对称). 由于两边之差小于第三边,在共线时取得最大值,故遵循"同侧点直接延长,异侧点需对称后再延长"的规律,分别计算最大值并进行大小比较.

特别说明　笔者认为这里的最大值只能取一个值. 改编此题的目的是让大家不要忽略矩形外的"隐线",毕竟题中叙述点 P 时用的是"平面内",而非"矩形内".

4. 解

原式 $= \sqrt{(x-1)^2 + (0-1)^2} + \sqrt{(x+1)^2 + [0-(-1)]^2}$.

建立平面直角坐标系,设 $P(x,0)$, $A(1,1)$, $B(-1,-1)$,
则 AB 在 x 轴的两侧,

$\therefore PA = \sqrt{(x-1)^2+(0-1)^2}$,

$PB = \sqrt{(x+1)^2+[0-(-1)]^2}$,

$\therefore y = \sqrt{(x-1)^2+(0-1)^2}+\sqrt{(x+1)^2+[0-(-1)]^2}$
$= PA + PB \geqslant AB$,

当 A、P、B 三点共线时,y 值最小,

$\therefore y_{\min} = AB = 2\sqrt{2}$.

思路点拨

若将式子看作函数,对于初中生来说解题难度较大. 若换个角度,将每一个根式都看作是两点间的距离(距离公式是平面直角坐标系中的勾股定理),则将问题转化为我们熟悉的几何最值模型——两点之间线段最短.

5. 解 原式 $=\sqrt{(x-3)^2+(0-3)^2}-\sqrt{(x-1)^2+(0-2)^2}$.

建立平面直角坐标系,设 $P(x,0)$, $A(3,3)$, $B(1,2)$,

$\therefore PA = \sqrt{(x-3)^2+(0-3)^2}$,

$PB = \sqrt{(x-1)^2+(0-2)^2}$,

$\therefore y = \sqrt{(x-3)^2+(0-3)^2}-\sqrt{(x-1)^2+(0-2)^2}$
$= PA - PB \leqslant AB$,

当 A、P、B 三点共线,即点 P 在 AB 延长线上时 y 值最大,

$\therefore y_{\max} = AB = \sqrt{5}$.

思路点拨

阅读题目时需观察清楚"+"或"-",切不可盲目下笔. 本题与题 4 形式相似,解法相近,但是又有所不同. 将代数式转化为平面直角坐标系中的两条线段的差;利用三边关系中的两边之差小于第三边,共线时取等找到最大值.

6. 解 连接 AE,取 AC 的中点 F,连接 EF,如图 4.8 所示.

$\because AD$ 是圆的直径,

$\therefore \angle AED = 90°$,

$\therefore \angle AEC = 90°$,

$\therefore EF = \dfrac{1}{2}AC = 2$,

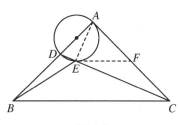

图 4.8

∴ 点 E 的轨迹为以点 F 为圆心的圆弧(圆的定义),
∴ $BE \geqslant BF - EF$,
当且仅当 B、E、F 三点共线时等号成立,如图 4.9 所示.

在 Rt$\triangle ABF$ 中,$AF = 2$,$AB = 4$,
∴ $BF = \sqrt{AF^2 + AB^2} = \sqrt{2^2 + 4^2} = 2\sqrt{5}$,
∴ $(BE)_{\min} = BF - EF = 2\sqrt{5} - 2$.

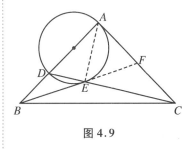

图 4.9

 思路点拨

阅读题目时要找到三条关键信息:点 E 为圆周上一点,AD 所对的圆周角是 $90°$,$\angle DEC$ 是平角.连接 AE 后就找到了定弦定角(或斜边上的中线),若一个角的度数和其所对的一条线段均为定值,则这个角的顶点的轨迹为圆(根据题目需求判断是否需要考虑两侧).因此判断出点 E 的轨迹是圆(不是完整的圆,受限于点 D 的运动范围).根据三角形的三边关系,知 B、E、F 三点共线时 BE 取得最小值.

7. 解 取 BC 的中点 F,连接 GF,作点 D 关于 AB 的对称点 D',连接 $D'P$、$D'A$,如图 4.10 所示,
∴ $DP = D'P$.
∵ $\angle BGC = 90°$,点 F 为 BC 的中点,
∴ $GF = \dfrac{1}{2} BC = 2$.
∵ $PD + PG = PD' + PG \geqslant D'G$,
又 $D'G + GF \geqslant D'F$,
∴ $PD + PG + GF \geqslant D'F - GF$,

如图 4.11 所示,当且仅当 D'、P、G、F 四点共线时取得最小值.

根据勾股定理得 $D'F = \sqrt{4^2 + 6^2} = 2\sqrt{13}$,
∴ $PD + PG$ 的最小值为 $2\sqrt{13} - 2$.

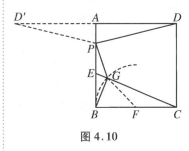

图 4.10

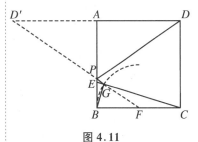

图 4.11

 思路点拨

不难发现 $\angle BGC = 90°$ 是个定角,因此点 G 的轨迹为以 BC 为直径的圆(部分).可以通过斜边上的中线构造长度不变的动线段,再利用三边关系求解.

8. 解 作点 A 关于 BC 的对称点 A'，连接 $A'B$、$A'P$、DG，如图 4.12 所示，

∵ $PA' = PA$，
∴ $PA + PG = PA' + PG$.
∵ $\angle ADC = 90°$，$EF = 2$，
∴ $DG = \dfrac{1}{2} EF = 1$.
∵ $PA' + PG + DG \geqslant A'D$，
∴ $PA' + PG \geqslant A'D - DG$，

如图 4.13 所示，当且仅当 A'、P、G、D 四点共线时等号成立.

根据勾股定理得
$A'D = \sqrt{AA'^2 + AD^2} = \sqrt{(2AB)^2 + AD^2} = 5$，
∴ $PA + PG$ 的最小值为 4.

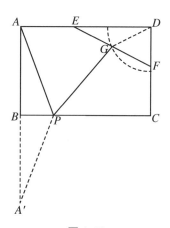

图 4.12

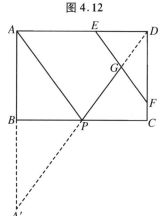

图 4.13

思路点拨

与题 7 的已知条件是相似的，解法几乎一致，抓住核心条件，线段 EF 始终不变，线段 EF 所对的角为直角，因此斜边上的中线 DG 始终不变，从而判断出点 G 的轨迹图形为圆. 利用轴对称的性质将线段和最小值问题转化为点到动点的距离最小值问题，再根据圆外一点到圆周上一点的距离最值求解.

9. 解 ∵ $C(0,m)$，$D(n,0)$，$m^2 + n^2 = 4$，
∴ $CD^2 = 4$，
∴ $CD = 2$.

在 Rt△COD 中，点 E 为 CD 的中点，
∴ $OE = 1$，即点 E 在以 O 为圆心，1 为半径的圆上.

作图 4.14，连接 OE，过点 A 作直线 $y = 2$ 的对称点 A'，连接 $A'B$、$A'O$，
∴ $A'(3,4)$，
∴ $AB + BE = A'B + BE = A'B + BE + EO - EO$
$\geqslant A'O - EO$，

如图 4.15 所示，当且仅当 A'、B、E、O 四点共线时等号成立.

根据勾股定理得 $A'O = \sqrt{3^2 + 4^2} = 5$，
∴ $AB + BE$ 的最小值为 4.

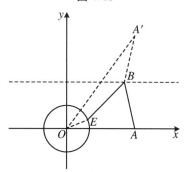

图 4.14

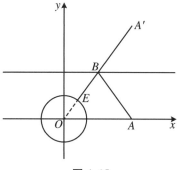

图 4.15

第四部分 最值100题解析

思路点拨

根据两点之间的距离公式 $m^2+n^2=CD^2$，得到 CD 的长度；由已知条件判断出 OE 为斜边上的中线，$OE=\dfrac{1}{2}CD$（定值）；根据圆的定义可知点 E 的轨迹是以坐标原点为圆心、$\dfrac{1}{2}CD$ 为半径的圆；利用对称的性质将线段和的最值问题转化为圆外一点到圆周上一点的距离最值问题．

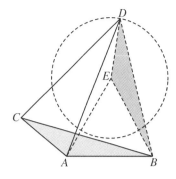

图 4.16

10. 解 以 AB 为边向上作等边 $\triangle ABE$，连接 DE，如图 4.16 所示，

∴ $AB=BE$，$CB=BD$．
$\angle ABC=\angle EBD=60°-\angle CBE$．

在 $\triangle ABC$ 和 $\triangle EBD$ 中，

$$\begin{cases} AB=BE,\\ \angle ABC=\angle EBD,\\ CB=BD, \end{cases}$$

∴ $\triangle ABC \cong \triangle EBD$（SAS），

∴ $DE=AC=2$，

∴ 点 D 的轨迹是以点 E 为圆心、2 为半径的圆，

∴ $AE-ED \leqslant AD \leqslant AE+ED$，

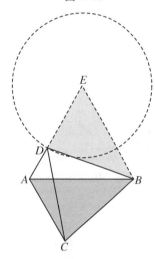

图 4.17

如图 4.17 和图 4.18 所示，当且仅当 A、E、D 三点共线时取得最值，

∴ $1 \leqslant AD \leqslant 5$．

思路点拨

这样理解 $AB=3$，$AC=2$ 这个条件：固定一边 AB，$\angle CAB$ 可以自由变化，因此点 C 的轨迹是以点 A 为圆心、2 为半径的圆．通过构造全等图形找出点 D 的运动轨迹．利用圆外一点到圆周上的距离最值来解决问题．

拓展 本题的解法较多，对于"定点+动点"的最值问题，探究动点的轨迹图形是直接的方法．

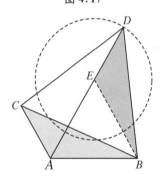

图 4.18

11. 解 以 AB 为腰作等腰直角 $\triangle ABE$（$\angle ABE=90°$），连接 DE，如图 4.19 所示，

∴ $AE=\sqrt{2}AB=3\sqrt{2}$，
$\angle ABC=\angle EBD=90°-\angle CBE$．

在 $\triangle ABC$ 和 $\triangle EBD$ 中，

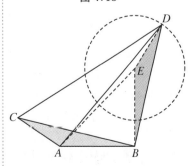

图 4.19

$$\begin{cases} AB = BE, \\ \angle ABC = \angle EBD, \\ CB = BD, \end{cases}$$

∴ △ABC ≌ △EBD(SAS),

∴ ED = AC = 2,

∴ 点 D 的轨迹为以点 E 为圆心、2 为半径的圆,

∴ AE - ED ≤ AD ≤ AE + ED,

如图 4.20 和图 4.21 所示,当且仅当 A、E、D 三点共线时取得最值,

∴ $3\sqrt{2} - 2 \le AD \le 3\sqrt{2} + 2$.

思路点拨

解题方法基本同上题,也是通过构造全等图形找出点 D 的运动轨迹,再利用圆外一点到圆周上的距离最值来解决问题.

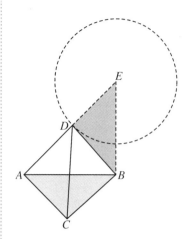

图 4.20

12. **解** 以 AB 为底构造等腰直角△AEB(∠AEB = 90°),连接 DE,如图 4.22 所示,

∴ $AE = \dfrac{\sqrt{2}}{2}AB = 2\sqrt{2}$, ∠EBA = ∠CBD = 45°.

∴ $\begin{cases} \dfrac{AB}{EB} = \dfrac{CB}{DB} = \sqrt{2}, \\ \angle ABC = \angle EBD = 45° - \angle CBE, \end{cases}$

∴ △ABC ∽ △EBD,

∴ $DE = \dfrac{\sqrt{2}}{2}AC = \sqrt{2}$,

∴ 点 D 的轨迹为以点 E 为圆心、$\sqrt{2}$为半径的圆,

∴ AE - DE ≤ AD ≤ AE + DE,

如图 4.23 和图 4.24 所示,当 A、E、D 三点共线时取得最值,

∴ $\sqrt{2} \le AD \le 3\sqrt{2}$.

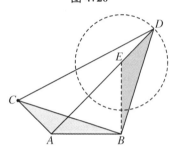

图 4.21

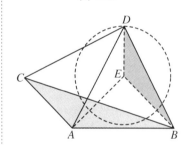

图 4.22

思路点拨

与前面两题不同的是,由于旋转中心不再是等腰三角形顶角的顶点,因此构造全等图形变成构造相似图形,从而找出点 D 的运动轨迹,最后根据圆外一点到圆周上的距离最值来解决问题.

13. **解** 以 AB 为底构造等腰直角△AEB(∠AEB = 90°),连接 DE,如图 4.25 所示,

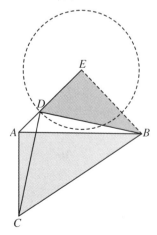

图 4.23

∴ $AE = \frac{\sqrt{2}}{2}AB = 2\sqrt{2}$,∠EBA = ∠CBD = 45°.

∵ $\begin{cases} \frac{AB}{EB} = \frac{CB}{DB} = \sqrt{2}, \\ \angle ABC = \angle EBD = 45° - \angle CBE, \end{cases}$

∴ △ABC ∽ △EBD,

∴ $DE = \frac{\sqrt{2}}{2}AC = \sqrt{2}$,

∴ 点 D 的轨迹为以点 E 为圆心、$\sqrt{2}$ 为半径的圆.

延长 AE 至点 Q,使 AE = EQ,连接 PQ、BQ.

∵ AD = DP,

∴ $QP = 2DE = 2\sqrt{2}$.

∵ BE 垂直平分 AQ,

∴ AB = BQ.

∵ ∠QAB = 45°,

∴ △ABQ 为等腰直角三角形,

∴ BQ = AB = 4,

∵ BQ − PQ ≤ PB ≤ BQ + PQ,

如图 4.26 和图 4.27 所示,当且仅当 B、P、Q 三点共线时取得最值,

∴ $4 - 2\sqrt{2} \leq PB \leq 4 + 2\sqrt{2}$.

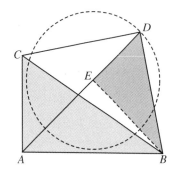

图 4.24

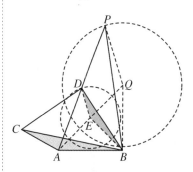

图 4.25

思路点拨

注意到点 P 的产生与中点有关,点 P 的运动与点 D "捆绑"在一起,故可通过构造中位线来判断点 P 的运动轨迹,再利用圆外一点到圆周上的距离最值来解决问题.

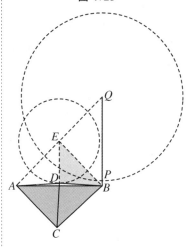

图 4.26

14. **解** 取 AB 的中点 G,连接 DG、OG,如图 4.28 所示.

∵ ∠AOB = ∠xOy = 90°,

∴ $OG = \frac{1}{2}AB = 1$.

连接 DB、OD,

∴ △DCB 为等腰三角形.

∵ ∠C = 120°,

∴ ∠DBC = 30°,$DB = \sqrt{3}DC = 2\sqrt{3}$,

∴ ∠DBA = 120° − 30° = 90°.

在 Rt△DGB 中,GB = 1,

∴ $DG = \sqrt{DB^2 + GB^2} = \sqrt{(2\sqrt{3})^2 + 1^2} = \sqrt{13}$,

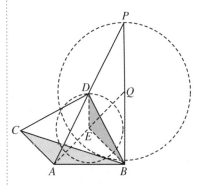

图 4.27

∴ $DG - OG \leqslant OD \leqslant OG + DG$,

当且仅当 O、G、D 三点共线时取得最值,

D、G 在点 O 同侧时取最大值,在点 O 异侧时取最小值,如图 4.29 所示,

∴ $\sqrt{13} - 1 \leqslant OD \leqslant \sqrt{13} + 1$,

∴ OD 的最大值和最小值乘积为 $(\sqrt{13}-1)(\sqrt{13}+1) = 12$.

思路点拨

这个是"墙角"型问题,类似于梯子靠在墙角滑动,将墙角变为平面直角坐标系,这样移动的范围能扩大到负方向;利用"墙角"产生的直角,以及 AB 边长不变的特点,作出 AB 的中点 G,利用斜边上的中线 OG 和位置固定的两点 D、G 来构造两条大小不变、位置变化的线段 OG、DG;利用两边之和与两边之差得到 OD 的最大值和最小值.

另辟蹊径 利用相对运动的知识,我们假设正六边形是不变的,坐标系可以绕着正六边形运动;利用 $\angle AOB = 90°$,$AB = 2$,判断出点 O 的运动轨迹为一个圆,如图 4.30 所示;利用圆外一点到圆周上的距离最值解得 OD 的最大值和最小值.读者可以自行计算验证.

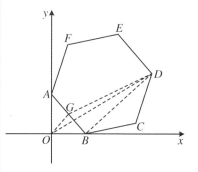

图 4.28

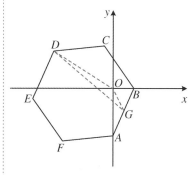

图 4.29

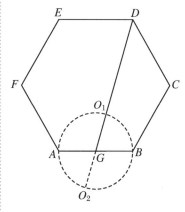

图 4.30

15. **解** 如图 4.31 所示,以 OB 为腰向上构造等腰直角 $\triangle OBQ$,连接 OP、CQ、AQ.

在等腰直角 $\triangle OBQ$ 和等腰直角 $\triangle BPC$ 中,$\dfrac{CB}{BP} = \dfrac{QB}{BO} = \sqrt{2}$,$\angle QBO = 45°$,

∴ $\angle CBQ = 45° - \angle QBP = \angle PBO$,

∴ $\triangle CBQ \sim \triangle PBO$,

∴ $\dfrac{OP}{CQ} = \dfrac{OB}{BQ} = \dfrac{\sqrt{2}}{2}$,

∴ $CQ = \sqrt{2}$,

∴ 点 C 在以点 Q 为圆心、$\sqrt{2}$ 为半径的圆上.

∵ $OQ = OB = OA = 2$,$\angle QOB = 90°$,

∴ $AQ = \sqrt{AO^2 + OQ^2} = 2\sqrt{2}$,

∴ $AQ - QC \leqslant AC \leqslant AQ + QC$,

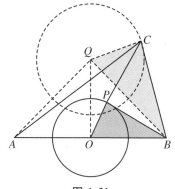

图 4.31

如图 4.32 和图 4.33 所示,当且仅当 A、C、Q 三点共线时取得最值,

∴ $\sqrt{2} \leqslant AC \leqslant 3\sqrt{2}$.

思路点拨

由于△PBC 形状固定,两个动点 P、C 到点 B 的距离之比始终不变,这是比较典型的位似旋转,也可理解为点 P、C "捆绑"旋转;旋转过程中,点 C 的轨迹与点 P 的轨迹图形相似,相似比为 $\sqrt{2}:1$;利用相似找出动点 C 轨迹的圆心,AC 的最值即定点 A 到定圆上一动点距离的最值.

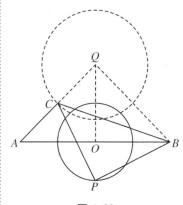

图 4.32

16. **解** 连接 OB,过点 B 向下作 $BD \perp OB$,取 $BD = \frac{4}{3}OB$,连接 AD,如图 4.34 所示.

∵ $\angle CBA = \angle OBD = 90°$,

∴ $\angle OBC = 90° - \angle OBA = \angle DBA$.

∵ $\frac{CB}{AB} = \frac{OB}{BD} = \frac{3}{4}$,

∴ △$OCB \backsim$ △DAB,

∴ $\frac{OC}{AD} = \frac{3}{4}$.

∵ $AD \geqslant OD - OA = \sqrt{OB^2 + BD^2} - OA = 2$,

当且仅当 O、A、D 三点共线时取得最值,

∴ $OC = \frac{3}{4}AD \geqslant \frac{3}{4} \times 2 = \frac{3}{2}$.

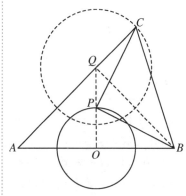

图 4.33

思路点拨

又是比较典型的位似旋转问题,我们利用相似的性质将 OC 的最值问题转化为 AD 的最值问题.通过旋转型相似构造 Rt△OBD,其中 $\angle OBD = 90°$,$\angle ODB = \angle CAB$,因此点 D 为定点.另外,由△$OCB \backsim$ △DAB 得到 OC 和 AD 之间的固定比例,从而可利用 AD 的最值求解 OC 的最值. AD 的最值即为圆外一点到圆周上一点的距离最值.

另辟蹊径 根据直径所对的圆周角为 $90°$,找到直径 AD,而 $\angle ACD = 180° - \angle ACB$ 为定值,因此由定弦定角得出点 C 的轨迹为圆弧,可根据图 4.35 所示计算 OC 的最小值.

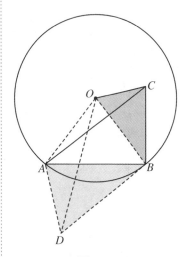

图 4.34

17. 解 连接 OP、QP、OQ，如图 4.36 所示.
设 $P(x,y)$.
根据两点距离公式得
$PA^2 = (x-1)^2 + y^2$，$PB^2 = (x+1)^2 + y^2$，
$\therefore PA^2 + PB^2 = 2x^2 + 2y^2 + 2 = 2(x^2+y^2) + 2$.
$\because OP = \sqrt{x^2+y^2}$，
$\therefore OP^2 = x^2 + y^2$，
$\therefore PA^2 + PB^2 = 2OP^2 + 2$，
要求 $PA^2 + PB^2$ 的最小值，即求 OP^2 的最小值，也就是求 OP 的最小值.
$\because OP \geqslant OQ - PQ$，
如图 4.37 所示，当且仅当 O、P、Q 三点共线时取得最值，
$\therefore OP = 5 - 2 = 3$，
$\therefore PA^2 + PB^2 = 2OP^2 + 2 \geqslant 2 \times 3^2 + 2 = 20$.

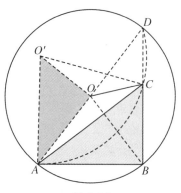

图 4.35

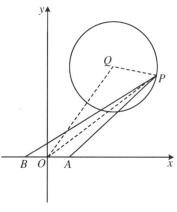

图 4.36

思路点拨

根据 $PA^2 + PB^2$ 这样的形式，产生两个联想，一是勾股定理，二是坐标公式.要使用勾股定理，就得把 PA 和 PB 构造为两条直角边，在题图中难以实现，所以转而利用坐标公式表达，我们便发现 $PA^2 + PB^2$ 与 OP^2 的联系，而 OP 的最小值即圆外一点到圆周上一点的距离最小值.

弦外之音 我们会发现，虽然点 P 在动，但 OP 始终是 $\triangle ABP$ 边 AB 上的中线，且 AB 是个定值，我们可以直接利用中线长公式得到 $PA^2 + PB^2 = 2OP^2 + \dfrac{AB^2}{2}$，接下来的计算和上面是一致的.公式的应用有助于对思路的拓展，因此学有余力的同学可以自行推导中线长公式（仅用勾股定理即可）.

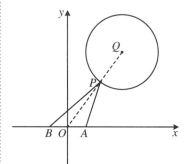

图 4.37

18. 解 在 Rt$\triangle DEF$ 中，$CE = 2$，$\angle CDE = 30°$，
$\therefore DF = 2\sqrt{3}$，$DE = 4$.
如图 4.38 所示，当点 G 与点 D 重合时，
$CG_{\max} = DF = 2\sqrt{3}$，
当 $CG \perp DE$ 时，
$CG_{\min} = h = \dfrac{2 \cdot S_{\triangle DEF}}{DE} = \dfrac{2 \times 2\sqrt{3}}{4} = \sqrt{3}$，
$\therefore \sqrt{3} \leqslant CG \leqslant 2\sqrt{3}$.
当 $CG = 3$ 时，以 C 为圆心、CG 为半径的圆恰好经过

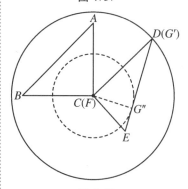

图 4.38

点 B.

在△DEF 旋转的过程中,点 G 会经过点 B.

因此,当 BG 恰好重合时,BG 取得最小值为 0.

思路点拨

这是个"特别"的题,点 G 是 DE 上一动点,因此在转动的过程中,点 G 的轨迹不是线而是面,这个面的形状为以点 C 为圆心、分别以 CG_{min} 和 CG_{max} 为半径的同心圆环,点 B 也在这个"面轨迹"中,因此 BG 的最小值为 0.

19. **解** 连接 BD,如图 4.39 所示.

∵ △ADC 与△ABC 关于 AC 对称,$\angle ACB = 30°$,

∴ $BC = CD$,$\angle BCD = 60°$,

∴ △BDC 是等边三角形,

∴ $BD = CD$,$\angle BDC = \angle BCD = 60°$.

在△BDE 和△DCF 中,

$\begin{cases} BD = CD, \\ \angle BDC = \angle BCD, \\ DE = CF, \end{cases}$

∴ △$BDE \cong$ △DCF(SAS),

∴ $\angle BED = \angle DFC$.

∵ $\angle BED + \angle PEC = 180°$,

∴ $\angle PEC + \angle DFC = 180°$,

∴ $\angle DCF + \angle EPF = \angle DCF + \angle BPD = 180°$.

∵ $\angle DCF = 60°$,

∴ $\angle BPD = 120°$.

∵ 点 P 在运动中保持 $\angle BPD = 120°$,

∴ 点 P 的运动路径为以 A 为圆心、AB 为半径的 120°的弧.

当 C、P、A 三点共线时,CP 能取到最小值,如图 4.40 所示,

∴ $CP \geq AC - AP = 2$,

即线段 CP 的最小值为 2.

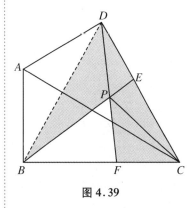

图 4.39

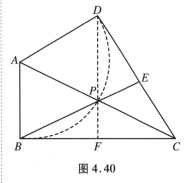

图 4.40

思路点拨

需要熟悉等边三角形中的常见全等图形.因为点 P 在运动中保持 $\angle BPD = 120°$,BD 又是定长,所以点 P 的路径是一段以点 A 为圆心的弧,于是将 CP 的最小值转化为圆外一点到圆上一点的距离最小值.

20. **解** 过点 C 作 $CC' \parallel DE$ 且 $CC' = DE$,连接 $C'E$,如图4.41所示,

∴ 四边形 $CC'ED$ 为平行四边形,

∴ $C'E = CD$.

作点 C 关于 OA 的对称点 C'',连接 $C''E$、$C''D$、$C''C$,

∴ $CE = C''E$,

∴ $CD + CE = C'E + CE = C'E + C''E \geq C'C''$,

当且仅当 C'、E、C'' 三点共线时取得最值,如图 4.42 所示.

∵ CC'' 关于 OA 对称,

∴ OA 垂直平分 CC'',

∴ $CC'' = 2CF = 2OC \cdot \sin O = 6$.

在 Rt△$CC'C''$ 中,$C'C'' = \sqrt{CC'^2 + CC''^2} = 2\sqrt{10}$,

∴ △CDE 周长的最小值为 $2\sqrt{10} + 2$.

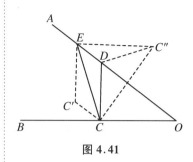

图 4.41

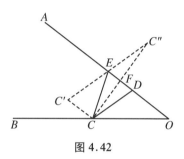

图 4.42

思路点拨

因为 DE 为定值,所以△CDE 周长的最小值问题转变为 $CD + CE$ 的最小值问题.似"饮马"非"饮马",注意观察,这是一定两动问题.利用平移将动线段 DE "压缩"为一个动点;轴对称后根据两点之间线段最短找到最小值线段,再根据勾股定理计算即可解决问题.

21. **解** 作 $QQ' \parallel AB$,使得 $QQ' = MN = 3$,作点 Q' 关于直线 AB 的对称点 Q'',连接 PQ'',连接 $Q''M$、$Q'M$,作 $Q''H \perp DA$ 于点 H,如图 4.43 所示,

∴ 四边形 $MNQQ'$ 为平行四边形,$Q'M = Q''M$,

∴ $PM + NQ + MN = PM + Q'M + 3 \geq PQ'' + 3$,

如图 4.44 所示,当 P、M、Q'' 三点共线时,$PM + Q''M$ 取得最小值.

∵ $Q'Q''$ 关于 AB 对称,

∴ $Q'Q'' = 2BQ = 10$,$AH = BQ = 5$,

∴ $PH = AP + AH = 2 + 5 = 7$.

在 Rt△PHQ'' 中,$HQ'' = AB - QQ' = 3$,

∴ $PQ'' = \sqrt{PH^2 + HQ''^2} = \sqrt{7^2 + 3^2} = \sqrt{58}$,

∴ $PM + MN + NQ$ 的最小值为 $3 + \sqrt{58}$.

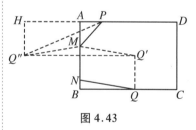

图 4.43

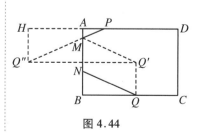

图 4.44

思路点拨

作 $QQ' \parallel AB$，使得 $QQ' = MN = 3$，作点 Q' 关于 AB 的对称点 Q''，连接 PQ''，当 P、M、Q 三点共线时 $PM + MN + NQ$ 的值最小. 作 $Q''H \perp DA$，利用勾股定理求出 PQ'' 即可解决问题.

22. 解 过点 E 作 $EE' \parallel PQ$，取 $EE' = PQ = 1$，作点 E' 关于 AB 的对称点 E''，连接 $E'P$、$E''P$，如图 4.45 所示.

∵ 四边形 $EE'PQ$ 为平行四边形，$E'P = E''P$，

∴ $E'P = EQ$，

∴ $EQ + FP = E'P + FP = E''P + FP \geq E''F$，

如图 4.46 所示，当且仅当 E''、P、F 三点共线且 $E''F \perp AC$ 时取到最小值.

当 $E''F \perp AC$ 时，设 $E'E''$ 与 AD 的交点为 G，$E''F$ 与 AD 的交点为 H，如图 4.47 所示.

∵ E' 与 E'' 关于 AB 对称，

∴ $E''G = E'G = ED = 1$.

∴ $AG = 2$，

∵ $\angle A = 45°$，

∴ $\angle FHA = \angle E''HG = 45°$，

∴ $HG = E''G = 1$，

∴ $AH = AG - HG = 1$.

在等腰直角 $\triangle AFH$ 和 $\triangle HGE''$ 中，$AH = 1$，$HG = 1$，

∴ $FH = \dfrac{\sqrt{2}}{2}$，$E''H = \sqrt{2}$，

∴ $E''F = E''H + FH = \dfrac{3\sqrt{2}}{2}$，

∴ 当 $E''F \perp AC$ 时，$E''F$ 取得最小值为 $\dfrac{3\sqrt{2}}{2}$.

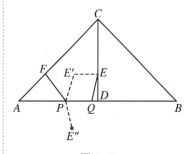

图 4.45

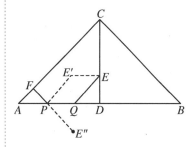

图 4.46

思路点拨

作 $EE' \parallel PQ$，取 $EE' = PQ$，构造平行四边形，将 $EQ + FP$ 的长度转化为 $E'P + FP$ 的长度来找最小值. 作对称点，构造"将军饮马"模型，再利用"垂线段最短"求出最小值.

与题 21 类似，本题也要将线段 PQ "压缩" 为一个点，属于平移后求垂线段长度的问题.

23. 解 分别过点 E、F 作 BC、CD 的平行线，截取 $EE' = FF' = MN = PQ$，作点 E' 关于 BC 的对称点 E''，点 F'

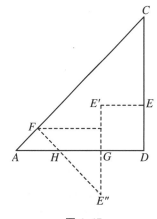

图 4.47

关于 CD 的对称点 F''，连接 $E'N$、$E''N$、$F'P$、$F''P$，如图 4.48 所示，

∴ 四边形 $EE'NM$ 和四边形 $FF'PQ$ 为平行四边形，

∴ $EM = E'N$，$FQ = F'P$.

∵ 点 E'、E'' 关于 BC 对称，N 为 BC 上的点，

∴ $E'N = E''N$.

同理，$F'P = F''P$.

六边形 $EMNPQF$ 的周长 $= EM + MN + NP + PQ + FQ + EF$，其中 MN、PQ、EF 为定值，要求周长最小值即求 $EM + NP + FQ$ 的最小值.

∵ $EM + NP + FQ = E''N + NP + F''P \geqslant E''F''$，

如图 4.49 所示，当 E''、N、P、F'' 四点共线时取到最小值.

建立如图 4.50 所示的坐标系，由题意得点 E 的坐标为 $(0,2)$，

∴ $E'(1,2)$，

∴ $E''(1,-2)$.

同理可得 $F''(6,3)$，

∴ $E''F'' = 5\sqrt{2}$.

∵ $AE = AF = 2$，

∴ $EF = \sqrt{2}AE = 2\sqrt{2}$，

∴ 六边形 $EMNPQF$ 的周长最小值为 $7\sqrt{2} + 2$.

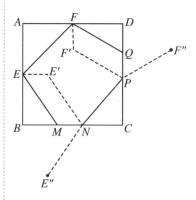

图 4.48

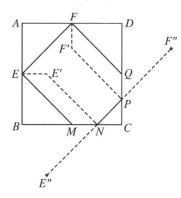

图 4.49

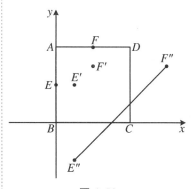

图 4.50

思路点拨

本题中有两条定线段平移，那我们就仿照上两题的方法平移两次即可. 分别构造平行四边形 $EE'NM$ 和平行四边形 $FF'PQ$，将六边形 $EMNPQF$ 的周长最小值问题转化为 $E'N + NP + F'P$ 的最小值问题（属于"邮差送信"问题），依旧作出对称点，根据两点之间线段最短求出最小值. 这里求解最小值时用到了平面直角坐标系，这是"偷懒"的一种计算方法，相当于在平面直角坐标系的背景下应用勾股定理，亦可根据勾股定理求解 $E'F'$.

与题 21，题 22 相比，本题是两次平移后的"两点之间距离"问题.

24. **解** 过点 C 作 $CG // EF$，且 $CG = EF$，连接 FG、AG，如图 4.51 所示，

∴ 四边形 $ECGF$ 为平行四边形，

∴ $EC = FG$.

在图 4.52 中，过点 B 作 $BH // EF$，

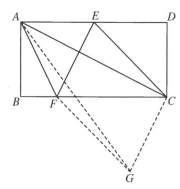

图 4.51

∴ 四边形 BFEH 为平行四边形,
∴ EF = BH.
∵ EF⊥AC,
∴ △ABC∽△HAB,
∴ BH∶AC = EF∶AC = AB∶BC.
综上所述,CG⊥AC 且 CG = EF = $\sqrt{5}$,
∴ G 为定点,
∴ AF + CE = AF + FG ≥ AG,

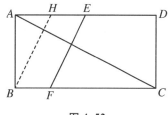

图 4.52

如图 4.53 所示,当 A、F、G 三点共线时取到最小值.
在矩形 ABCD 中,AB = 2,BC = 4,
∴ AC = $\sqrt{2^2 + 4^2} = 2\sqrt{5}$.
在 Rt△ACG 中,AG = $\sqrt{AC^2 + CG^2} = 5$.

思路点拨

本题要求两条线段和的最小值,而对分开的两线段不易判断最值的位置,所以需要将它们合并起来.可采用的方法是全等转换,我们这里使用的是平移变换.将线段 CE 平移至以点 F 和另一个固定点 G 为端点的线段位置,即可根据两点之间线段最短解决最小值问题.

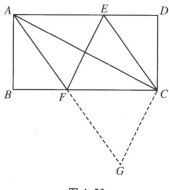

图 4.53

25. **解** 如图 4.54 所示,将 △ABE 平移,
∴ △ABE ≌ △DCF,
∴ AE = DF,BE = CF.
在 ▱ABCD 中,AD = BC,
∴ AD = EF,
∴ 四边形 AEFD 的周长 = 2AD + 2AE = 14 + 2AE.
如图 4.55 所示,当 AE⊥BC 时,AE 取得最小值.
在 Rt△ABE 中,∠B = 60°,
∴ AE = AB · sin60° = 3,
∴ 四边形 AEFD 周长的最小值 = 14 + 6 = 20.

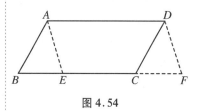

图 4.54

思路点拨

四边形 AEFD 依旧是一个平行四边形,周长等于 2(AD + AE),故将四边形 AEFD 周长的最小值问题转化为 AE 的最小值问题.根据"点到直线,垂线段最短"即可解决问题.

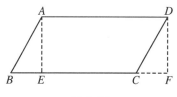

图 4.55

26. **解** 由题意得 △BGD ≌ △AMD,
∴ ∠M = ∠DGB,
∴ AM∥BG,

∴ 四边形 MGFN 为平行四边形,
∴ $l = 2(GF + GM)$.
∵ $GF = MN = BG + CF = BC - GF$,
∴ $GF = \frac{1}{2}BC = \frac{5}{2}$.
∵ $GM = 2DG$,

∴ 当 DG 取得最小值时,四边形 MGFN 的周长最小;同理,当 DG 取得最大值时,四边形 MGFN 周长最大.

如图 4.56 和图 4.57 所示,当 DG⊥BC 时,DG 取得最小值;若点 G 与点 B 重合,则 DG 取得最大值.

当 DG⊥BC 时,
∵ ∠B 是公共角,
∴ △BDG∽△BCA,
∴ BD∶BC = DG∶AC,
∴ $DG = \frac{6}{5}$.

∴ $\frac{6}{5} \leq DG < 2$,
∴ $\frac{49}{5} \leq l < 13$.

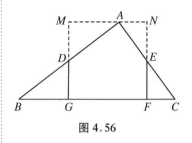

图 4.56

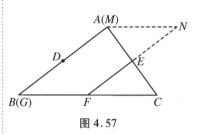

图 4.57

四边形 MGFN 为平行四边形,而 GF 为定值,所以将周长的取值范围问题转化为线段 DG(EF)的取值范围问题.当 DG⊥BC 时 DG 取得最小值;由于点 G、F 与端点均不重合,因此最大值取不到.

27. **解** 取 AB 的中点 E,连接 CE,如图 4.58 所示,
∴ $CE = \frac{1}{2}AB$.
∵ CD⊥AB,
∴ CE≥CD,
∴ AB≥2CD = 6,
当且仅当 D 为 AB 的中点时取到最小值,
∴ $S_{\triangle ABC}$ 的最小值为 9.

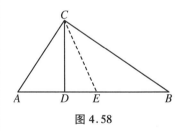

图 4.58

CD 为定值,则当 AB 最小时,$S_{\triangle ABC}$ 取得最小值.根据"斜边上的中线等于斜边的一半"和"垂线段最短",找到当 D 为 AB 的中点时,AB 取得最小值为 2CD.直角三角形中斜边上的中线是一个比较容易被忽略的知识点,尤其是在需要主动去构造的时候.

28. 解 取 AB 的中点 Q，连接 OP、OQ，如图 4.59 所示，

∴ $OQ = \dfrac{1}{2}AB$.

∵ $OP \leqslant OQ$，

∴ $\dfrac{1}{2}AB \geqslant OP$，

∴ $AB \geqslant 4$，

即 AB 的最小值为 4，此时 $\triangle AOB$ 为等腰直角三角形.

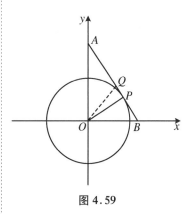

图 4.59

思路点拨

要求 AB 的最小值，只需取 AB 的中点，求出斜边上的中线的最小值，根据"垂线段最短"，AB 的最小值在 OP 与斜边上的中线重合时取到.

29. 解 设切点为 N，连接 OD、ON，作出 AC 边上的高 DM，如图 4.60 所示.

∵ $\angle ADC = 90°$，

∴ EF 为 $\odot O$ 的直径，$AC = \sqrt{6^2 + 8^2} = 10$，

∴ $EF = OD + ON \geqslant DM$，

当且仅当切点为点 M 时 EF 取到最小值，

∴ $EF_{\min} = DM = \dfrac{2 \cdot S_{\triangle ADC}}{AC} = \dfrac{6 \times 8}{10} = 4.8$.

∵ 矩形为中心对称图形，

同理，$GH_{\min} = EF_{\min} = 4.8$，

∴ $(EF + GH)_{\min} = 9.6$.

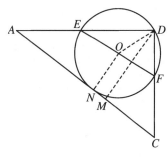

图 4.60

思路点拨

虽然目标式是 $EF + GH$ 的组合形式，但是观察后发现两个线段可独立求解最值. 由于矩形为中心对称图形，因此 EF 和 GH 的最小值显然是相等的，于是将问题转化为求 EF 的最小值. 注意到 EF 是圆的直径，根据"垂线段最短"，可知圆的最短直径是 $\triangle ACD$ 斜边上的高线.

30. 解 过点 O 作 $OG \perp AB$，连接 ON、CO，如图 4.61 所示，

∴ $ON = r = \dfrac{1}{2}DE = \dfrac{3}{2}$，

∴ $GN = GM = \dfrac{1}{2}MN$.

在 Rt$\triangle OGN$ 中，$GN^2 = ON^2 - OG^2$，其中 ON 为定值，故当 OG 取最小值时，GN 取得最大值，即 MN 取得最大值.

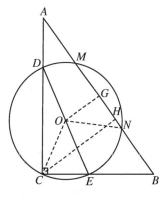

图 4.61

过点 C 作 $CH \perp AB$.

在 $Rt\triangle ABC$ 中，$AC=4$，$BC=3$，

∴ $AB=5$.

∵ $S_{\triangle ABC}=\dfrac{1}{2}AC \cdot BC=\dfrac{1}{2}CH \cdot AB$，

∴ $CH=\dfrac{12}{5} \leqslant CO+OG$，

∴ $OG \geqslant \dfrac{12}{5}-\dfrac{3}{2}=\dfrac{9}{10}$，

∴ $GN_{\max}=\sqrt{\left(\dfrac{3}{2}\right)^2-\left(\dfrac{9}{10}\right)^2}=\dfrac{6}{5}$，

∴ $MN_{\max}=2GN_{\max}=\dfrac{12}{5}$.

  思路点拨

DE 为定值，即 $\odot O$ 的半径为定值，故当弦 MN 上的垂径最短时，MN 取得最大值. 根据"垂线段最短"找出 OG 最短时垂足的位置.

31. 解　如图 4.62 所示，过点 P' 作 $P'E \perp AC$ 于点 E，则 $\angle A=\angle P'ED=90°$.

由题意可得 $DP=P'D$，$\angle PDP'=90°$，

∴ $\angle ADP=\angle EP'D$.

在 $\triangle DAP$ 和 $\triangle P'ED$ 中，

$\begin{cases} \angle ADP=\angle EP'D, \\ \angle A=\angle P'ED, \\ DP=DP', \end{cases}$

∴ $\triangle DAP \cong \triangle P'ED$（AAS），

∴ $P'E=AD=2$，

∴ $CP' \geqslant P'E$，

当 $AP=DE=2$，即点 E 与点 C 重合时，$CP'=P'E=2$，

∴ 线段 CP' 的最小值为 2.

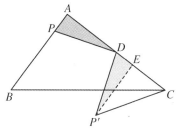

图 4.62

思路点拨

先过点 P' 作 $P'E \perp AC$ 于点 E，由 $\triangle DAP \cong \triangle P'ED$ 可得 $P'E=AD=2$，再根据"垂线段最短"，当 $AP=DE=2$，即点 E 与点 C 重合时，可得线段 CP' 的最小值为 2.

拓展　如果我们如图 4.63 所示构造全等三角形，依旧可以把 CP' 的长度转化为 PE 的长度. 我们发现，要想取得最小值 EP''，并不需要 $AB=3$ 的条件，只需要点 P'' 在 AB 线段上即可，即 $AB \geqslant 2$. 猜想题目给出 $AB=3$ 是

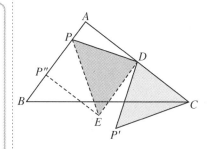

图 4.63

为了提供一个熟悉的图形作为背景,不过考虑"345"模型似乎就多余了.

若将题目中的 △ABC 改为等腰直角三角形、含 30° 角的直角三角形或者其他条件,则只要满足 $AB \geqslant 2$,CP' 均可取得最小值;但当 $AB \leqslant 2$ 时,大家就需要考虑在端点处取得最小值了.

32. **解** 连接 PD,如图 4.64 所示.

在正方形 ABCD 中,$CD = BC$,$\angle BCD = 90°$.

由题意得 $PC = CE$,$\angle PCE = 90°$,

∴ $\angle BCE = \angle DCP = 90° + \angle BCP$.

在 △BCE 和 △DCP 中,

$\begin{cases} BC = CD, \\ \angle BCE = \angle DCP, \\ CE = CP, \end{cases}$

∴ △BCE ≌ △DCP(SAS),

∴ $BE = PD$.

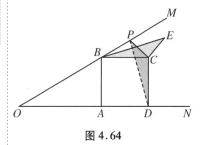

图 4.64

如图 4.65 所示,当 $PD \perp OM$ 时,PD 取得最小值.

在 Rt△AOB 中,$\angle O = 30°$,

∴ $OA = \sqrt{3} AB = 4\sqrt{3}$.

在 Rt△ODP 中,$PD = \dfrac{1}{2} OD = \dfrac{1}{2}(OA + AD) = 2\sqrt{3} + 2$,

∴ BE 的最小值为 $2\sqrt{3} + 2$.

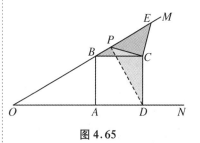

图 4.65

思路点拨

显然,正方形中也有旋转 90° 的线段,因此连接 PD 后找到全等三角形,将 BE 长转化为 PD 长.根据"垂线段最短"和 30° 角的三角函数值求出 PD 的最小值.

当然,本题也可以利用全等的性质判断出点 E 的运动轨迹为射线,再根据"垂线段最短"亦可得出答案.

33. **解** 如图 4.66 所示.

∵ $PE \parallel CQ$,$2PD = DE$,

∴ △PFD ∽ △QFC,

∴ $\dfrac{DF}{FC} = \dfrac{PD}{CQ} = \dfrac{PF}{FQ} = \dfrac{1}{3}$,

∴ $PF = \dfrac{1}{4} PQ$,$DF = \dfrac{1}{4} DC$,

即 F 为 DC 的四等分点(定点).

如图 4.67 所示,当 $PF \perp AB$ 时,PF 取得最小值,PQ

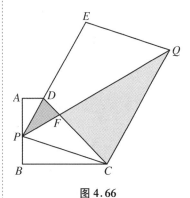

图 4.66

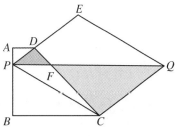

图 4.67

也取得最小值.

如图 4.68 所示,过点 D、F 分别作 BC 的垂线段,垂足分别为点 M、N,

∵ $DM \parallel FN$,

∴ 四边形 $ABMD$ 为矩形,

∴ $DM = AB = 3$,$BM = AD = 1$,

∴ $MC = 3$.

∵ F 为 DC 的四等分点,

∴ N 为 CM 的四等分点,

∴ $MN = \dfrac{3}{4}$,

∴ $PF = BN = 1 + \dfrac{3}{4} = \dfrac{7}{4}$,

∴ $PQ = 4PF = 7$,

∴ PQ 的最小值为 7.

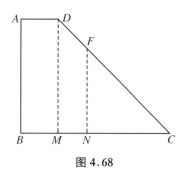

图 4.68

思路点拨

本题利用了平行四边形的性质和平行线分线段成比例定理.先利用相似比将双动点线段 PQ 转化为单动点线段 PF,再根据"垂线段最短"求得线段的最小值.

34. 解 如图 4.69 所示,当 $CP \perp AN$ 时,CP 最小.
同理,当 $CQ \perp PM$ 时,CQ 最小.
由于 $\cos \angle CPM$ 为定值,CP、CQ 同时取得最小值.
在 Rt△APC 中,$AC = 10$,$\angle BAC = 30°$,

∴ $CP = \dfrac{1}{2}AC = 5$.

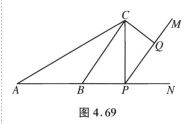

图 4.69

在 Rt△CPQ 中,$\cos \angle CPM = \dfrac{4}{5}$,

∴ $PQ = PC \cdot \cos \angle CPM = 4$.

∴ $CQ = \sqrt{CP^2 - PQ^2} = 3$,

∴ CQ 的最小值为 3.

思路点拨

根据"垂线段最短",当 $CP \perp AN$ 时 CP 最小,当 $CQ \perp PM$ 时,CQ 最小.在△PCQ 中,由 $\cos \angle CPM = \dfrac{4}{5}$ 可知 CP、CQ 同时取得最小值.由 CP 的最小值即可求出 CQ 的最小值.

35. **解** 作点 D 关于 x 轴的对称点 D'，连接 PD'、$D'C$，如图 4.70 所示，

∴ $PD = PD'$，

∴ $PD + PC = PD' + PC \geqslant D'C$，

如图 4.71 所示，当 D'、P、C 三点共线且 $D'C \perp AB$ 时，$PD' + PC$ 取得最小值，

∴ $\angle CD'B + \angle ABO = 90°$，

∴ $\angle CD'B = \angle BAO$.

∵ $\angle AOB = \angle POD' = 90°$，

∴ $\triangle ABO \sim \triangle D'PO$，

∴ $OA : OD' = OB : OP$.

∵ 直线 $y = \dfrac{2}{3}x + 4$ 与坐标轴交于点 A、B，

∴ $B(0,4)$，$A(-6,0)$，

∴ $D(0,2)$.

∵ D、D' 关于 x 轴对称，

∴ $D'(0,-2)$，

∴ $OA = 6$，$OB = 4$，$OD' = 2$，

∴ $OP = \dfrac{4}{3}$，

∴ 当 $PC + PD$ 最小时，$P\left(-\dfrac{4}{3},0\right)$.

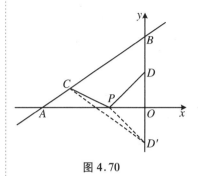

图 4.70

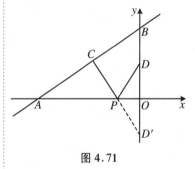

图 4.71

思路点拨

作点 D 关于 x 轴的对称点 D'，将 $PC + PD$ 的最小值转化为 $PC + PD'$ 的最小值. 由于点 D'、C（动点）在点 P 异侧，根据"垂线段最短"，当 D'、P、C 三点共线且 $D'C \perp AB$ 时可求得最值. 使用相似比求出 OP，将线段长转化为坐标时，需要考虑正负.

36. **解** $y = kx - 2k + 4 \Rightarrow y = k(x-2) + 4$，

当 $x = 2$ 时，$y = 4$，故无论 k 为何值，直线必过 $(2,4)$.

如图 4.72 所示，过点 O 分别作直线 l_1、l_2、l_3 的垂线段，垂足分别为 A、B、C，其中点 A 为定点 $(2,4)$.

在 $Rt\triangle ABO$ 中，$OA > OB$.

同理，$OA > OC$.

当且仅当 $OA \perp l$ 时，点 O 到直线 l 的距离最大，最大值即 $OA = \sqrt{2^2 + 4^2} = 2\sqrt{5}$.

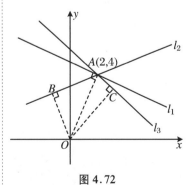

图 4.72

思路点拨

题中直线虽然是动直线,但是只含一个参数 k,进行化简后,可以找到一定点 $(2,4)$ 不受 k 的影响.根据"直角三角形中斜边大于直角边",所求最大距离为原点到定点的距离.

弦外之音 动直线过定点和动点定轨迹的问题其实偏向高中的解析几何,却又在初中经常出现.注意下面两种形式的点和直线:如 $A(2m-1,-3m+4)$,动点 A 经过定直线 $y=-\frac{3}{2}x+\frac{5}{2}$;又如直线 $l:y=2kx-3k+1$,经过定点 $\left(\frac{3}{2},1\right)$.要学会观察题目中这些"动中有静"的信息,才能快速找到解题的思路.

37. 知识储备 过梯形中位线中点的直线(经过梯形的上底和下底)将梯形分为面积相等的两个梯形.

证 如图 4.73 所示,在梯形 $ABCD$ 中,E、F 分别为 AD、BC 的中点,连接 AF 交 DC 的延长线于点 G.

$\because AB \parallel CD$,

$\therefore \angle BAF = \angle G$,$\angle B = \angle FCG$.

在 $\triangle ABF$ 和 $\triangle GCF$ 中,

$\begin{cases} \angle BAF = \angle CGF, \\ \angle ABF = \angle GCF, \\ BF = CF, \end{cases}$

$\therefore \triangle ABF \cong \triangle GCF$(AAS),

$\therefore AB = CG$,$AF = GF$.

$\because E$ 为 AD 的中点,

$\therefore EF \parallel DG$,

$\therefore EF = \frac{1}{2}DG = \frac{1}{2}(CD+CG) = \frac{1}{2}(AB+CD)$,

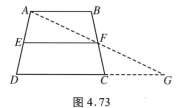

图 4.73

即梯形的中位线等于 $\frac{1}{2}$(上底+下底).

如图 4.74 所示,O 为 EF 的中点,PQ 经过点 O 分别与上底、下底交于点 P、Q,过点 O 作 $MN \perp CD$,

$\therefore$ 四边形 $APQD$ 和四边形 $BPQC$ 也是梯形.

$\because S_{\text{梯形}APQD} = \frac{1}{2}(AP+DQ) \cdot MN = EO \cdot MN$,

$S_{\text{梯形}BPQC} = \frac{1}{2}(BP+CQ) \cdot MN = FO \cdot MN$,

又 O 为 EF 的中点,

$\therefore EO = FO$,

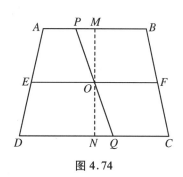

图 4.74

∴ $S_{梯形APQD} = S_{梯形BPQC}$,

∴ 经过点 O 的直线平分梯形 $ABCD$ 的面积.

解 取 OC 和 AB 的中点 G、H，连接 GH，取 GH 的中点 M，如图4.75所示,

∵ $G(0,1), H(6,1)$,

∴ $M(3,1)$.

当直线 l 过点 M 时，梯形面积被平分.

当 $CM \perp EF$ 时，点 C 到 EF 的距离最大,

∴ $CM = \sqrt{3^2+1^2} = \sqrt{10}$.

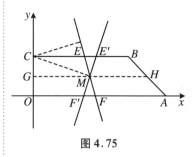

图 4.75

思路点拨

需要一定的知识储备：平分梯形面积的直线必过梯形中位线的中点.得到梯形中位线的中点坐标后，题目要求的定点 C 到动直线 l 距离的最大值，可以参照题36中的思路来计算.

38. **解** 连接 BD，延长 FE 与 BD 相交于点 N，连接 AN，如图4.76所示,

∵ BD 平分 $\angle ABC$,

∴ $\angle NBE = \angle DBA = 45°$.

在正方形 $BEFG$ 中，$\angle BEF = 90°$,

∴ $\angle BEN = 90°$,

∴ $\triangle BEN$ 为等腰直角三角形,

∴ $BE = NE = EF$.

∵ M 为 AF 的中点,

∴ $EM = \dfrac{1}{2} AN$.

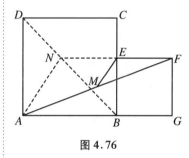

图 4.76

如图4.77所示，当 $AN \perp BD$ 时，AN 取得最小值，此时 EM 也取得最小值.

在 Rt$\triangle ABN$ 中，$\angle DBA = 45°$，$AB = 4$,

∴ $AN = 2\sqrt{2}$,

∴ $EM = \dfrac{1}{2} AN = \dfrac{1}{2} \times 2\sqrt{2} = \sqrt{2}$.

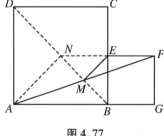

图 4.77

思路点拨

M 为 AF 的中点，而点 E、M 均为动点，不易求出 EM 的最小值，因此我们要借助转化思想；以中点为着眼点，延长 FE 至点 N，将 EM 构造为中位线；由于点 N 的运动轨迹为 BD，根据"垂线段最短"即可求出 AN 的最小值.

39. 解 连接 BD，延长 FE 交 BD 于点 N，连接 AN，如图 4.78 所示.

在菱形 $ABCD$ 和菱形 $BEFG$ 中，$CD \parallel AB \parallel EF$，$CD = BC$，

∴ $\angle CDB = \angle CBD = \angle ENB$，

∴ $NE = BE = EF$.

∵ M 为 AF 的中点，

∴ $EM = \dfrac{1}{2} AN$.

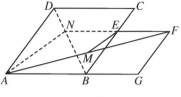

图 4.78

如图 4.79 所示，当 $AN \perp BD$ 时，AN 取得最小值，同时 EM 也取得最小值.

在 $\triangle ABD$ 中，过点 D 作 $DH \perp AB$，如图 4.80 所示.

在 Rt$\triangle ADH$ 中，$\tan \angle DAB = \dfrac{4}{3}$，$AD = 5$，

∴ $DH = 4$，$AH = 3$，

∴ $BD = \sqrt{DH^2 + BH^2} = \sqrt{4^2 + (5-3)^2} = 2\sqrt{5}$.

∵ $S_{\triangle ABD} = \dfrac{1}{2} AN \cdot BD = \dfrac{1}{2} DH \cdot AB$，

∴ $AN = 2\sqrt{5}$，

∴ EM 的最小值为 $\sqrt{5}$.

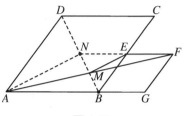

图 4.79

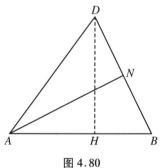

图 4.80

思路点拨

依旧将 EM 构造成中位线，利用 AN 的最小值来解得 EM 的最小值；找到点 N 的直线轨迹后根据"垂线段最短"求 AN 的最小值.可以利用面积法计算 AN' 长度.

40. 知识储备 原型 OC 为 $\angle AOB$ 的平分线，D 为 OC 上一点，点 E、F 分别为 OA、OB 上的点，如图 4.81 所示.

(1) 若 $DE = DF$（$OE < OF$），求证：$\angle AOB + \angle EDF = 180°$.

(2) 若 $\angle AOB + \angle EDF = 180°$，求证：$DE = DF$.

推论 若已知 $\angle AOB + \angle EDF = 180°$，$DE = DF$，求证：$D$ 为角平分线上一点.

证 过点 D 作 $DM \perp OA$，$DN \perp OB$，如图 4.82 所示.

∵ OC 为 $\angle AOB$ 的平分线，

∴ $DM = DN$.

在 Rt$\triangle DME$ 和 Rt$\triangle DNF$ 中，

$\begin{cases} DM = DN, \\ DE = DF, \end{cases}$

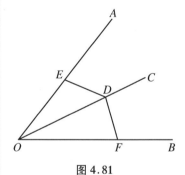

图 4.81

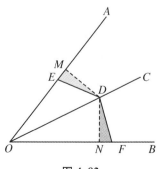

图 4.82

∴ △DME≌△DNF(HL),
∴ ∠DEM = ∠DFN,
∴ ∠DFN + ∠DEO = 180°,
∴ 在四边形 OEDF 中,∠AOB + ∠EDF = 180°.

同理,对于(2)和推论,利用 AAS 判定三角形全等即可.

解 连接 OE、OF、AO,如图4.83所示.
∵ 点 O 是△DEF 的中心,
∴ OE = OF,OE 平分∠FED,OF 平分∠EFD,
∴ ∠OEF = ∠OFE = 30°,
∴ ∠EOF = 120°,
∴ ∠EOF + ∠BAC = 180°.

根据角平分线模型可知 AO 平分∠BAC,即点 O 的轨迹为∠BAC 的平分线,
∴ ∠CAO = 30°.

如图4.84所示,当 CO⊥AO 时 CO 取得最小值.
在 Rt△CAO 中,
∴ $CO = \frac{1}{2}AC = 2$,
∴ CO 的最小值为2.

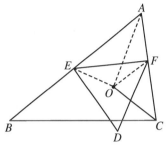

图 4.83

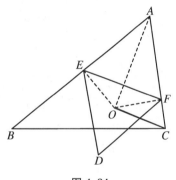

图 4.84

思路点拨

连接 AO,构成一个基本的角平分线模型,利用 AAS 易知 AO 为角平分线,因此点 O 的轨迹为∠BAC 的平分线(部分).以 BC 为边向下作等边三角形能得出 AO 的轨迹终点.根据"垂线段最短"得出 CO 的最小值.角平分线模型的相关应用还是十分广泛的,利用该模型可以快速解决问题.

41. **解** 在菱形 ABCD 中,BD 为对角线,
∴ DE 平分∠ADC,∠ABC = ∠ADC = 60°,AC⊥BD.
∵ ∠ADC = 60°,
∴ ∠ADC + ∠AEF = 180°.

根据题40中的知识储备可得 AE = EF.

当点 E 和点 O 重合时,AE 取得最小值;当点 E 与点 B 重合时,AE 取得最大值.

在 Rt△ABO 中,$AO = \frac{1}{2}AB = 2$,
∴ 2≤AE≤4,

∴ AE 的整数值有 2、3、4,
∴ EF 的整数值有 2、3、4.

思路点拨

首先要明确一点,在初中阶段遇到的整数解问题都可以理解成取值范围问题,即最值问题. E、F 两点都在运动,所以我们需要将 EF 进行转化.利用题 40 中的角平分线模型,易得 AE = EF,故只需求得 AE 的取值范围,由垂线段得最小值,当点 E 与点 B 重合时 AE 取最大值.

42. **解** 如图 4.85 所示,连接 OE、OD.
在 Rt△ABC 中,
∵ ∠C = 90°, AC = 8, AB = 10,
∴ BC = 6.
∵ DE 为 ⊙O 的切线,
∴ ∠DEO = 90°,
∴ $DE^2 + OE^2 = OD^2$.
∵ OE = 1,
∴ $DE^2 = OD^2 - 1$.
要使 DE 最小,只需 OD 最小即可.
如图 4.86 所示,当 OD⊥AC 时,OD 取得最小值.
∵ BC = 6, OC = 1,
∴ BO = 5.
∵ ∠ODB = ∠ACB = 90°, ∠B = ∠B,
∴ △BDO∽△BCA,
∴ $\dfrac{OD}{AC} = \dfrac{BO}{AB}$,
∴ OD = 4,
∴ DE = $\sqrt{15}$.

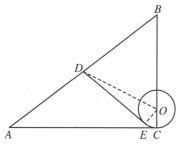

图 4.85

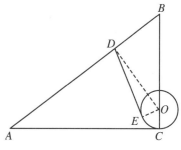

图 4.86

思路点拨

抓住切线的性质,连接 OE,注意到 Rt△OED 有一条直角边 OE 为定值,根据勾股定理,当斜边 OD 取得最小值时 DE 取得最小值.于是将 DE 的最小值问题转化为垂线段最短的问题.

43. **解** 连接 CQ、CP,如图 4.87 所示.
∵ PQ、PQ′、MN 分别与圆 C 相切,
∴ PQ = PQ′,

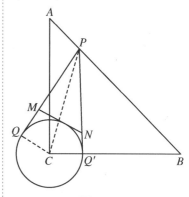

图 4.87

△PMN 的周长 = PM + MN + PN = PQ + PQ' = 2PQ，
当 PQ 取得最小值时，△PMN 的周长也取到最小值.
在 Rt△PCQ 中，CQ = 1，
∴ $PQ^2 = CP^2 - CQ^2$.

如图 4.88 所示，当 CP⊥AB 时，CP 取得最小值，此时 PQ 最小.

在等腰 Rt△ABC 中，AC = 4，
∴ $CP = 2\sqrt{2}$.

此时，在 Rt△CPQ 中，$CP = 2\sqrt{2}$，CQ = 1，
∴ $PQ = \sqrt{CP^2 - CQ^2} = \sqrt{7}$，
∴ △PMN 周长的最小值为 $2\sqrt{7}$.

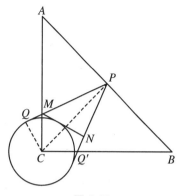

图 4.88

思路点拨

作为变式题，与题 42 相比，本题多了一步：利用切线长定理，判断 △PMN 的周长等于两倍的 PQ 长，于是将周长最小值问题转化为 PQ 最小值问题.用题 42 中的方法求出 PQ 最小值即可.对于多动点的最值问题，通常需要利用转化思想，将其转化为点到点或点到线的最值问题.

44. 解 分别过点 A、C 作 AE⊥BD，CF⊥BD，以 EF、CF 为边构造矩形 EFCG，如图 4.89 所示，
∴ CF = EG，BD∥CG.
∵ $S_{\triangle ABD} = \frac{1}{2}AE \cdot BD$，$S_{\triangle CBD} = \frac{1}{2}CF \cdot BD$，
∴ $S_{四边形ABCD} = S_{\triangle ABD} + S_{\triangle CBD} = \frac{1}{2}BD \cdot (AE + CF)$
$= \frac{1}{2}BD \cdot (AE + EG) = \frac{1}{2}BD \cdot AG$.

∵ AC 和 BD 的夹角为 45°，
∴ ∠ACG = 45°，
∴ △ACG 为等腰直角三角形，
∴ $AG = \frac{\sqrt{2}}{2}AC$，

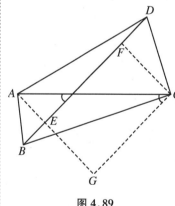

图 4.89

∴ $S_{四边形ABCD} = \frac{1}{2}BD \cdot \frac{\sqrt{2}}{2}AC = \frac{\sqrt{2}}{4}BD \cdot (18 - BD)$
$= -\frac{\sqrt{2}}{4}(BD - 9)^2 + \frac{81\sqrt{2}}{4}$，

当且仅当 AC = BD = 9 时，四边形 ABCD 的面积取得最大值 $\frac{81\sqrt{2}}{4}$.

反比例与最值问题

思路点拨

普通四边形的面积通常要转化成三角形面积和的形式.对角线所夹的锐角为特殊角,要利用起来必须作高,给出的条件也为对角线之和,因此要利用对角线将四边形的面积表示出来.最后利用配方法求出四边形 ABCD 面积的最大值.

弦外之音 我们可以用两边及其夹角的正弦值来表示一个三角形的面积:$S=\dfrac{1}{2}ab\sin\alpha$.这在高中属于正弦定理的推广,很容易从图 4.90 中看个明白.四边形也有类似这样的计算公式,如在本题中推导的四边形面积等于两条对角线之积与夹角正弦值的乘积的一半.对角线互相垂直的四边形面积为对角线乘积的一半就是这个结论的特殊形式.

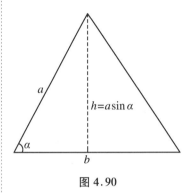

图 4.90

45. 解 作 AB 的垂直平分线 EF,连接 OA、OD,如图 4.91 所示,

∴ 四边形 $AEFD$ 为矩形.

∵ AB 为弦,

∴ EF 过圆心 O,

∴ $S_{\triangle AOD}=\dfrac{1}{2}S_{矩形 AEFD}=\dfrac{1}{4}S_{矩形 ABCD}$.

当且仅当 $AO \perp DO$ 时,$S_{\triangle AOD}$ 取得最大值,

∴ $S_{\triangle AOD}=\dfrac{1}{2}AO\cdot DO=\dfrac{1}{2}\times 2\sqrt{6}\times 4\sqrt{3}=12\sqrt{2}$,

$AD=\sqrt{(2\sqrt{6})^2+(4\sqrt{3})^2}=6\sqrt{2}$.

∵ $S_{矩形 ABCD}=AB\cdot AD=4S_{\triangle AOD}=48\sqrt{2}$,

∴ $AB=8$,

此时矩形 $ABCD$ 的周长为 $16+12\sqrt{2}$.

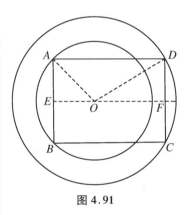

图 4.91

思路点拨

利用面积法将问题从矩形转移到由两条半径构成的三角形.显然,△AOD 的面积为矩形的 $\dfrac{1}{4}$.当长度固定的 OA 与 OD 夹角为 $90°$ 时 △AOD 的面积取得最值.利用面积公式和勾股定理求出此时矩形 $ABCD$ 的边长.

46. 解 连接 OM、CD,如图 4.92 所示.
不妨设 OM 和 CD 的夹角为 α.

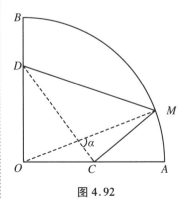

图 4.92

在 Rt△OCD 中,$OD = \frac{2}{3}OB = 8$,$OC = 6$,

∴ $CD = \sqrt{OD^2 + OC^2} = 10$.

利用题 44 中的结论,$S_{四边形OCMD} = \frac{1}{2}OM \cdot CD \cdot \sin\alpha$.

当 $\alpha = 90°$ 时,$S_{四边形OCMD} = \frac{1}{2}OM \cdot CD = 60$.

∴ 在点 M 运动的过程中,当 $OM \perp CD$ 时,$S_{四边形OCMD}$ 取得最大值 60.

思路点拨

连接四边形 OCMD 的两条对角线 CD 和 OM,这两条对角线的长度是定值,因此调整 OM 和 CD 的夹角 α 就能使四边形的面积发生变化.当夹角 α 等于 90°时,四边形 OCMD 的面积取到最大值.

47. **解** 在 Rt△ABC 中,$S_{\triangle ABC} = \frac{1}{2}AC \cdot BC = 6$.

∵ d_1、d_2、d_3 分别为点 P 到 AB、BC、AC 的距离,

∴ $S_{\triangle ABC} = \frac{1}{2}d_1 \cdot AB + \frac{1}{2}d_2 \cdot BC + \frac{1}{2}d_3 \cdot AC$,

∴ $5d_1 + 4d_2 + 3d_3 = 12$.

∵ $3(d_1 + d_2 + d_3) \leqslant 5d_1 + 4d_2 + 3d_3 \leqslant 5(d_1 + d_2 + d_3)$,

当 $d_1 = d_2 = 0$ 时左边取等号,当 $d_2 = d_3 = 0$ 时右边取等号,

∴ $\frac{12}{5} \leqslant d_1 + d_2 + d_3 \leqslant 4$,

当且仅当点 P 与点 C 重合时取得最小值,点 P 与点 B 重合时取得最大值.

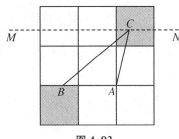

图 4.93

思路点拨

很多题目看似无从下手,这时我们就寻求代数方法,让最值问题能反映在一个具体的表达式上.利用面积法可以得出 d_1、d_2、d_3 的等量关系;利用合理的放缩找到 $d_1 + d_2 + d_3$ 的取值范围;找到不等式取等的临界位置.

48. **解** 先把点 B 固定在点 A 的同一水平线,点 C 向上移动,如图 4.93 所示.

在△ABC 中,底边不变,高逐渐变大,△ABC 的面积增大.

再将点 C 固定在最上方,点 B 向左移动,如图 4.94 所示.

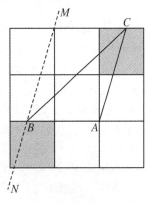

图 4.94

在△ABC中,高不变,底边逐渐变大,△ABC的面积也在变大.

当点C在最上方,点B在最左端(阴影部分的左上角)时,△ABC的面积取得最大值,最大值为2.

> **思路点拨**
>
> 对于这道题目,我们采用的是对应多变量的"控制变量法",即分别改变点B、C的位置来探究△ABC面积的变化规律.对于多变量问题,这是我们常用的分析方法.

49. **解** 延长GM至点M',如图4.95所示.
∵∠AOB=90°,GM∥OA,
∴OM'⊥GM.
在Rt△OM'G中,
$OG^2 = OM'^2 + GM'^2 = OM'^2 + (GM+MM')^2$
$= OM'^2 + GM^2 + MM'^2 + 2GM \cdot MM'$.
在Rt△OMM'中,
$OM^2 = OM'^2 + MM'^2$,
∴$OG^2 = OM^2 + GM^2 + 2GM \cdot MM' \geq OM^2 + GM^2$.
如图4.96所示,当点M在射线OB上,即点M、M'重合时,OG取得最小值,$S_{\triangle OMG}$取得最大值.
∵$OG = \sqrt{OM^2 + GM^2} = 2\sqrt{5}$,
$S_{\triangle OMG} = \frac{1}{2}OM \cdot GM = 4 \geq \frac{1}{2}OM' \cdot GM$,
此时r取到最大值,$r = \frac{8}{2+4+2\sqrt{5}} = 3 - \sqrt{5}$.

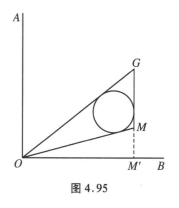

图4.95

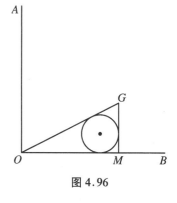

图4.96

> **思路点拨**
>
> 首先要熟悉一般三角形内切圆的半径计算公式,即 $r = \frac{2S}{a+b+c}$. 本题中,△DMG的面积和周长都在变化.我们发现,当GM向OB靠近时,∠OMG度数逐渐变小(钝角→直角),此时面积逐渐增大,而周长逐渐减小.因此,当∠OMG=90°时,周长最小,面积最大,故此时内切圆的半径也达到最大值.依旧是双变量,经过分析发现,OM向OB越靠近,周长和面积的变化趋势都越利于内切圆半径的增大,因此找到临界情况即可.

50. **解** 如图4.97所示,过点M作MM'∥OA,交ON于点M',过点N作NN'∥OB,分别交OA、MM'于两点N'、G.

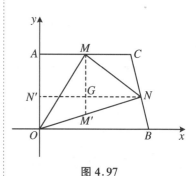

图4.97

$$S_{\triangle MON} = S_{\triangle OMM'} + S_{\triangle NMM'}$$
$$= \frac{1}{2}MM' \cdot N'G + \frac{1}{2}MM' \cdot NG$$
$$= \frac{1}{2}MM' \cdot NN'.$$

∵ $MM' \leqslant OA, NN' \leqslant OB$,

当点 N 与点 B 重合时, ON 取得最大值 OB, 此时 $S_{\triangle MON} = \frac{1}{2}OA \cdot OB$.

设点 O 关于 AC 的对称点为 O', 连接 $O'B$, 交 AC 于点 M, 如图 4.98 所示.

此时 $\triangle MON$ 的面积最大, 周长最短.

利用对称的性质得 $O'(0,8)$,

∴ 直线 $O'B$ 的解析式为 $y = -\frac{4}{3}x + 8$,

当 $y = 4$ 时, $x = 3$, 即 $M(3,4)$.

思路点拨

在平面直角坐标系中, 对于这样 "不规则" 的三角形 (即底和高不与坐标系平行或垂直), 我们可以采取 "水平宽铅垂高" 的方法来分析面积的变化情况; 在点 M 固定, 点 N 向下移动的过程中, 水平宽 (O、N 两点间的水平距离) 变大, 铅垂高 (点 M 到 ON 的距离) 变大, 所以当点 N 与点 B 重合时, 面积取到最大值. 再利用 "将军饮马" 模型作图来确定 $\triangle MON$ 周长最小时点 M 的位置. 最后可由 $O'B$ 所在直线的解析式求得点 M 的横坐标, 或者利用平行线分线段成比例定理求得 AM 的长度.

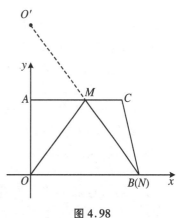

图 4.98

51. 解 连接 OA, 作 $OC \perp PA$ 于点 C, 如图 4.99 所示,

∴ $\angle OCA = 90° = \angle ABP, AC = PC = \frac{1}{2}PA = \frac{x}{2}$.

∵ 直线 l 是 ⊙O 的切线,

∴ $OA \perp l, \angle OAB = 90°$,

∴ $OA \parallel PB$,

∴ $\angle OAC = \angle P$,

∴ $\triangle OAC \sim \triangle APB$,

∴ $\dfrac{OA}{AC} = \dfrac{PA}{PB} = \dfrac{4}{\frac{x}{2}} = \dfrac{x}{y}$,

∴ $y = \frac{1}{8}x^2$,

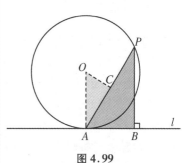

图 4.99

∴ 原式 $= x - y = x - \dfrac{1}{8}x^2$

$\qquad = -\dfrac{1}{8}(x-4)^2 + 2 \leqslant 2 (0 < x \leqslant 8)$,

当 $x = 4$ 时,$x - y$ 取到最大值 2.

思路点拨

将线段差表示为 $x - y$,是命题人提示我们往代数(函数)的方向思考.利用切线的性质,连接半径,根据平行线的性质找到等角 $\angle OAP = \angle P$;有了弦和半径,就会想到作垂径或者连接直径构造直角三角形;利用相似比得到 PA 和 PB 的关系,通过换元将 $x - y$ 变为只含一个字母的代数式,再利用配方法求出最值.

拓展 我们发现,其实此题中代数式 x、y 前面的系数可以为任意数.我们利用配方法计算最值时,一定要注意 x(AP 为弦,应小于等于直径)的取值范围为 $0 < x \leqslant 8$.

52. **解** 过点 O 作 $OE \perp PD$,垂足为 E,如图 4.100 所示.

∵ PD 是 $\odot O$ 的弦,$OE \perp PD$,

∴ $PE = ED$.

又 $\angle CEO = \angle ECA = \angle OAC = 90°$,

∴ 四边形 $OACE$ 为矩形,

∴ $CE = OA = 2$.

又 $PC = x$,

∴ $PE = ED = PC - CE = x - 2$,

∴ $PD = 2(x - 2)$,

∴ $CD = PC - PD = x - 2(x - 2) = 4 - x$,

∴ $PD \cdot CD = 2(x - 2) \cdot (4 - x)$

$\qquad = -2(x - 3)^2 + 2 (2 < x \leqslant 4)$,

∴ 当 $x = 3$ 时,$PD \cdot CD$ 的值最大,最大值是 2.

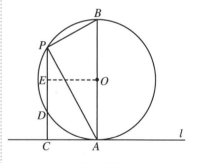

图 4.100

思路点拨

面对一些特殊形式的线段组合,我们需要将其转化成一般形式.注意到题中将 PC 的长设为 x,再将 PD 用 x 表示出来,利用二次函数最值的求法来解决问题.

53. **解** 如图 4.101 所示,设 $PD = x$,$S_{\triangle PEF} = y$,梯形 $ABCD$ 的高为 h.

∵ $AD = 3$,$BC = 4$,梯形 $ABCD$ 面积为 7,

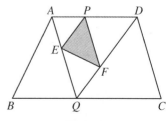

图 4.101

∴ $\frac{1}{2}(AD+BC) \cdot h = 7$,

∴ $h = 2$,

∴ $S_{\triangle AQD} = \frac{1}{2}AD \cdot h = 3$.

∵ $PE \parallel DQ$,

∴ $\angle PEF = \angle QFE, \angle EPF = \angle PFD$.

又 $PF \parallel AQ$,

∴ $\angle PFD = \angle EQF$,

∴ $\angle EPF = \angle EQF$.

∵ $EF = FE$,

∴ $\triangle PEF \cong \triangle QFE$(AAS).

∵ $PE \parallel DQ$,

∴ $\triangle AEP \backsim \triangle AQD$,

同理,$\triangle DPF \backsim \triangle DAQ$,

∴ $\frac{S_{\triangle AEP}}{S_{\triangle AQD}} = \left(\frac{3-x}{3}\right)^2, \frac{S_{\triangle DPF}}{S_{\triangle AQD}} = \left(\frac{x}{3}\right)^2$,

∴ $S_{\triangle DPF} = \frac{1}{3}x^2, S_{\triangle APE} = \frac{1}{3}(3-x)^2$,

∴ $S_{\triangle PEF} = (S_{\triangle AQD} - S_{\triangle DPF} - S_{\triangle APE}) \div 2$,

∴ $y = \left[3 - \frac{1}{3}x^2 - \frac{1}{3}(3-x)^2\right] \times \frac{1}{2} = -\frac{1}{3}x^2 + x$

$= -\frac{1}{3}\left(x - \frac{3}{2}\right)^2 + \frac{3}{4} (0 < x < 3)$,

∴ △PEF 面积的最大值是 $\frac{3}{4}$.

思路点拨

对于三角形面积的最值问题,首先要观察三角形中是否有固定的边长,如果有,那么可以转化为单线段的最值问题;如果没有,那么我们的思路应该转向函数,利用好平行条件,根据面积比等于相似比的平方求出面积的函数表达式.

54. 解 延长 NP 交 EF 于点 G,如图 4.102 所示.
设 $PG = x$,则 $PN = 4 - x$.

∵ $PG \parallel BF$,

∴ $\triangle APG \backsim \triangle ABF$,

∴ $\frac{AG}{AF} = \frac{PG}{FB}$,

∴ $AG = 2x$,

∴ $MP = EG = EA + AG = 2 + 2x$,

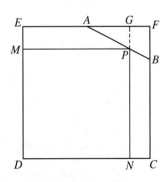

图 4.102

$$\therefore S_{矩形PNDM} = PM \cdot PN = (2+2x)(4-x)$$
$$= -2\left(x - \frac{3}{2}\right)^2 + \frac{25}{2}(0 \leq x \leq 1).$$

$\because -2 < 0, PG = x \leq BF = 1,$

∴ 抛物线开口向下,当 $x = 1$ 时,函数有最大值为 12.

思路点拨

依旧是面积问题,尝试用函数来表示矩形面积;利用二次函数性质求出最值.

注意构造函数后自变量 x 的取值范围,千万不要把结果直接写成 $\frac{25}{2}$.

55. 解 连接 BC,如图 4.103 所示.

设 $AC = x$,根据题意知 $0 < x < 4\sqrt{2}$ (由于点 P 在圆的左侧).

$\because AB$ 是 $\odot O$ 的直径,

$\therefore \angle ACB = 90°, BC^2 = 64 - x^2.$

又 PC 切 $\odot O$ 于点 C,

$\therefore \angle BAC = \angle BCD,$

$\therefore Rt\triangle ABC \sim Rt\triangle CBD,$

$\therefore \frac{AB}{BC} = \frac{BC}{BD},$

$\therefore BD = \frac{BC^2}{AB} = 8 - \frac{x^2}{8},$

$\therefore AC + BD = x + 8 - \frac{x^2}{8} = -\frac{1}{8}(x-4)^2 + 10,$

当 $x = 4$ 时,$AC + BD$ 取得最大值 10.

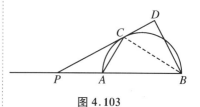

图 4.103

思路点拨

若我们在应用几何性质解题时束手无策,不妨转变思路试试代数(函数)的方法,将要求的目标式子用某个变量表示出来,进而转化为代数(函数)问题来求解.

56. 解 取 AB 的中点 N,连接 CM、CN,如图 4.104 所示.

由题意得 $\triangle DCE$ 为等腰直角三角形,

$\therefore CM \perp DE, CN \perp AB.$

$\because DE \parallel AB,$

$\therefore C、N、M$ 三点共线,

$\therefore CM = \frac{\sqrt{2}}{2}CD, CN = \frac{1}{2}AB.$

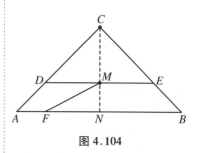

图 4.104

令 $AF = t$，$AD = \sqrt{2}t$，

∴ $FN = 10 - t$，$CD = \sqrt{2}(10 - t)$，

∴ $MN = t$，

∴ $FM^2 = MN^2 + NF^2 = t^2 + (10-t)^2$
$= 2(t-5)^2 + 50$，

当 $t = 5$ 时，MF^2 取得最小值，即 MF 取得最小值 $5\sqrt{2}$.

利用含 t 的代数式将 MF 表示出来，然后根据函数性质求出 MF 取得最小值时 t 的值.

另辟蹊径 如果我们能注意到四边形 $DFNM$ 是个矩形，将 MF 的最小值转化为 DN 的最小值，那么图上去找最小值位置就容易多了——垂线段最短.但是考虑到题目设计速度时留给我们的"线索"，当速度之比变化时，再想利用几何法解题就似乎困难了许多，但我们依旧可以用代数(函数)法来做.较之代数法，几何法更直观；较之几何法，代数法能处理的问题面更广.我们将数形结合，考虑问题的角度多了，收获自然也多.

读者可以自行"调节"双动点的速度，感受题目不同的变化.

57. **解** 连接 AC 交 EF 于点 M，取 EM 的中点 N，连接 GN，如图 4.105 所示.

在菱形 $ABCD$ 中，AC、BD 互相垂直平分.

∵ $\angle BCD = 60°$，

∴ $\angle BDC = \angle DBC = 60°$，

∴ $\triangle BCD$ 为等边三角形.

∵ G 为 AE 的中点，

∴ $GN \parallel AM$，$GN = \dfrac{1}{2}AM$.

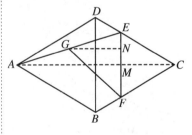

图 4.105

∵ $EF \parallel BD$，

∴ $\triangle CEF$ 为等边三角形，且 $EF \perp AC$，$GN \perp EF$.

令 $CE = 4a$，$EF = 4a$，则在等边 $\triangle CEF$ 中，$CM = 2\sqrt{3}a$，$FM = 2a$，$MN = a$，

∴ $AM = 4\sqrt{3} - 2\sqrt{3}a$，$GN = 2\sqrt{3} - \sqrt{3}a$，

∴ $GF^2 = NF^2 + GN^2 = (3a)^2 + (2\sqrt{3} - \sqrt{3}a)^2$
$= 12\left(a - \dfrac{1}{2}\right)^2 + 9$，

当 $a = \dfrac{1}{2}$，即 E 为 CD 的中点时，GF 取得最小值 3.

思路点拨

设 CE 的长度,用 CE 将 GF 的长度表示出来;根据函数性质求出 GF 的最小值.

另辟蹊径 当然,我们也可以从几何角度考虑本题,如图 4.106 所示,通过构造中位线将 GF 的最值问题转化为 AM 的最值问题,线段 AM 的两个端点为一动一定,所以要探究点 M 的运动轨迹.

显然,$CF = EF = MF$,所以 $\triangle CEM$ 为含 $30°$ 角的直角三角形,故 $CM \perp CD$,点 M 的运动轨迹为点 C 出发且垂直于 CD 的射线.所以,AM 的最小值为点 A 到 CN 的垂线段长度.很容易得到 AM 最小值为 6,所以 GF 最小值为 3.

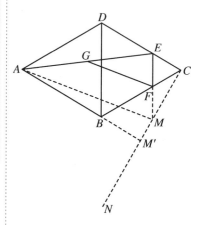

图 4.106

58. 解 连接 PM、PN,如图 4.107 所示.

$\because$ 四边形 $APCD$ 和四边形 $PBFE$ 是菱形,$\angle DAP = 60°$,

$\therefore \angle APC = 120°, \angle EPB = 60°$.

$\because M$、N 分别是对角线 AC、BE 的中点,

$\therefore PM$ 平分 $\angle APC$,PN 平分 $\angle EPB$,$PM \perp AC$,$PN \perp EB$,

$\therefore \angle CPM = \dfrac{1}{2}\angle APC = 60°$,

$\angle EPN = \dfrac{1}{2}\angle EPB = 30°$,

$\therefore \angle MPN = 60° + 30° = 90°$.

设 $PA = 2a$,则 $PB = 8 - 2a$.

$\therefore PM = a, PN = \sqrt{3}(4-a)$,

$\therefore MN^2 = PM^2 + PN^2 = a^2 + [\sqrt{3}(4-a)]^2$
$= 4a^2 - 24a + 48 = 4(a-3)^2 + 12$,

当 $a = 3$ 时,MN^2 有最小值,即 MN 有最小值,最小值为 $2\sqrt{3}$.

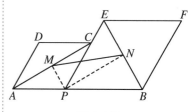

图 4.107

思路点拨

令 $PA = a$,用 a 表示 MN 的长度,根据代数式确定 MN 的最小值.菱形对角线平分对角,因此 $\angle MPN = 90°$,利用勾股定理结合 $30°$ 的特殊角将 MN 表示出来.

另辟蹊径 利用几何意义求最值.

如图 4.108 所示,延长 AM 和 BE 相交于点 O,我们发现点 O 显然是定点(考虑 $\triangle AOB$ 的形状固定,为含 $30°$

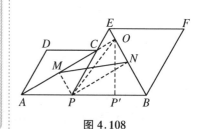

图 4.108

角的直角三角形),易证得四边形 OMPN 为矩形,因此 MN 的最小值即 OP 的最小值(矩形对角线相等),随即将问题转化为点到直线的距离最短问题.

在 Rt△OAB 中,∠OAB = 30°,AB = 8,可求得 OP' = $2\sqrt{3}$,即 OP 的最小值为 $2\sqrt{3}$,问题得以解决.

59. **知识储备** 如图 4.109 所示,在 Rt△GMN 中,两条直角边分别为 3 和 4,I 为内心,求 GI.

解 在 Rt△GMN 中,GN = 3,GM = 4,

∴ MN = 5,

内切圆的半径 = $\dfrac{a+b-c}{2}$ = 1.

∵ 点 I 为 △GMN 的内心,

∴ GI 平分 ∠MGN,

∴ GI = $\sqrt{2}$,

∴ GN : GI = 3 : $\sqrt{2}$.

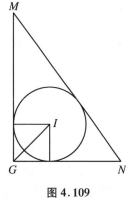

图 4.109

解 连接 PI_1、PI_2,如图 4.110 所示.

不妨设 AP = 3a,则 BP = 6 - 3a.

根据知识储备,$PI_1 = \sqrt{2}a$,$PI_2 = \sqrt{2}(2-a)$.

∵ 点 I_1、I_2 分别是 △APC 和 △BPD 的内心,

∴ PI_1 平分 ∠APC,PI_2 平分 ∠BPD,

∴ $∠CPI_1 = 45°$,$∠DPI_2 = 45°$,

∴ $∠I_1PI_2 = 90°$,

∴ $I_1I_2^2 = PI_1^2 + PI_2^2 = (\sqrt{2}a)^2 + [\sqrt{2}(2-a)]^2$
  $= 4a^2 - 8a + 8 = 4(a-1)^2 + 4$,

当 a = 1 时,I_1I_2 取得最小值,即 I_1I_2 的最小值为 2.

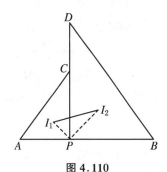

图 4.110

思路点拨

连接 PI_1、PI_2,根据内心的性质,显然 △PI_1I_2 是直角三角形,因此利用勾股定理,将 I_1I_2 的最小值转化为 PI_1、PI_2 平方和的最小值.将 AP 设为 3a,用 a 将 I_1I_2 表示出来,需要利用知识储备中"345"三角形内切圆半径和边长的固定比例关系和勾股定理.最后根据函数的性质求出最值.

另辟蹊径 本题也可以通过构造矩形来找到最值的几何意义.

如图 4.111 所示,作点 Q,使得四边形 PI_1QI_2 为矩形,此时 $I_1I_2 = PQ$,延长 QI_1、QI_2 分别交 AB 于 E、F 两点,

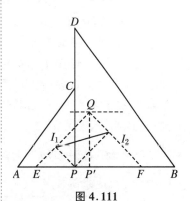

图 4.111

易得△QEF 为等腰直角三角形,而 $EF=\sqrt{2}(PI_1+PI_2)=4$,因此点 Q 的位置虽然在变,但是到 AB 的距离始终不变,当 $PQ\perp AB$ 时,PQ 取得最小值(由于 P、Q 为双动点,用几何法难以判断出最值的位置,但点 P 的"活动范围"大于点 Q,在点 P 向右运动的过程中必有 $PQ\perp AB$ 的情况出现),因此最小值就是等腰直角△QEF 斜边上的高,等于 $\frac{1}{2}EF=2$.

60. **解** 由题意可得 $OC=OA=8$,$CN=n$,$BN=8-n$,$AM=m$,$BM=8-m$.

∵ $ON\perp MN$,

∴ $\angle ONC+\angle MNB=90°$.

∵ $\angle B=90°$,

∴ $\angle MNB+\angle NMB=90°$,

∴ $\angle ONC=\angle NMB$.

又 $\angle B=\angle OCB=90°$,

∴ △OCN∽△NBM,

∴ $\dfrac{CN}{BM}=\dfrac{OC}{BN}$,

∴ $BM=-\dfrac{1}{8}(n-4)^2+2$,

当 $n=4$ 时,BM 取得最大值 2,此时 $m=6$.

在 Rt△OMA 中,$OM^2=OA^2+AM^2$,

当 BM 最大时,AM 取得最小值,此时 OM 取得最小值,

∴ $m+n=10$.

思路点拨

本题必须先确定 OM 最小时点 M、N 的位置. 根据勾股定理,当 AM 最小时,OM 最小,即要求 BM 的最大值. 易证△OCN∽△NBM,由题意知 $CN=n$,用 n 将 BM 表示出来,根据函数性质求得 BM 的最大值.

另辟蹊径 根据几何意义求最值往往更简洁、直观.

显然,在点 M 向下移动的过程中,OM 在逐渐减小,但是为了保证 $\angle ONM=90°$,即以 OM 为直径的圆与 BC 有交点,OM 不能太小,临界情况则是 BC 与圆相切,如图 4.112 所示.

由于 BC 与圆相切于点 N,易得 $CN=n=\dfrac{1}{2}BC=4$,从而可快速求解.

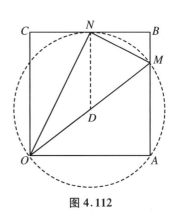

图 4.112

61. **解** 分别取 AB 和 AD 的中点 G、H，连接 GF、GM、MH、NH、CH，如图 4.113 所示，

∵ $BM = 2\sqrt{3}, BG = 2$.

在矩形 $ABCD$ 中，$\angle ABC = 90°$,

∴ $GM = \sqrt{BG^2 + BM^2} = 4$,

∴ $GM = 2BG$,

∴ $\angle GMB = 30°$.

∵ $AH = BM = 2\sqrt{3}, AD // BC$,

∴ 四边形 $AHMB$ 为平行四边形.

∵ $\angle ABC = 90°$,

∴ 四边形 $AHMB$ 为矩形，

∴ $\angle GMH = 60°, HM = 4$.

∵ △MNF 为等边三角形，

∴ $\angle FMN = 60°, FM = MN$.

在△GMF 和△HMN 中，

$\begin{cases} GM = HM, \\ \angle GMF = \angle HMN, \\ MF = MN, \end{cases}$

∴ △$GMF \cong $ △HMN(SAS),

∴ $GF = HN$.

∵ $\angle BAF = \angle AEB$,

∴ $\angle AFB = \angle BAE = 90°$.

在 Rt△ABF 中，G 为 AB 的中点,

∴ $HN = GF = \frac{1}{2}AB$,

∴ $CN \geq CH - HN$,

如图 4.114 所示，当且仅当 C、N、H 三点共线时取到最小值.

在 Rt△CHD 中，$CD = 4, DH = 2\sqrt{3}, HN = 2$,

∴ CN 的最小值为 $2\sqrt{7} - 2$.

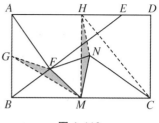

图 4.113

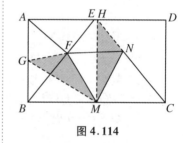

图 4.114

思路点拨

两套动点关联：点 E 关联点 F，点 F 关联点 N. 我们需要关注的是点 F（点 F 和点 N 直接关联），由 $\angle AFB = 90°$ 可知点 F 的轨迹为圆，因此由全等变换得到的点 N 轨迹也是圆. 利用圆外一点到圆周上一点的距离最小值确定 CN 的最小值.

62. **解** 连接 AC 交 EF 于点 P，连接 PG，延长 CD 至点 Q，使 $DQ = CD$，连接 AQ、PQ、GQ，如图 4.115 所示.

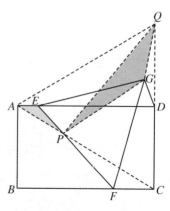

图 4.115

∵ ∠ADC = 90°, CD = 2√3, AD = 6,

∴ $AC = \sqrt{AD^2+CD^2} = 4\sqrt{3}$,

∴ ∠ACD = 60°.

∵ CD = QD = 2√3,

∴ AD 垂直平分 CQ,

∴ AC = AQ = 4√3,

∴ △ACQ 为等边三角形.

∵ AE // CF,

∴ △AEP∽△CFP.

∵ CF = 2AE,

∴ CP = 2AP, FP = 2EP,

∴ AP : AC = EP : EF = 1 : 3,

∴ $AP = \dfrac{4\sqrt{3}}{3}$.

∵ △EFG 为等边三角形,

∴ ∠QAP = ∠GEP = 60°,

∴ △APQ∽△EPG,

∴ AP : EP = PQ : PG, ∠APQ = ∠EPG.

∵ ∠APQ = ∠APE + ∠EPQ,

∠EPG = ∠QPG + ∠EPQ,

∴ ∠APE = ∠QPG,

∴ △AEP∽△QGP,

∴ ∠PAE = ∠PQG = 30°,

∴ 点 G 的轨迹为直线(线段),

当 DG⊥QG 时, DG 取得最小值.

如图 4.116 所示, 当 GD⊥QG 时, 在等边△ACQ 中, 取 AC 的中点 H, 连接 QH,

∴ QH 平分 ∠AQC, QH⊥AC,

∴ ∠CQH = 30°,

∴ ∠PQH = ∠DQG = 30° − ∠HQG,

∴ △PQH∽△DQG.

在 Rt△AHQ 中, AQ = 4√3,

∴ AH = 2√3, QH = 6,

∴ $PH = \dfrac{2\sqrt{3}}{3}$,

∴ $PQ = \sqrt{PH^2+QH^2} = \dfrac{4\sqrt{21}}{3}$.

∵ PQ : PH = QD : DG,

∴ $DG = \dfrac{\sqrt{21}}{7}$,

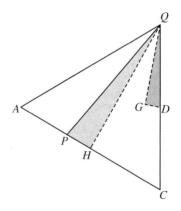

图 4.116

∴ DG 的最小值为 $\frac{\sqrt{21}}{7}$.

找到图中的不动点,令其为旋转中心,构造旋转型相似三角形,确定动点的轨迹为直线,根据"垂线段最短"确定最小值的位置.此题相似三角形的构造颇有难度,要注意利用角度去推导相似三角形,根据相似比进行计算.

63. 解 取 AD 的中点 G,连接 FG,过点 D 作 $DN \perp AB$ 交 BC 于点 M,截取 $DN = AD$,连接 NF、ME、NG,如图 4.117 所示.

∵ $AB = BC$, $\angle C = 90°$,
∴ $\angle B = 45°$, $AB = \sqrt{2} BC$.
∴ △BDM 为等腰直角三角形,
∴ $BM = \sqrt{2} BD = \sqrt{2} MD = AE$,
∴ $CM = CE$, $\angle CME = 45°$,
∴ $ME \parallel AB$,
∴ $ND \perp ME$,
∴ $\angle NMC = 45°$.

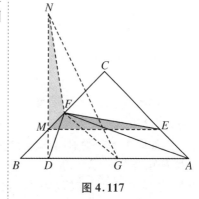

图 4.117

在等腰直角△MCE 中,$ME = \sqrt{2} CM = \sqrt{2}(BC - BM) = AB - 2BD = AD - BD$.
∵ $AD = DN$, $BD = MD$,
∴ $ME = MN$.
在△NFM 和△EFM 中,
$\begin{cases} MN = ME, \\ \angle NMF = \angle EMF, \\ MF = MF, \end{cases}$
∴ △$NFM \cong$ △EFM(SAS),
∴ $NF = EF$.
∵ $\angle DFA = 90°$,G 为 AD 的中点,
∴ $FG = DG = \frac{1}{2} AD = 4$.
在 Rt△NDG 中,$DG = 4$,$DN = AD = 8$,
∴ $NG = \sqrt{DG^2 + DN^2} = 4\sqrt{5}$.
∴ $EF = NF \geq NG - FG$,
当且仅当 G、F、N 三点共线时取到最小值,
∴ EF 最小值为 $4\sqrt{5} - 4$.

思路点拨

EF 为双动点型动线段,因此需要将其转化.注意 AE 和 BD 的特殊比例关系,找到 BC 边上的特殊点 M;利用等腰直角三角形的性质,将 EF 关于 BC 进行翻折,构造全等三角形,将 EF 转化为 NF;构造斜边上的中线 FG,利用圆外一定点到圆周上一点的距离最值求解 EF 最值.

64. **解** 以 BC 为边向上构造等边三角形 BCE,并作 △BCE 的外接圆,在优弧 $\overset{\frown}{BC}$ 上取一点 P,作圆周角 BPC,如图 4.118 所示.

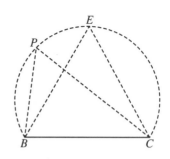

图 4.118

∵ ∠E = 60°,
∴ ∠BPC = 60°.

根据题意,点 P 在 AD 上,存在以下两种情况:

如图 4.119 所示,当矩形 ABCD 内接于圆时,点 P 与点 A、D 重合;

如图 4.120 所示,当矩形的边 AD 与圆相切时,点 P 与点 E 重合.

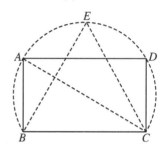

图 4.119

(1) 当矩形 ABCD 内接于圆时,连接 AC,
∴ ∠ABC = 90°,
∵ Rt△ABC 中,∠BAC = ∠E = 60°,BC = 6,
∴ $\tan \angle BAC = \tan 60° = \frac{BC}{AB} = \frac{6}{m} = \sqrt{3}$,
∴ $m = 2\sqrt{3}$.

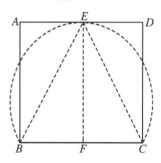

图 4.120

(2) 当矩形 ABCD 的边 AD 与圆相切时,取 BC 的中点 F,连接 EF,
∴ EF ⊥ BC,BF = 3.
在 Rt△BEF 中,BE = BC = 6,
∴ $EF = \sqrt{BE^2 - BF^2} = 3\sqrt{3}$.
∵ ∠A = ∠ABC = ∠EFB = 90°,
∴ 四边形 ABFE 为矩形,
∴ $AB = EF = 3\sqrt{3}$.

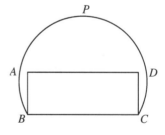

图 4.121

当 $m < 2\sqrt{3}$ 或 $m > 3\sqrt{3}$ 时,如图 4.121 和图 4.122 所示,AD 上不存在点 P 满足 ∠BPC = 60°,
∴ $2\sqrt{3} \leqslant m \leqslant 3\sqrt{3}$.

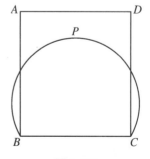

图 4.122

> **思路点拨**
>
> 本题其实是一道作图题,我们需要找到满足 $\angle BPC = 60°$ 的点 P 所有可能的位置,然后利用"点在 AD 上"这个条件来确定 m 的取值范围.改变点 P 的位置而不改变 $\angle BPC$ 的大小,这让我们想到了圆周角,通过两种临界情况就能确定 m 的最大值和最小值了.这种思想其实和"不等式组"非常相似.

65. **解** 作平行四边形 $ABCF$,截取 $CG = AE$,连接 EG、DG,如图 4.123 所示,

∴ $CG = AE = BD$.
∵ $AB \parallel CF$,
∴ 四边形 $BDGC$ 为平行四边形,
∴ $\angle DAE = \angle GCE$,$DG = BC = 2$.
在 $\triangle ADE$ 和 $\triangle CEG$ 中,
$$\begin{cases} AD = CE, \\ \angle DAE = \angle ECG, \\ AE = CG, \end{cases}$$
∴ $\triangle ADE \cong \triangle CEG$(SAS),
∴ $DE = EG$,
∴ $DE + EG = 2DE \geqslant DG = 2$,
当且仅当 D、E、G 三点共线时取到最小值,
∴ DE 的最小值为 1.

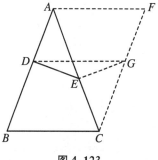

图 4.123

> **思路点拨**
>
> 利用相等的线段构造全等三角形(或者将 $\triangle ABC$ 构造成平行四边形),利用三角形的三边关系得到 DE 的取值范围.

66. **解** 在 CD 右侧构造 $\angle DCG = \angle ACD$,并截取 $CG = CD$,连接 BG、FG,如图 4.124 所示.

在矩形 $ABCD$ 中,$AB \parallel CD$,$AB = CD$,
∴ $CG = AB = 4$,$\angle BAC = \angle ACD$,
∴ $\angle BAE = \angle GCF$.
在 $\triangle ABE$ 和 $\triangle CGF$ 中,
$$\begin{cases} AE = CF, \\ \angle BAE = \angle GCF, \\ AB = CG, \end{cases}$$
∴ $\triangle ABE \cong \triangle CGF$(SAS),
∴ $BE = FG$,

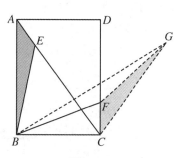

图 4.124

∴ $BE + BF = BF + FG \geqslant BG$，

如图 4.125 所示，当且仅当 B、F、G 三点共线时取得最小值．

过点 G 作 $GH \perp BC$ 交 BC 延长线于点 H．

∵ $\angle DCG = \angle ACD$，
∴ $\angle ACB = \angle GCH$．
∵ $\angle ABC = \angle H = 90°$，
∴ $\triangle ABC \backsim \triangle GHC$，
∴ $\dfrac{AB}{GH} = \dfrac{BC}{CH} = \dfrac{AC}{CG}$．

在 Rt$\triangle ABC$ 中，$AB = 4$，$BC = 3$
∴ $AC = 5$，
∴ $CH = \dfrac{12}{5}$，$GH = \dfrac{16}{5}$．

在 Rt$\triangle BGH$ 中，$BH = BC + CH = \dfrac{27}{5}$，$GH = \dfrac{16}{5}$，

∴ $BG = \sqrt{BH^2 + GH^2} = \dfrac{\sqrt{985}}{5}$，

∴ $BE + BF$ 的最小值为 $\dfrac{\sqrt{985}}{5}$．

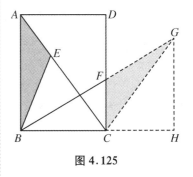

图 4.125

思路点拨

虽然两边之和大于第三边，但第三边 EF 是变量，且 B、E、F 三点不会共线．因此，我们要利用全等关系将 BE 或 BF 进行转化，使动点位于两定点之间，在三点共线时取得两线段和的最小值．

构造全等三角形的方法包括平移、翻折、旋转或者连续多次变换等．

67. 解 过点 C 作 $CG \perp BC$，且取 $CG = 2BC$，连接 GF、BG，如图 4.126 所示．

在菱形 $ABCD$ 中，AC 为对角线，
∴ AC 平分 $\angle BCD$．
∵ $\angle ABC = 120°$，
∴ $\angle BCD = 60°$，
∴ $\angle DAE = \angle FCG = 30°$．
∵ 点 E、F 同时出发，且点 F 的速度为点 E 的两倍，
∴ $CF = 2AE$，
∴ $AE : CF = AD : CG = 1 : 2$，
∴ $\triangle AED \backsim \triangle CFG$，
∴ $GF = 2DE$，

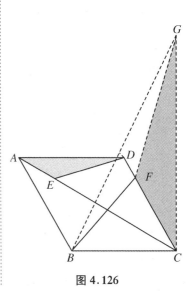

图 4.126

∴ $BF + 2DE = BF + GF \geqslant BG$,

如图 4.127 所示,当且仅当 B、F、G 三点共线时,$BF + GF$ 取得最小值.

在 Rt△BCG 中,$BC = AB = 4$ cm,$CG = 2BC = 8$ cm,

∴ $BG = \sqrt{BC^2 + CG^2} = 4\sqrt{5}$ cm.

如图 4.128 所示,点 F 为 CD 延长线与 BG 的交点,过点 F 作 $FH \perp BC$.

设 FH 为 x.

∵ $CG \perp BC$,

∴ $CG // FH$,

易证△$BHF \backsim$△BCG,

∴ $\dfrac{FH}{BH} = \dfrac{CG}{BC} = \dfrac{2}{1}$,

∴ $BH = \dfrac{1}{2}x$.

在 Rt△FHC 中,$\angle FCB = 60°$,

∴ $CH = \dfrac{\sqrt{3}}{3}x$,

∴ $\dfrac{1}{2}x + \dfrac{\sqrt{3}}{3}x = 4$,

∴ $x = 16\sqrt{3} - 24$,

∴ $CF = (32 - 16\sqrt{3})$ cm,$t = (16 - 8\sqrt{3})$ s.

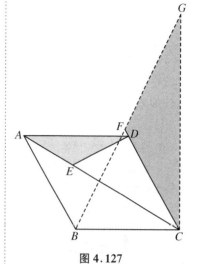

图 4.127

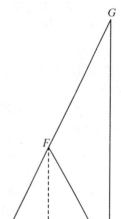

图 4.128

思路点拨

根据结论形式,构造与 $2DE$ 相等的线段.根据比例系数 2,我们注意到点 E、F 的运动速度之比为 $1:2$,等价于线段 AE 和 CF 之比为 $1:2$,故借助相似三角形即可构造 $2DE$ 线段.根据"两点之间线段最短"解决最值问题;根据取得最值时 CF 的长度可以算出两动点的运动时间.

68. 解 将△ABM 和△CDM 分别沿着 AM、DM 翻折至△$AB'M$ 和△$C'DM$,如图 4.129 所示,

∵ △$ABM \cong$ △$AB'M$,△$CDM \cong$ △$C'DM$,

∴ $AB = AB'$,$CD = C'D$,$BM = CM = B'M = C'M$,

$\angle AMB = \angle AMB'$,$\angle CMD = \angle C'MD$.

∵ $\angle AMD = 120°$,

∴ $\angle AMB + \angle CMD = 60°$,

∴ $\angle AMB' + \angle DMC' = 60°$,

∴ $\angle B'MC' = \angle AMD - (\angle AMB' + \angle DMC') = 60°$,

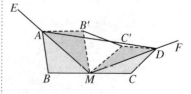

图 4.129

∴ △B'MC'为等边三角形,

∴ $B'C' = B'M = \frac{1}{2}BC = \frac{1}{2}a$.

∴ $AD \leqslant AB' + B'C' + C'D = \frac{1}{2}a + b$,

即 AD 有最大值 $\frac{1}{2}a + b$, 当且仅当 A、B'、C'、D 四点共线时取到最值.

思路点拨

通过两次翻折构造两组全等三角形,利用 $120°$ 角和中点的特殊性,将题目中的已知线段和 AD 建立起联系,最后根据"两点之间线段最短"得到 AD 的最值.

69. 解 将△ABP绕点A顺时针旋转$60°$至△$AB'P'$, 如图4.130所示,

∴ △$ABP \cong$ △$AB'P'$,

∴ $BP = B'P', \angle P'AP = 60°, AP = AP'$,

∴ △APP'是等边三角形,

∴ $PP' = AP$,

∴ $PA + PB + PC = B'P' + P'P + PC \geqslant B'C$,

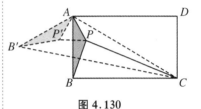

图 4.130

如图4.131所示,当且仅当B'、P'、P、C四点共线时取到最值.

连接BB',取AB的中点E,连接$B'E$,过点B'作$B'F \perp BC$交BC反向延长线于点F,如图4.132所示.

∵ $AB = AB', \angle B'AB = 60°$,

∴ △ABB'为等边三角形.

∵ E为AB的中点,

∴ $B'E \perp AB, \angle EB'B = 30°$.

在 Rt△$B'BE$ 中, $BB' = AB = 2\sqrt{3}$,

∴ $BE = \sqrt{3}, B'E = 3$.

∵ $\angle F = \angle ABF = 90°$,

∴ 四边形 $BEB'F$ 为矩形,

∴ $B'F = BE = \sqrt{3}, B'E = BF = 3$,

∴ $FC = BC + BF = 9$.

在 Rt△$B'CF$ 中, $B'F = \sqrt{3}, FC = 9$,

∴ $B'C = \sqrt{B'F^2 + FC^2} = \sqrt{(\sqrt{3})^2 + 9^2} = 2\sqrt{21}$.

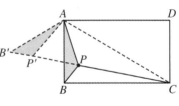

图 4.131

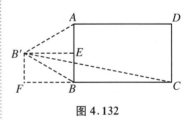

图 4.132

思路点拨

这就是著名的"费马点"问题.费马点是指位于三角形内且到三角形三个顶点距离之和最短的点.本题中,连接 AC 后,我们要找的就是 $\triangle ABC$ 的费马点.将 $\triangle ABP$ 绕着点 A 旋转 $60°$,将 $PA+PB+PC$ 的最小值转化为 $B'P'+PP'+PC$ 的最小值,然后根据"两点之间线段最短"求出最小值.旋转的目的是通过全等和等边将线段和中的动线段排成"首尾相连"的形式,便于应用线段公理解题.

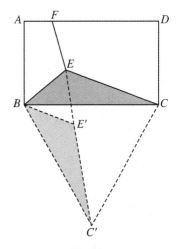

图 4.133

70. **解** 将 $\triangle BEC$ 绕点 B 顺时针旋转 $60°$ 至 $\triangle BE'C'$,连接 CC'、EE',如图 4.133 所示,

$\because \angle E'BE=\angle CBC'=60°$,$\triangle BEC \cong \triangle BE'C'$,

$\therefore BE=BE'$,$BC=BC'$,

$\therefore \triangle BEE'$ 和 $\triangle BCC'$ 均为等边三角形,

$\therefore EE'=BE$,

$\therefore EB+EC+EF=EE'+C'E'+EF \geq C'F$,

如图 4.134 所示,当且仅当 C'、E'、E、F 四点共线且 $C'F \perp AD$ 时取到最小值.

$\because AD \parallel BC$,

$\therefore C'G \perp BC$,

$\therefore G$ 为 BC 的中点.

在 $Rt\triangle BC'G$ 中,$BC'=BC=10$,$BG=5$,

$\therefore C'G=5\sqrt{3}$.

$\because \angle A=\angle AFG=\angle ABG=90°$,

$\therefore$ 四边形 $ABGF$ 为矩形,

$\therefore GF=AB=6$,

$\therefore C'F=C'G+GF=6+5\sqrt{3}$,

$\therefore EF+EB+EC$ 的最小值为 $6+5\sqrt{3}$.

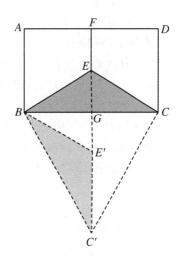

图 4.134

思路点拨

依旧是类似费马点的问题,可以采取与题 69 相同的策略.通过构造全等图形,将 $EF+EB+EC$ 的最小值转化为 $EE'+C'E'+EF$(F 为动点)的最小值.最后根据"垂线段最短"解决问题.

71. **知识储备** 如图 4.135 所示,在四边形 $ABPC$ 中,$\triangle ABC$ 为等边三角形,$\angle BPC=120°$,

求证:$AP=BP+CP$.

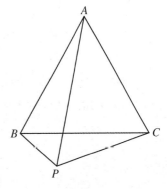

图 4.135

证 延长 BP 至点 D，使 $PD = CP$，如图 4.136 所示．

$\because \angle BPC = 120°$，

$\therefore \angle CPD = 60°$，

$\therefore \triangle PCD$ 为等边三角形，

$\therefore \angle PCD = 60°$．

在等边 $\triangle ABC$ 中，$BC = AC$，$\angle ACB = 60°$，

$\therefore \angle ACP = \angle BCD = 60° + \angle BCP$．

在 $\triangle ACP$ 和 $\triangle BCD$ 中，

$\begin{cases} AC = BC, \\ \angle ACP = \angle BCD, \\ CP = CD, \end{cases}$

$\therefore \triangle ACP \cong \triangle BCD$（SAS），

$\therefore AP = BD = BP + PD = BP + CP$．

解 分别以 AB、CD 为边向外作等边 $\triangle MAB$ 和等边 $\triangle NCD$，连接 ME、NF，如图 4.137 所示，

$\therefore \angle AMB = \angle CND = 60°$．

$\because \angle AEB = \angle DFC = 120°$，

根据知识储备中的结论，$AE + BE = ME$，$DF + CF = NF$，

$\therefore AE + BE + EF + CF + DF = ME + EF + NF \geqslant MN$，

如图 4.138 所示，当且仅当 M、E、F、N 四点共线时取到最值．

连接 MN，与 AB、CD 分别交于点 P、Q．

在等边 $\triangle ABM$ 和等边 $\triangle DCN$ 中，$AM = BM$，$CN = DN$，则 M 为 AB 垂直平分线上的点，N 为 CD 垂直平分线上的点．

$\because AB \parallel CD$，

$\therefore MN$ 垂直平分 AB 和 CD，

$\therefore MP \perp AB$，$NQ \perp CD$，$AP = BP$，$DQ = CQ$．

在 Rt$\triangle APM$ 中，$AM = AB = 4$，$\angle MAP = 60°$，

$\therefore MP = 2\sqrt{3}$．

同理，$NQ = 2\sqrt{3}$．

$\because$ 四边形 $ADQP$ 为矩形，

$\therefore PQ = AD = 4$，

$\therefore MN = MP + PQ + NQ = 4 + 4\sqrt{3}$，

$\therefore AE + BE + EF + CF + DF$ 的最小值为 $4 + 4\sqrt{3}$．

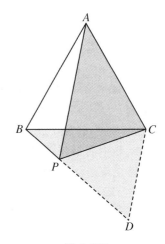

图 4.136

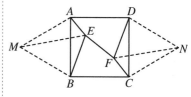

图 4.137

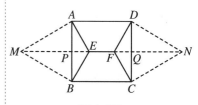

图 4.138

第四部分 最值100题解析

思路点拨

利用等边三角形共顶点的旋转模型(或者称截长补短模型)可以将五条线段之和转换为首尾相连的三条线段之和,再根据"两点之间线段最短"求出最小值.

知识储备中的内容是全等类常见题型,应用较为广泛.平时在做题的过程中,我们要学会积累,在处理此类比较复杂的题型时就可以迅速找到正确的思路.

72. 解 连接 CA、AP,如图4.139所示.

在 Rt$\triangle BCP$ 中,$\angle BPC = 30°$,

∴ $CP = \dfrac{\sqrt{3}}{2} BP$.

∵ PC 与 $\odot A$ 相切,

∴ $CA \perp CP$,

∴ $CP^2 = AP^2 - AC^2 = AP^2 - 4$.

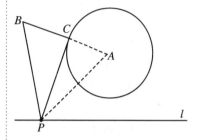

图4.139

如图4.140所示,当 $AP \perp l$ 时,AP 取得最小值,此时 CP 也取得最小值.

由题意知 $AP = 2 + 1 = 3$,

∴ $CP = \sqrt{AP^2 - AC^2} = \sqrt{5}$,

∴ $PB = \sqrt{5} \times \dfrac{2}{\sqrt{3}} = \dfrac{2\sqrt{15}}{3}$.

∴ PB 的最小值为 $\dfrac{2\sqrt{15}}{3}$.

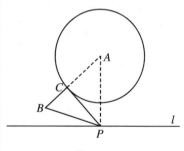

图4.140

思路点拨

PB 为双动点线段,不易处理,可利用转化思想化复杂为简单.Rt$\triangle BCP$ 中有30°特殊角,可知 $\dfrac{BP}{CP}$ 的比值为定值 $\dfrac{2}{\sqrt{3}}$,于是将 PB 的最小值问题转化为 CP 的最小值问题.在 Rt$\triangle ACP$ 中,AC 为定值,可利用勾股定理将 CP 的最小值问题转化为 AP 的最小值问题,而 AP 的最小值就是常见的定点到定直线的最短距离.

73. 解 连接 AD、AE、AF,如图4.141所示.

∵ 点 E、D 关于 AB 对称,

∴ $AE = AD$,$\angle EAB = \angle DAB$.

同理,$AF = AD$,$\angle FAC = \angle DAC$.

在 $\triangle ABC$ 中,$\angle B = 45°$,$\angle C = 75°$,

∴ $\angle BAC = 180° - \angle B - \angle C = 60°$,

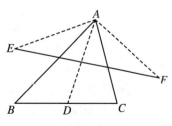

图4.141

∴ $\angle EAF = \angle EAB + \angle FAC + \angle BAC = 120°$.

在等腰三角形 AEF 中,底角为 $30°$,

∴ $EF = \sqrt{3}AE = \sqrt{3}AD$.

如图 4.142 所示,当 $AD \perp BC$ 时,AD 取得最小值.

在 $Rt\triangle ABD$ 中,$AB = 8$,$\angle B = 45°$,

∴ $\triangle ABD$ 为等腰直角三角形,

∴ $AD = 4\sqrt{2}$.

此时,$EF = \sqrt{3}AD = 4\sqrt{6}$.

∴ EF 的最小值为 $4\sqrt{6}$.

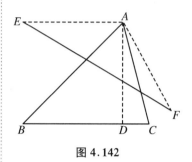

图 4.142

思路点拨

关于双动点线段的问题处理起来比较麻烦,可利用转化思想.抓住轴对称的性质,发现等腰$\triangle AEF$的顶角度数为$\angle BAC$的两倍,于是算出AE与EF的比例关系,进而得到AD与EF的比例关系.根据"垂线段最短"解得AD的最小值.思路推进时一定要抓住初始的动点D.

拓展 在解题的过程中我们发现,$\angle BAC$的作用是得到AD与EF的比例关系,$\angle B$和AB的作用是计算垂线段的长度,因此题目中可以将特殊角改为已知三角函数值的锐角,如$\angle A = 45°$,$AB = 5$,$\cos B = \dfrac{\sqrt{5}}{5}$,其他信息不变,依旧可以用同样的方法算出$EF$的最小值.

74. **解** 连接 PD、PE、OP,如图 4.143 所示.

∵ $\angle BAC = 60°$,

∴ $\angle EPD = 120°$.

∵ $PE = PD$,

∴ $\angle PED = \angle PDF = 30°$,

∴ $DE = \sqrt{3}PD$.

∵ $PD = PA$,

∴ $DE = \sqrt{3}PA$,

当 PA 取得最大值时,DE 也取得最大值.

设 F、G 为圆 O 与 $\angle CAB$ 的两边的切点,连接 OF、OG、OA、OP.

∵ 圆 O 内切于 $\angle CAB$,

∴ $OF \perp AB$,$OG \perp AC$,$OF = OG$,

∴ AO 平分 $\angle CAB$,

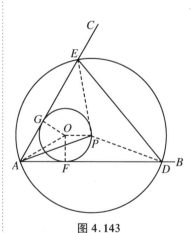

图 4.143

∴ ∠OAB = 30°.

在 Rt△AOF 中, OF = 1,

∴ AO = 2,

∴ PA ≤ AO + OP = 3,

如图 4.144 所示, 当且仅当 A、O、P 三点共线时, PA 取得最大值 3,

∴ DE 的最大值为 $3\sqrt{3}$.

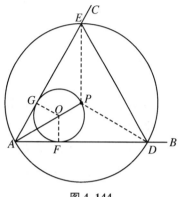

图 4.144

思路点拨

根据含 30° 的等腰三角形三边的比例关系, 可将 DE 的最小值问题转化为 PD 的最大值问题. PD(= PA) 为圆 P 的半径, 因此只要求得 PA 的最大值即可, 于是将原本的双动点线段问题转化成了定点到圆周上动点的距离最值问题.

75. **解** 连接 BE, 取 BE 的中点 O, 连接 OF、OG, 如图 4.145 所示.

∵ EF⊥AB, EG⊥BC,

∴ ∠BFE = ∠BGE = 90°.

∵ O 为 BE 的中点,

∴ $FO = GO = BO = EO = \frac{1}{2}BE$,

∴ B、F、E、G 四点共圆.

∵ AD 为 △ABC 的高, AD = BD,

∴ ∠ABD = 45°,

∴ ∠FOG = 90°.

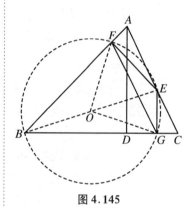

图 4.145

在 Rt△FOG 中, OF = OG,

∴ $FG = \sqrt{2}OF = \frac{\sqrt{2}}{2}BE$.

在 Rt△ADC 中, AD = 4, DC = 2,

∴ $AC = \sqrt{AD^2 + CD^2} = \sqrt{4^2 + 2^2} = 2\sqrt{5}$.

如图 4.146 所示, 当 BE⊥AC 时, BE 取得最小值.

∵ $S_{\triangle ABC} = \frac{1}{2}AD \cdot BC = \frac{1}{2}BE \cdot AC$,

∴ $BE = \frac{12\sqrt{5}}{5}$,

∴ FG 的最小值为 $\frac{6\sqrt{10}}{5}$.

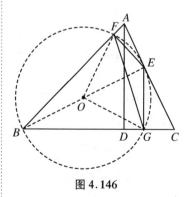

图 4.146

思路点拨

FG 是双动点线段,故需要利用转化思想化复杂为简单.两个直角三角形共用斜边,四个顶点都在以斜边的中点为圆心的圆上;等腰 Rt△ABD 的底角 ∠ABD 为圆周角,所以弦 FG 所对的圆心角为 90°,与直径的比例为定值;当直径 BE 取得最小值时,FG 也取得最小值,而 BE 的最小值即点到直线的垂线段长度.

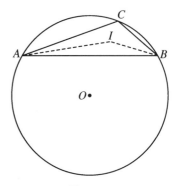

图 4.147

76. 解 设 △ABC 的内心为点 I,连接 AI、BI,如图 4.147 所示.

∵ 点 I 为 △ABC 的内心,

∴ AI 平分 ∠CAB,BI 平分 ∠CBA.

∵ ∠ACB = 120°,

∴ ∠CAB + ∠CBA = 180° − ∠ACB = 60°,

∴ ∠IAB + ∠IBA = $\frac{1}{2}$(∠CAB + ∠CBA) = 30°,

∴ ∠AIB = 180° − (∠IAB + ∠IBA) = 150°.

∵ AB 为定线段,

∴ 点 I 的轨迹为一段圆弧.

设该弧的圆心为点 D,过点 I 作 IE⊥AB,如图 4.148 所示.

∵ IE 为 △ABC 内切圆的半径,

∴ r 的最大值就是线段 IE 的最大值.

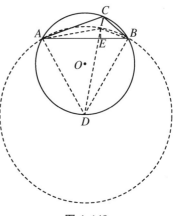

图 4.148

如图 4.149 所示,当 O、I、E 三点共线时,在弓形内取得 IE 的最大值.

∵ ∠AIB = 150°,

∴ ∠ADB = 2(180° − 150°) = 60°,

∴ △ABD 为等边三角形.

∵ AE⊥AB,

在 Rt△AED 中,AD = AB = 6,

∴ DE = 3√3,

∴ IE = DI − DE = 6 − 3√3,

∴ △ABC 内切圆半径 r 的最大值为 6 − 3√3.

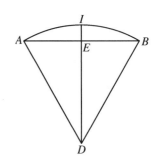

图 4.149

思路点拨

我们从题干中解读出两条关键的信息,一是三角形两个内角的平分线所形成的角与第三个角的数量关系,二是定弦、定角形成的圆轨迹.不难发现$\angle AIB$为定角,AB为定线段,点I的轨迹便可以确定为一段圆弧,继而找到弦AB的垂直平分线与$\overset{\frown}{AB}$的交点即为r最大时内心I的位置,最后利用垂径定理进行计算.

77. 解 过点D作$DE \perp AB$,如图 4.150 所示.
在等腰直角$\triangle AOB$中,$AO = BO$,$\angle O = 90°$,
∴ $\angle OAB = \angle OBA = 45°$.
∵ $CD \parallel OB$,
∴ $\angle DCB = 45°$.
∵ $DE \perp AB$,
∴ $\angle DEC = 90°$,
∴ $\triangle CDE$ 为等腰直角三角形,
∴ $CD = \sqrt{2} DE$.

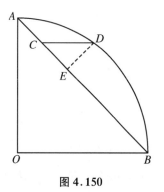

图 4.150

如图 4.151 所示,当 O、D、E 三点共线时,DE 取得最大值,此时 CD 也取得最大值.
∵ $OE \perp AB$,$\angle OBE = 45°$,
∴ $\triangle OBE$ 为等腰直角三角形,
∴ $OE = 2\sqrt{2}$,
∴ $DE = OD - OE = 4 - 2\sqrt{2}$,
∴ DE 的最大值为 $4 - 2\sqrt{2}$,
∴ CD 的最大值为 $4\sqrt{2} - 4$.

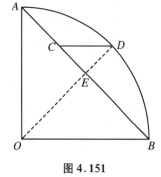

图 4.151

思路点拨

本题依旧为双动点问题,处理起来不够便利,因此我们利用$\angle DCB = 45°$,将CD的长度转化为$\sqrt{2}$倍的点D到AB的距离.而在弓形中,点D到AB的距离最大值在点D为$\overset{\frown}{AB}$的中点时取到.

78. 解 当点 C 与点 A 重合时,CD 取得最大值.
过点 O 作 $OE \perp CD$,与 AB、AD 分别交于点 F、E,作 $OG \perp AB$ 于点 G,如图 4.152 所示,
∴ $AB = 2BG$,$AD = 2AE$.
在 $Rt\triangle OBG$ 中,$OB = OA = 5$,
∵ $\tan \angle ABO = \dfrac{1}{2}$,

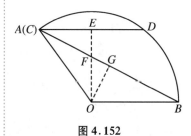

图 4.152

∴ $BG = 2OG$,

∴ $OG^2 + BG^2 = 5OG^2 = OB^2$,

∴ $OG = \sqrt{5}$,

∴ $AB = 2\sqrt{5}$.

在 Rt△OBF 中，$OB = 5$,

∴ $OF = \dfrac{5}{2}$,

∴ $BF = \sqrt{OF^2 + OB^2} = \dfrac{5\sqrt{5}}{2}$,

∴ $AF = AB - BF = \dfrac{3\sqrt{5}}{2}$.

∵ $CD \parallel OB$,

∴ $\angle BAD = \angle ABO$.

在 Rt△AEF 中，$\tan \angle BAD = \tan \angle ABO = \dfrac{1}{2}$,

∴ $AE = 2EF$,

∴ $AE^2 + EF^2 = \dfrac{5}{4} AE^2 = AF^2$,

∴ $AE = 3$,

此时，CD 的最大值为 6.

思路点拨

与题 77 类似，取得最值的情况却不相同，原因在于点的位置范围不同．我们仿照题 77 求最值的方式作图，如图 4.153 所示．从图形中我们发现，此时点 C 不在边 AB 上，而在延长线上，不符合题意．

那么，临界情况究竟是怎样的呢？如图 4.154 所示，当 O、D、E 三点共线时，点 C 与点 A 也恰好重合，很容易判断出此时△AOD 为等边三角形．

所以，当 $\angle AOB \leqslant 120°$ 时，可通过在弓形内找长度最大的"高线"解决问题；当 $\angle AOB \geqslant 120°$ 时，可通过找点 A、C 重合的临界情况解决问题.

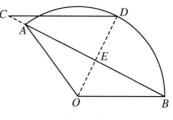

图 4.153

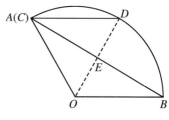

图 4.154

79. **解** 连接 AC、DP，如图 4.155 所示.

∵ 正方形 $ABCD$ 的边长为 1,

∴ $S_{正方形ABCD} = 1$,

∴ $S_{\triangle ADP} = \dfrac{1}{2} S_{正方形ABCD} = \dfrac{1}{2}$.

∵ $AB \parallel CD$,

∴ $S_{\triangle ACP} = S_{\triangle DCP}$,

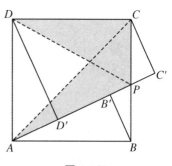

图 4.155

$$\therefore S_{\triangle ABP} + S_{\triangle ACP} = S_{\triangle ABC} = \frac{1}{2} S_{\text{正方形} ABCD} = \frac{1}{2},$$

$$\therefore S_{\triangle ADP} + S_{\triangle ABP} + S_{\triangle ACP} = 1,$$

$$\therefore \frac{1}{2} AP \cdot BB' + \frac{1}{2} AP \cdot CC' + \frac{1}{2} AP \cdot DD'$$

$$= \frac{1}{2} AP(BB' + CC' + DD') = 1,$$

$$\therefore BB' + CC' + DD' = \frac{2}{AP}.$$

当点 P 与点 B 重合时，AP 有最小值 1；当点 P 与点 C 重合时，AP 有最大值 $\sqrt{2}$.

$$\therefore \sqrt{2} \leqslant BB' + CC' + DD' \leqslant 2.$$

思路点拨

题中出现多条垂线段时，应该考虑面积法. 利用面积法找到 $BB' + CC' + DD'$ 和点 P 的关系. 三条高线的公共底边为 AP，根据 3 个三角形的面积之和等于正方形的面积，得到底和高的反比关系式，因此求出 AP 的取值范围便可确定 $BB' + CC' + DD'$ 的取值范围.

另辟蹊径 若将 $BB' + CC' + DD'$ 当作一个函数值，则自变量可以是因点 P 运动而产生的变量，如图 4.156 中标记的角度. 令 $\angle DAD' = \alpha$，在点 P 运动的过程中，$45° \leqslant \alpha \leqslant 90°$. 因为 $DD' = AD \cdot \sin \alpha$，$BB' = BP \cdot \sin \alpha$，$CC' = CP \cdot \sin \alpha$，所以 $BB' + CC' + DD' = (AD + BP + CP) \cdot \sin \alpha = 2AD \cdot \sin \alpha$，而 $\frac{\sqrt{2}}{2} \leqslant \sin \alpha \leqslant 1$，故得出 $\sqrt{2} \leqslant BB' + CC' + DD' \leqslant 2$.

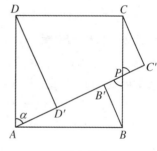

图 4.156

80. **解** 将半圆补成完整的圆，取 $\overset{\frown}{AB}$ 的中点 Q（点 P 异侧），连接 PQ，过点 Q 作 $QC \perp PQ$ 交 PB 的延长线于点 C，连接 AQ、BQ，如图 4.157 所示.

$\because Q$ 为 $\overset{\frown}{AB}$ 的中点，

$\therefore AQ = BQ$.

$\because AB$ 为 $\odot O$ 的直径，

$\therefore \angle AQB = 90°$,

$\therefore \angle QAB = \angle QBA = 45°$,

$\therefore \angle QPB = 45°$.

$\because QC \perp PQ$,

$\therefore \angle AQP = \angle BQC = 90° - \angle PQB$，$\angle C = 45°$,

$\therefore PQ = QC$.

在 $\triangle APQ$ 和 $\triangle BCQ$ 中，

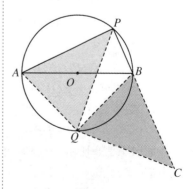

图 4.157

$$\begin{cases} AQ = BQ, \\ \angle AQP = \angle BQC, \\ PQ = QC, \end{cases}$$

∴ △APQ≌△BCQ(SAS),

∴ AP = BC,

∴ AP + BP = BC + BP = PC.

在等腰 Rt△PQC 中,PC = $\sqrt{2}$PQ.

当 PQ 为⊙O 的直径时,PQ 取得最大值,此时 AP + BP 也取得最大值.

AP + BP = $\sqrt{2}$AB = 2$\sqrt{2}$,

∴ AP + BP 的最大值为 2$\sqrt{2}$.

思路点拨

这是一个简约而不简单的线段和最值问题. 通过构造全等图形将线段和 AP + BP 的最值问题转化为圆内的一条弦的最值问题. 根据"圆中最长的弦是直径"求出 AP + BP 的最大值.

另辟蹊径 在几何解析中巧妙地运用代数法.
$(AP + BP)^2 = AP^2 + 2AP \cdot BP + BP^2 = AB^2 + 4S_{△ABP}$,
表明要求 AP + BP 的最大值,只需求 $S_{△ABP}$ 的最大值. 当点 P 运动至$\overset{\frown}{AB}$的中点时,边 AB 上的高为半径,此时 △ABP 的面积取得最大值,AP + BP 也取得最大值.

81. **解** 过点 P 作 PF∥AC 交 OX 于点 F,如图 4.158 所示.

∵ PD∥OY,PE∥OX,

∴ 四边形 OEPD 为平行四边形,

∴ OE = PD = b.

∵ AC⊥OY,∠XOY = 60°,

∴ ∠CAO = 90° − 60° = 30°.

在 Rt△AOC 中,OA = 2,

∴ AC = $\sqrt{3}$.

∵ PF∥AC,PD∥OY,AC⊥OY,

∴ ∠PDF = ∠XOY = 60°,PF⊥PD,

∴ DF = 2PD = 2b,

∴ a + 2b = OD + DF = OF.

如图 4.159 所示,当点 P 在线段 AC 上时,a + 2b 取得最小值.

如图 4.160 所示,当点 P 与点 B 重合时,a + 2b 取得

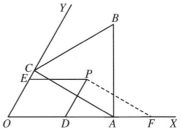

图 4.158

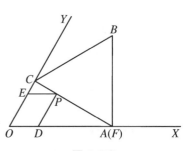

图 4.159

最大值.

∵ △ABC 为等边三角形,

∴ ∠BAC = 60°,

∴ ∠BAO = ∠CAO + ∠CAB = 90°.

∵ BF // AC,

∴ ∠BFA = ∠CAO = 30°.

在 Rt△BAF 中, $AB = AC = \sqrt{3}$,

∴ $AF = \sqrt{3}AB = 3$,

∴ $OF = OA + AF = 5$,

∴ $2 \leqslant a + 2b \leqslant 5$.

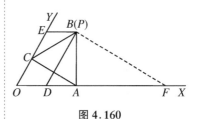

图 4.160

思路点拨

利用平行四边形的性质将 $2OE$ 转化为 $2PD$, 再利用 60°角的余弦值将 $2PD$ 转化为 DF, 因此 $a + 2b$ 等于 OF 的长度. 显然, 当点 P 在 AC 上时 OF 取得最小值, 当点 P 与 B 点重合时 OF 取得最大值.

82. **解** 延长 MP 与 CB 交于点 D, 如图 4.161 所示.

∵ $PM \perp AC, PN \perp CB$,

∴ ∠PMC = ∠PNC = 90°.

∵ ∠ACB = 60°,

∴ ∠MPN = 360° − ∠PMC − ∠PNC − ∠ACB = 120°,

∴ ∠DPN = 60°.

在 Rt△PDN 中, ∠PDN = 30°,

∴ $PD = 2PN$,

∴ $PM + 2PN = PM + PD = MD$.

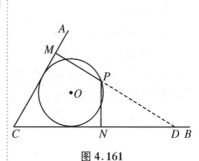

图 4.161

在 Rt△DMC 中, $MD = \sqrt{3}CM$,

∴ $PM + 2PN = \sqrt{3}CM$.

当 PM 与圆相切时, CM 取到最值.

设圆与∠ACB 两边的切点分别为 E、F, 连接 OE、OF.

(1) 当 PM 与圆相切在外侧时, CM 取得最大值, 如图 4.162 所示.

∵ $OE \perp AC, OF \perp CB, OE = OF = r$,

∴ CO 平分∠ACB,

∴ ∠OCE = 30°.

在 Rt△COE 中, $OE = 2$,

∴ $CE = 2\sqrt{3}$.

∵ PM 与圆相切,

∴ $OP \perp MD$,

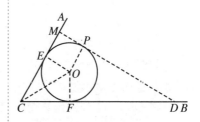

图 4.162

∴ ∠OPM = ∠OEM = ∠PME = 90°,

∴ 四边形 OPME 为矩形.

∴ OP = EM = 2,

∴ CM = EM + CE = 2 + 2√3,

∴ PM + 2PN 的最大值为 6 + 2√3.

(2) 当 PM 与圆相切在内侧时,CM 取得最小值,如图 4.163 所示.

同理,CM = 2√3 − 2,

∴ PM + 2PN 的最小值为 6 − 2√3.

∴ 6 − 2√3 ≤ PM + 2PN ≤ 6 + 2√3.

思路点拨

将 MP 延长,利用 30°角的正弦值构造 2PN,将目标式转化为一条线段的长度.继续利用 60°角的正切值将线段 MD 转换成√3 倍的 CM 长度.利用切线的性质找出 CM 最大值和最小值的位置,进行长度计算即可.

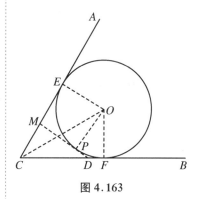

图 4.163

83. 解 在 AB 上取一点 H,使得 tan∠BHE = 2(即令 BE = 2BH),连接 EH,延长 BC 到点 G,使 BC = CG,延长 EF 至点 N,使 EF = FN,连接 DN,如图 4.164 所示.

∵ M 为 ED 的中点,

∴ $MF = \frac{1}{2}DN$.

∵ AE ⊥ EF,

∴ ∠AEB + ∠FEC = 90°.

∵ ∠AEB + ∠EAH = 90°,

∴ ∠EAH = ∠NEG.

令 BH = a,则 BE = 2a,

∴ AH = 10 − a, EG = 20 − 2a,

∴ $\frac{AH}{EG} = \frac{AE}{EN} = \frac{1}{2}$,

∴ △AHE ∽ △EGN,

∴ ∠AHE = ∠G.

∵ 点 G 为定点,∠G 为定角,

∴ 点 N 的轨迹为从点 G 出发的射线.

如图 4.165 所示,当 DN ⊥ GN 时,DN 取得最小值,此时 MF 也取得最小值.

将 DN、CG 分别延长交于点 P,如图 4.166 所示.

∵ ∠AHE = ∠NGC,

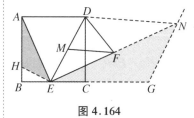

图 4.164

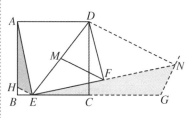

图 4.165

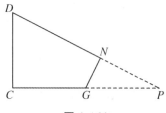

图 4.166

∴ ∠EHB = ∠NGP = 180° − ∠AHE.
∵ DN ⊥ GN，
∴ ∠DNG = ∠DCG = 90°，
∴ ∠CDN = 180° − ∠NGC，
∴ ∠CDN = ∠EHB = ∠NGP，
∴ tan∠CDN = tan∠NGP = tan∠EHB = 2.
∵ CD = CG = 10，
∴ CP = 2CD = 20，
∴ DP = $\sqrt{CD^2 + CP^2}$ = $10\sqrt{5}$，
∴ GP = CP − CG = 10.
在 Rt△PNG 中，NP = 2NG，
∴ $NP^2 + NG^2 = \frac{5}{4}NP^2 = GP^2$，
∴ NP = $4\sqrt{5}$，
∴ DN = DP − NP = $6\sqrt{5}$，
∴ MF 的最小值为 $3\sqrt{5}$.

思路点拨

由于 MF 为双动点线段，直接探究最值有困难，因此我们可以抓住点 M 为中点的条件，构造中位线进行转化. 延长 EF，将点 F 构造成 EN 的中点，则 MF 为△DEN 的中位线，于是只需求得 DN 的最小值. 点 D 为定点，故构造相似三角形探究点 N 运动的轨迹，最后根据"垂线段最短"解决最值问题.

84. **解** 在 AB 上截取 BE = BG，连接 EG、CF，如图 4.167 所示.
∵ AG = AB − BG，CE = BC − BE，
在正方形 ABCD 中，AB = BC，∠B = 90°，
∴ AG = CE.
由题意知∠AEF = 90°，AE = EF，
∴ ∠AEB + ∠CEF = 90°.
又 ∠BAE + ∠AEB = 90°，
∴ ∠BAE = ∠CEF.
在△AGE 和△ECF 中，
$\begin{cases} AE = EF, \\ \angle GAE = \angle CEF, \\ AG = CE, \end{cases}$
∴ △AGE ≌ △ECF(SAS)，
∴ ∠ECF = ∠AGE.

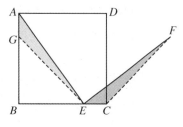

图 4.167

∵ BE = BG,

∴ ∠BGE = ∠GEB = 45°,

∴ ∠ECF = ∠AGE = 135°.

取 BC 的中点 N,连接 MN、CF,如图 4.168 所示.

∵ M 为 BF 的中点,

∴ MN ∥ CF,

∴ ∠MNB = ∠ECF = 135°,

∴ ∠MNC = 45°.

如图 4.169 所示,当 CM ⊥ MN 时,CM 取到最小值,此时△NMC 为等腰直角三角形.

在 Rt△MCN 中,$CN = \frac{1}{2}BC = 2$,

∴ $CM = \frac{\sqrt{2}}{2}CN = \sqrt{2}$,

∴ CM 的最小值为 $\sqrt{2}$.

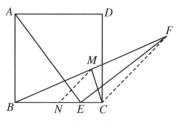

图 4.168

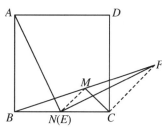

图 4.169

思路点拨

通过构造 K 形全等,我们判断出点 F 的运动轨迹为线段.取 BC 的中点 M,连接 MN,易知 MN 与 BC 的夹角为定值,因此点 M 的运动轨迹也是线段(其实可视为点 M 跟随点 F 运动而运动,因此它们的运动轨迹形状相同),根据"垂线段最短"解得 CM 的最小值.

85. **解** 取 BC 的中点 G,连接 OG、PG、OP,如图 4.170 所示.

∵ ∠BPC = ∠COB = 90°,G 为斜边 BC 的中点,

∴ $PG = OG = BG = CG = \frac{1}{2}BC$,

∴ 点 B、C、P、O 在以点 G 为圆心、OG 为半径的圆上,

∴ 在四边形 POBC 中,∠PCB + ∠POB = 180°,

∴ ∠POA = 180° − ∠POB = ∠PCB,

∴ ∠POA 为定值,即点 P 的轨迹为直线.

如图 4.171 所示,当 AP ⊥ OP 时,AP 取得最小值,

∴ ∠PAO = 90° − ∠POA = 90° − ∠PCB = ∠PBC,

∴ $\tan \angle PAO = \tan \angle PBC = \frac{1}{2}$.

在 Rt△AOP 中,AO = 2,

∴ $AP^2 + OP^2 = \frac{5}{4}AP^2 = AO^2$,

∴ $AP = \frac{4\sqrt{5}}{5}$,

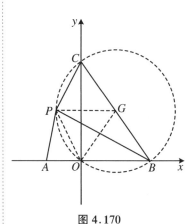

图 4.170

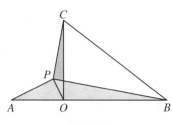

图 4.171

即 AP 的最小值为 $\dfrac{4\sqrt{5}}{5}$.

根据图 4.171 计算 m 的值.

$\because \angle APO = \angle BPC = 90°$,

$\therefore \angle APB = \angle OPC = 90° + \angle OPB$.

$\because AP : OP = BP : CP = 2 : 1$,

$\therefore \triangle APB \backsim \triangle OPC$,

$\therefore AB : OC = AP : OP = 2 : 1$.

$\because AB = AO + BO = 6$,

$\therefore OC = 3$,

即当 AP 取得最小值时,$m = 3$.

思路点拨

解题时应抓住题目条件中不变的角度去思考. 我们注意到 BC 所对的直角有两个,从而判断出 B、C、P、O 四点共圆;根据"圆内接四边形的外角等于内对角"确定点 P 的轨迹是一条定直线;根据"垂线段最短"解决 AP 的最小值问题,再利用固定图形中的相似三角形,求出此时 m 的值.

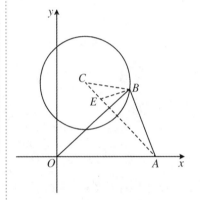

图 4.172

86. **解** 连接 AC、BC,在 AC 上取点 E,使 $CE = \sqrt{2}$,连接 BE,如图 4.172 所示.

$\because AC = \sqrt{(7-2)^2 + 5^2} = 5\sqrt{2}, BC = \sqrt{10}$,

$\therefore BC^2 = CE \cdot AC$,

$\therefore \dfrac{BC}{CE} = \dfrac{AC}{BC}$.

$\because \angle BCE = \angle ACB$,

$\therefore \triangle BCE \backsim \triangle ACB$,

$\therefore \dfrac{BE}{AB} = \dfrac{BC}{AC} = \dfrac{\sqrt{5}}{5}$,

$\therefore OB + \dfrac{\sqrt{5}}{5} AB = OB + BE \geqslant OE$.

如图 4.173 所示,当且仅当 O、B、E 三点共线时,$OB + \dfrac{\sqrt{5}}{5} AB$ 取得最小值.

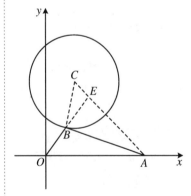

图 4.173

如图 4.174 所示,过点 E 作 $EF \perp OA$,垂足为 F.

$\because$ 直线 AC 的解析式为 $y = -x + 7$,

$\therefore \angle CAO = 45°$,

$\therefore \triangle AEF$ 为等腰直角三角形.

$\because AE = AC - CE = 4\sqrt{2}$,

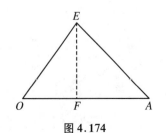

图 4.174

在 Rt△AEF 中，EF = AF = 4，

∴ OF = OA − AF = 3.

在 Rt△OEF 中，EF = 4，OF = 3，

∴ OE = $\sqrt{3^2+4^2}=5$，

即 $OB+\dfrac{\sqrt{5}}{5}AB$ 的最小值为 5.

思路点拨

对于含系数的线段和问题，我们需要把两条线段前的系数化为 1∶1，即"消除"比例系数，转化为常规的线段和 $a+b$. 我们可以借助相似图形和三角函数进行转化. 一般规律：对于动点的圆轨迹，存在定长线段（半径），可构造相似图形消除比例系数；对于动点的直线轨迹，存在定角度，可利用三角函数构造线段消除比例系数（后续还有相关习题）. 本题中我们需要构造 $\dfrac{\sqrt{5}}{5}AB$ 或 $\sqrt{5}OB$.

87. **解** 构造直线 $AD: y=\dfrac{1}{2}x-\dfrac{7}{2}$，过点 B 作 $BE\perp AD$，过点 C 作 $CF\perp x$ 轴交 AD 于点 F，如图 4.175 所示.

当 $x=0$ 时，$y=-\dfrac{7}{2}$，

∴ $D\left(0,-\dfrac{7}{2}\right)$，

∴ $\tan\angle OAD=\dfrac{1}{2}$.

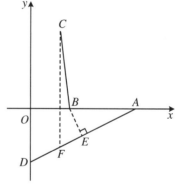

图 4.175

在 Rt△ABE 中，$\tan\angle BAE=\dfrac{1}{2}$，

∴ $AE=2BE$，

∴ $BE^2+AE^2=5BE^2=AB^2$，

∴ $\dfrac{BE}{AB}=\dfrac{\sqrt{5}}{5}$，

∴ $CB+\dfrac{\sqrt{5}}{5}AB=CB+BE\geq CE$，

如图 4.176 所示，当且仅当 C、B、E 三点共线时取到最小值.

∵ $FC\perp x$ 轴，

∴ $CF\parallel OD$，$F\left(2,-\dfrac{5}{2}\right)$，

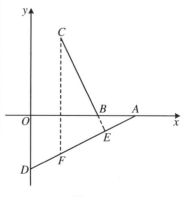

图 4.176

∴ ∠ODA = ∠CFE．

∵ CE⊥AD，

∴ ∠CEF = ∠AOD = 90°，

∴ △ODA∽△EFC，

∴ $\dfrac{CE}{CF} = \dfrac{OA}{AD} = \dfrac{2}{\sqrt{5}}$，

∴ $CE = 3\sqrt{5}$，

即 $CB + \dfrac{\sqrt{5}}{5}AB$ 的最小值为 $3\sqrt{5}$．

思路点拨

　　本题的问题形式跟题 86 十分相似，依旧需要构造线段 $\dfrac{\sqrt{5}}{5}AB$，将线段前的系数统一为 1 : 1．本题中可以利用三角函数构造线段．根据"垂线段最短"找到最值的位置，再根据相似比计算最小值．

88．**解** 取 $D(1, 0)$，连接 BD，过点 C 作 $CE⊥BD$，如图 4.177 所示．

在 Rt△BOD 中，$OB = 2\sqrt{2}$，$OD = 1$，

∴ $BD = \sqrt{OB^2 + OD^2} = 3$，

∴ $\sin\angle OBD = \dfrac{OD}{BD} = \dfrac{1}{3} = \dfrac{CE}{BC}$，

∴ $AC + \dfrac{1}{3}BC = AC + CE \geqslant AE$，

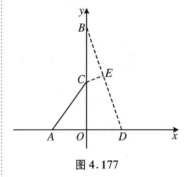

图 4.177

如图 4.178 所示，当 $AE⊥BD$ 时，$AC + CE$ 取得最小值．

∵ $AE⊥BD$，

∴ $\angle EAD + \angle BDO = 90°$，

∴ $\angle OBD = \angle EAD$，

∴ $\sin\angle EAD = \dfrac{DE}{AD} = \dfrac{1}{3}$．

∵ $AD = OA + OD = 2$，

∴ $AE = \sqrt{AD^2 - DE^2} = \dfrac{4\sqrt{2}}{3}$．

∵ $3AC + BC = 3\left(AC + \dfrac{1}{3}BC\right)$，

∴ $3AC + BC$ 的最小值为 $4\sqrt{2}$．

在 Rt△AOC 中，$OA = 1$，$\sin\angle CAO = \dfrac{1}{3}$，

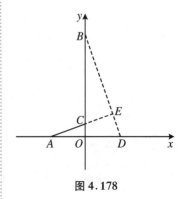

图 4.178

∴ $AC = 3OC$,

∴ $AC^2 - OC^2 = 8OC^2 = OA^2$.

∴ $OC = \dfrac{\sqrt{2}}{4}$,

即当 $3AC + BC$ 取得最小值时,点 C 的坐标为 $\left(0, \dfrac{\sqrt{2}}{4}\right)$.

思路点拨

我们将所求表达式中的系数 3 提出来,构造成 $3\left(AC + \dfrac{1}{3}BC\right)$,然后利用三角函数将线段 $\dfrac{1}{3}BC$ 构造出来,根据"垂线段最短"找出最值的位置,最后利用相似比或三角函数进行计算.

89. **解** 取 BE 的中点 G,连接 FG,如图 4.179 所示.

由题意知 $\triangle BFM \cong \triangle BEM$,

∴ $BF = BE = 1$.

∵ G 为 BE 的中点,

∴ $BG = \dfrac{1}{2}BF$,

∴ $\dfrac{BF}{BG} = \dfrac{BC}{BF} = \dfrac{2}{1}$.

∵ $\angle FBG = \angle CBF$,

∴ $\triangle BFG \sim \triangle BCF$,

∴ $\dfrac{FG}{CF} = \dfrac{BG}{BF} = \dfrac{1}{2}$,

∴ $DF + \dfrac{1}{2}CF = DF + FG \geqslant DG$.

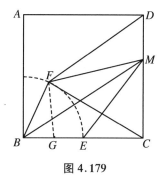

图 4.179

如图 4.180 所示,当且仅当 D、F、G 三点共线时取得最小值.

在 Rt$\triangle DGC$ 中,$CD = 2$,$CG = BC - BG = \dfrac{3}{2}$,

∴ $DG = \sqrt{CD^2 + CG^2} = \dfrac{5}{2}$,

∴ $DF + \dfrac{1}{2}CF$ 的最小值为 $\dfrac{5}{2}$.

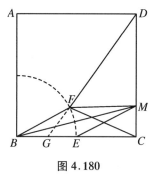

图 4.180

思路点拨

利用相似的性质构造出长度为 $\dfrac{1}{2}CF$ 的线段,然后根据"两点之间线段最短"求出最小值.

弦外之音 这就是近几年某些地区考试中比较热门的阿波罗尼斯圆(简称阿氏圆).题中点 F 的轨迹是以点 B 为圆心的圆(四分之一圆弧),而点 F 在运动的过程中,保持到两定点 G、C 的距离之比为定值.这其实就是阿波罗尼斯圆的定义:到两定点距离之比为定值 $k(k>0$ 且 $k\neq 1)$ 的点的轨迹图形为圆.这也是本题和题 86 解题思路的灵感来源.

90. **知识储备** 在正方形 $ABCD$ 中,E、F 分别为 BC、CD 上的两点,且 $\angle EAF = 45°$.

求证:$\triangle AEF$ 边 EF 上的高为定值.

证 延长 CB 至点 G,使 $BG = DF$,连接 AG,作 $AM \perp EF$,如图 4.181 所示.

在 $\triangle ABG$ 和 $\triangle ADF$ 中,
$$\begin{cases} AB = AD, \\ \angle ABG = \angle ADF, \\ BG = DF, \end{cases}$$
$\therefore \triangle ABG \cong \triangle ADF$(SAS),
$\therefore AG = AF, \angle BAG = \angle DAF$.
$\because \angle DAF + \angle BAF = 90°$,
$\therefore \angle BAG + \angle BAF = 90°$.
$\because \angle EAF = 45°$,
$\therefore \angle GAE = 45°$.

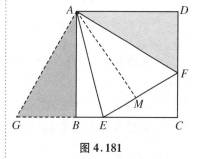

图 4.181

在 $\triangle AEF$ 和 $\triangle AEG$ 中,
$$\begin{cases} AE = AE, \\ \angle EAF = \angle EAG, \\ AF = AG, \end{cases}$$
$\therefore \triangle AEF \cong \triangle AEG$(SAS),
$\therefore \angle AEB = \angle AEM$.
$\because AB \perp BE, AM \perp EF$,
$\therefore AB = AM$,
即 $\triangle AEF$ 边 EF 上的高为定值.

解 取 $\triangle AEF$ 的外心 O,连接 OA、OE、OF,过点 O 作 $ON \perp EF$,如图 4.182 所示.
$\because \angle EAF = 45°$,
$\therefore \angle EOF = 90°$.
$\because OE = OF$,
$\therefore \triangle OEF$ 为等腰直角三角形.
不妨设外接圆的半径为 r,则 $EF = \sqrt{2} r$.

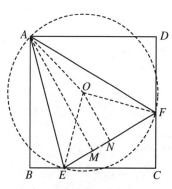

图 4.182

$OA + ON \geqslant AM$，即 $r + \dfrac{\sqrt{2}}{2}r \geqslant 4$，当且仅当点 M、N 重合时取到最小值，

$\therefore EF \geqslant 8\sqrt{2} - 8$.

$\because AM = 4$ 为定值，

$\therefore S_{\triangle EAF} = \dfrac{1}{2}EF \cdot AM \geqslant 16\sqrt{2} - 16$，

即 $\triangle AEF$ 的面积最小值为 $16\sqrt{2} - 16$，当且仅当 $\triangle AEF$ 为等腰三角形时取到.

思路点拨

本题属于半角模型，解法同题 90. 利用 $\triangle AEF$ 的高不变，构造 $\triangle AEF$ 的外接圆，再根据"垂线段最短"和 EF 与半径之间的固定比例，解得 EF 的最小值，从而得出 $\triangle AEF$ 的面积最小值.

另辟蹊径 （1）利用基本不等式也可求得 EF 的最小值.

如图 4.183 所示，设 $BE = x$，$DF = y$.

利用勾股定理有 $(4-x)^2 + (4-y)^2 = (x+y)^2$，整理得 $y = \dfrac{-4x + 16}{x + 4}$.

所以，$EF = x + y = x + \dfrac{-4x+16}{x+4} = x + 4 + \dfrac{32}{x+4} - 8$

$\geqslant 8\sqrt{2} - 8$.

当 $x + 4 = \dfrac{32}{x+4}$，即 $x = 4\sqrt{2} - 4$ 时，EF 取得最值.

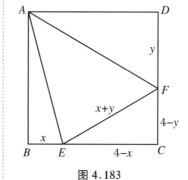

图 4.183

（2）还可以构造一元二次方程求 EF 的最小值.

$EF = x + y = x + \dfrac{-4x+16}{x+4} = x + 4 + \dfrac{32}{x+4} - 8$，

令 $x + 4 + \dfrac{32}{x+4} - 8 = k$，则 $(x+4)^2 - (8+k)(x+4) + 32 = 0$.

已知 $(x+4)$ 有解，则 $\Delta = (8+k)^2 - 128 \geqslant 0$，得 $k \geqslant 8\sqrt{2} - 8$.

91. **解** 作 $\triangle ADE$ 的外接圆，圆心为点 O，连接 OA、OD、OE，分别过点 A、O 作 BC 的垂线，垂足分别为 N、M，如图 4.184 所示.

$\because \angle DAE = 30°$，

$\therefore \angle DOE = 60°$.

$\because OE = OD$，

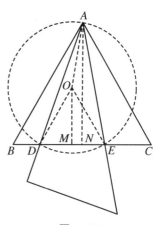

图 4.184

∴ △OED 为等边三角形.

设圆 O 的半径为 r,

∴ $DE = r$.

∵ $OM \perp DE$,

∴ M 为 DE 的中点,

∴ $OM = \sqrt{OD^2 - DM^2} = \dfrac{\sqrt{3}}{2}r$.

∵ $AN \perp BC$,

∴ N 为 BC 的中点,

∴ $AN = \sqrt{AC^2 - CN^2} = 2\sqrt{3}$.

∵ $OA + OM = r + \dfrac{\sqrt{3}}{2}r \geqslant AN$,

∴ $r \geqslant 8\sqrt{3} - 12$,

即 DE 的最小值为 $8\sqrt{3} - 12$.

思路点拨

本题也属于半角模型. 继续利用外接圆求出 DE 和半径的比例关系；根据"垂线段最短"解得半径的取值范围，继而得到 DE 的取值范围.

顺带一提，当点 D 与点 B 重合（或点 E 与点 C 重合）时，DE 取得最大值为 2.

92. **解** 连接 OM，作点 M 关于 OB、OA 的对称点 M′、M″，连接 PM″、QM′、M′M″，如图 4.185 所示，

∴ $MQ = M'Q, \angle MOB = \angle M'OB, OM = OM'$.

同理，$MP = M''P, \angle MOA = \angle M''OA, OM = OM''$,

∴ $MP + MQ + PQ = M''P + PQ + M'Q \geqslant M'M''$.

∵ $\angle AOB = 60°$,

∴ $\angle M'OM'' = \angle AOB + \angle M'OB + \angle M''OA = 120°$.

∵ $OM = OM' = OM''$,

∴ $M'M'' = \sqrt{3}OM$.

如图 4.186 所示，当 O、M、C 三点共线时（点 M 在 OC 之间），OM 取得最小值为 $OC - CM = 2$,

∴ $MP + MQ + PQ$ 的最小值为 $2\sqrt{3}$.

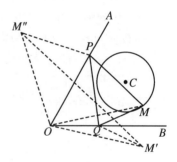

图 4.185

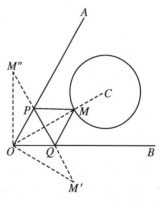

图 4.186

反比例与最值问题

作出点 M 关于 OB、OA 的对称点 M'、M'',根据"两点之间线段最短",当 M'、M''、P、Q 四点共线时,$MP+MQ+PQ$ 取得最小值;根据特殊角的三角函数值,此时 $M'M''=\sqrt{3}OM$,所以要求 OM 的最小值,即圆外一点到圆周上一点的距离最小值.

93. **解** 如图 4.187 所示,过点 E 作 $EF \perp BC$ 于点 F.

∵ $\angle C = 90°$,

∴ $AC \parallel EF$,

∴ $\triangle ACD \sim \triangle EFD$,

∴ $\dfrac{DE}{AD} = \dfrac{EF}{AC}$.

∵ $AE \perp BE$,

∴ A、B、E、C 四点共圆.

设 AB 的中点为 O,连接 OE、OF.

当 $OE \perp BC$ 时,EF 有最大值,如图 4.188 所示.

∵ $OE \perp BC$,$EF \perp BC$,

∴ EF、OE 重合.

∵ $AC = 6$,$BC = 8$,

∴ $AB = 10$,

∴ $OE = 5$.

∵ $OE \perp BC$,

∴ $BF = \dfrac{1}{2}BC = 4$,

∴ $OF = 3$,

∴ $EF = 2$,

∴ $\dfrac{EF}{AC} = \dfrac{1}{3}$,

即 $\dfrac{DE}{AD}$ 的最大值为 $\dfrac{1}{3}$.

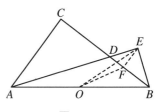

图 4.187

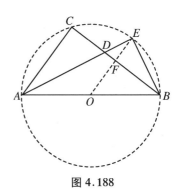

图 4.188

观察出 A、B、E、C 四点共圆是关键;通过构造相似三角形将线段比进行转化,最后转化为单线段的最值问题.

94. **解** 如图 4.189 所示,作 $\triangle AOB$ 的外接圆 $\odot C$,连接 CB、CA、CO,过点 C 作 $CD \perp AB$ 于点 D.

由题意可得 $\angle AOB = 45°$,

∴ $\angle ACB = 90°$,

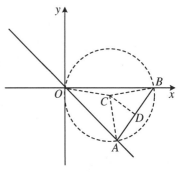

图 4.189

$\therefore CD = \dfrac{1}{2}AB = 1, CO = AC = BC = \sqrt{2}$.

如图 4.190 所示,当 O、C、D 三点共线时,OD 取得最大值为 $OC + CD = \sqrt{2} + 1$,此时 $OD \perp AB$,

$\therefore S_{\triangle AOB} = \dfrac{1}{2}AB \times OD = \dfrac{1}{2} \times 2(\sqrt{2}+1) = \sqrt{2}+1$,即 $\triangle AOB$ 的面积最大值为 $\sqrt{2}+1$.

同理,当点 A 在第二象限内,点 B 在 x 轴负半轴上时,$\triangle AOB$ 的面积最大值也为 $\sqrt{2}+1$.

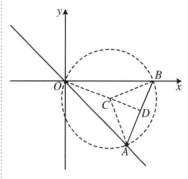

图 4.190

思路点拨

这是一个比较典型的"滑动问题",AB 在直线 $y = -x$ 和 x 轴之间滑动.其实换一个角度,这个问题就容易理解了:如图 4.191 所示,$\triangle AOB$ 的一边 AB 为固定长度,所对的 $\angle AOB = 135°$ 或 $45°$,求此时边 AB 上高的最大值.可以利用点 O 的轨迹为圆(定弦定角)找出 $\triangle AOB$ 的高最大值的位置,即 AB 不动、坐标轴转动的相对运动思想.

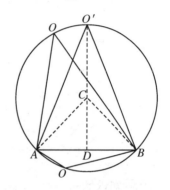

图 4.191

95. 解 不妨假设 AB 静止,点 C 以每秒 3 个单位向左运动.

作点 A 关于 $y = 4$ 的对称点 $A'(-6,8)$,连接 $A'C$、$A'B$,如图 4.192 所示,

$\therefore AC = A'C$,

$\therefore AC + BC = A'C + BC \geqslant A'B$,

如图 4.193 所示,当 A'、B、C 三点共线时,$AC + BC$ 取得最小值.

$\because$ 直线 $A'B$ 的解析式为 $y = -x + 2$,

当 $y = 4$ 时,点 C 的坐标为 $(-2, 4)$,

$\therefore t = \dfrac{2}{3}$.

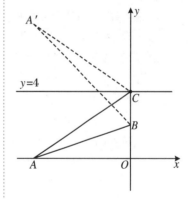

图 4.192

思路点拨

本题可利用相对运动的思想.AB 和点 C 都在运动且同时运动,这时我们可以将这一反向运动理解为:AB 不动,点 C 以 AB 的运动速度与自身的速度之和为"新速度"向左运动.那么只需点 C 运动到直线 $A'B$(点 A' 为点 A 关于 $y = 4$ 的对称点)上即可使 $AC + BC$ 取得最小值.利用相对运动的思想是为了减少变量的个数,而不改变题目的本质.

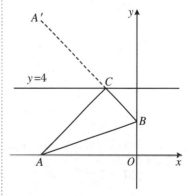

图 4.193

96. 解 连接 DE、GF 的中点 M、N，连接 PN、PM，如图 4.194 所示，

∴ 四边形 $DGNM$ 也是矩形，

∴ $GN = DM = 2$.

根据题给结论，$PF^2 + PG^2 = 2PN^2 + 2GN^2$，故要求 $PF^2 + PG^2$ 的最小值，只需求 PN 的最小值即可.

∵ $PM + PN \geqslant MN$，

∴ $PN \geqslant MN - PM = 1$，

如图 4.195 所示，当且仅当 P、N、M 三点共线时取到最小值，此时 $PF^2 + PG^2 = 10$.

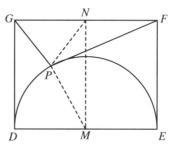

图 4.194

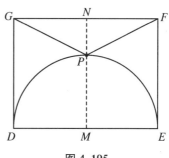

图 4.195

 思路点拨

本题利用中线长公式将 $PF^2 + PG^2$ 的最值问题转化为单线段的最值问题. 设点 M 为 DE 的中点，点 N 为 GF 的中点，连接 MN，则 MN、PM 的长度是定值，利用三角形的三边关系可得出 PN 的最小值，再根据结论 $PF^2 + PG^2 = 2PN^2 + 2GN^2$ 即可求出最小值.

97. 知识储备 在 △ABC 中，D 为边 BC 的中点，连接 AD.

求证：$AB^2 + AC^2 = 2AD^2 + 2BD^2$.

证 作 $AE \perp BC$，如图 4.196 所示.

在 Rt△ABE 中，$AB^2 = AE^2 + BE^2$.

在 Rt△ACE 中，$AC^2 = AE^2 + CE^2$.

在 Rt△ADE 中，$AD^2 = AE^2 + DE^2$.

∵ D 为 BC 的中点，

∴ $BD = CD$.

∴ $2AD^2 = 2AE^2 + 2DE^2$，

$BE^2 + CE^2 = (BD + DE)^2 + (CD - DE)^2$
$= BD^2 + CD^2 + 2DE^2$，

∴ $AB^2 + AC^2 = 2AE^2 + BE^2 + CE^2$
$= 2AD^2 + BD^2 + CD^2 = 2AD^2 + 2BD^2$.

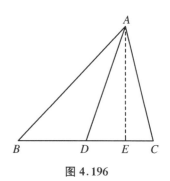

图 4.196

解 分别取 BC 的中点 D 和 OA 的中点 E，连接 DE、AD、OD、OC，如图 4.197 所示.

∵ $OD \perp BC$，

在 Rt△OBD 中，$OD^2 = OB^2 - \left(\dfrac{1}{2}BC\right)^2$.

∵ $AC \perp AB$，D 为 BC 的中点，

∴ $AD = \dfrac{1}{2}BC$.

∵ E 为 OA 的中点，

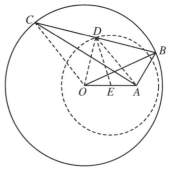

图 4.197

根据中线长公式,$2DE^2 = OD^2 + AD^2 - 2AE^2$,

∴ $DE = \dfrac{\sqrt{14}}{2}$,

∴ 点 D 在以点 E 为圆心、DE 长为半径的圆上.

∵ $AD \leqslant AE + DE$,

如图 4.198 所示,当且仅当 A、E、D 三点共线时取得最大值,

∴ BC 的最大值为 $2 + \sqrt{14}$.

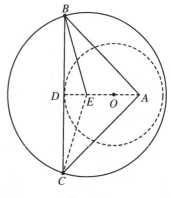

图 4.198

思路点拨

此题难度较大,我们要注意使用题 98 中出现的中线长公式,计算出 DE 为定值,确定点 D 的轨迹为圆;根据定点到圆周上动点的距离最大值解得 AD 的最大值,从而得到 BC 的最大值.

弦外之音 随着这几年高中(或竞赛)知识以知识应用的形式进入中考,如中线长公式,我们要有选择性地进行课外拓展.

如本题,我们也可以利用勾股定理中的一些结论"另辟蹊径".

有这样的结论:平面上一点到矩形对角顶点的距离的平方和相等,如图 4.199 所示.利用这一结论可构造矩形 $ABDC$,如图 4.200 所示,计算出 OD 为定值,即点 D 的轨迹也是以点 O 为圆心的圆,AD 的最大值即 BC 的最大值.

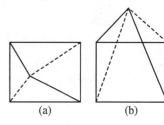

(a)   (b)

图 4.199

98. 解 令 $x = x_1 = x_2 = \cdots = x_{10} = 201.8$,则 $(x - x_1)^2 + (x - x_2)^2 + \cdots + (x - x_{10})^2 = 0$.

思路点拨

初一的学生可以这样思考:几个非负数的和最小值为 0,当且仅当每个非负数均为 0,即 $x = x_1 = x_2 = \cdots = x_{10}$ 时取得最小值.初三的学生可以这样想:这个式子十分熟悉,类似于统计中我们学到的方差公式,利用方差的定义可知,当数据毫无波动时,方差能取得最小值.

99. 解 不妨设这 10 个数的大小顺序为 $x_1 < x_2 < \cdots < x_9 < x_{10}$.

由题意得 $x_1 + x_2 + \cdots + x_9 + x_{10} = 2018$,$x_1 + x_2 + x_3 + x_4 \geqslant 1 + 2 + 3 + 4 = 10$,

∴ $x_5 + x_6 + x_7 + x_8 + x_9 + x_{10} \leqslant 2008$.

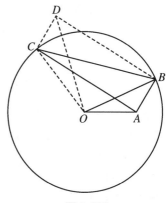

图 4.200

∵ $x_6 \geqslant x_5+1, x_7 \geqslant x_5+2, \cdots, x_{10} \geqslant x_5+5$,

∴ $6x_5+15 \leqslant x_5+x_6+x_7+x_8+x_9+x_{10} \leqslant 2008$,

∴ $x_5 \leqslant \dfrac{1993}{6}$,

∴ $x_5 \leqslant 332$,

∴ 第5个数的最大值取332.

不妨验证,当 x_5 取333时,10个数之和至少为2023.

思路点拨

第5个数最大时前4个数之和必须最小,后5个数之和也必须最小.根据此思路设这10个数,列出不等式求整数解即可.

100. 解 不妨设这10个正整数为 $x_1, x_2, \cdots, x_9, x_{10}$,则 $x_1^2+x_2^2+\cdots+x_{10}^2 = (x_1-1)^2+(x_2-1)^2+\cdots+(x_{10}-1)^2 + 2(x_1+x_2+\cdots+x_{10})-10 = (x_1-1)^2+(x_2-1)^2+\cdots+(x_{10}-1)^2+38$,其中 $(x_1-1)+(x_2-1)+\cdots+(x_{10}-1) = 14$ 且 $x_1-1, x_2-1, \cdots, x_{10}-1$ 均为非负数.

最大值情况:

$14^2 = [(x_1-1)+(x_2-1)+\cdots+(x_{10}-1)]^2$

$= (x_1-1)^2+(x_2-1)^2+\cdots+(x_{10}-1)^2$

$\quad +2(x_1-1)(x_2-1)+\cdots$

$\geqslant (x_1-1)^2+(x_2-1)^2+\cdots+(x_{10}-1)^2$,

∴ $x_1^2+x_2^2+\cdots+x_{10}^2 \leqslant 14^2+38 = 234 = a$.

最小值情况:

对于自然数 $n \geqslant 0$,有 $n^2 \geqslant n$,

∴ $(x_1-1)^2+(x_2-1)^2+\cdots+(x_{10}-1)^2$

$\geqslant (x_1-1)+(x_2-1)+\cdots+(x_{10}-1) = 14$,

∴ $x_1^2+x_2^2+\cdots+x_{10}^2 \geqslant 14+38 = 52 = b$,

∴ $a+b = 286$.

思路点拨

根据完全平方公式的化简变形推导 n 个数的平方和取得最值的情况:取得最大值时有9个1和1个15;取得最小值时有4个3和6个2.注意观察 n 个数的平方和取得最大值和最小值的情况,可以推导此类问题的一般情形:n 个数中,$n-1$ 个数为1时取得最大值;n 个数之间不同的数差为1时取得最小值,当然此时不同的数应尽量小.